孙侃 著

四川省成都市郫都区战旗村
全面实施乡村振兴战略启示录

四川人民出版社

图书在版编目（CIP）数据

战旗飘飘/孙侃著. — 成都：四川人民出版社, 2022.2（2024.6重印）
ISBN 978-7-220-12419-8

Ⅰ.①战… Ⅱ.①孙… Ⅲ.①农村-社会主义建设成就-成都 Ⅳ.①F327.711

中国版本图书馆CIP数据核字（2021）第183743号

ZHANQIPIAOPIAO
战旗飘飘
四川省成都市郫都区战旗村全面实施乡村振兴战略启示录

孙　侃　著

统筹策划	贺卫东
责任编辑	王其进
封面设计	张　科
版式设计	戴雨虹
责任印制	祝　健
出版发行	四川人民出版社　（成都三色路238号）
网　　址	http://www.scpph.com
E-mail	scrmcbs@sina.com
新浪微博	@四川人民出版社
微信公众号	四川人民出版社
发行部业务电话	（028）86361653　86361656
防盗版举报电话	（028）86361653
排　　版	四川最近文化传播有限公司
印　　刷	成都东江印务有限公司
成品尺寸	170mm×240mm　1/16
印　　张	20.5
字　　数	270千
版　　次	2022年2月第1版
印　　次	2024年6月第2次印刷
书　　号	ISBN 978-7-220-12419-8
定　　价	78.00元

■版权所有·侵权必究
本书若出现质量问题，请与我社发行部联系更换
电话：（028）86361656

战旗飘飘,名副其实。

热气腾腾的战旗汤圆即将出锅（图／刘小莉）

战旗村夜景（图／孙浩）

四川战旗乡村振兴培训学院（图／孙浩）

战旗村村史馆(图/蜀都乡村振兴公司)

古筝教师李光菊教村民弹古筝（图／战旗村）

战旗村一角（图／孙浩）

青砖黛瓦的战旗村（图／孙浩）

党建引领助推战旗村产业发展壮大（图／孙浩）

战旗村夜景（图／孙浩）

雪山下的战旗村（图／孙浩）

战旗村夜景（图／孙浩）

战旗村成为旅游打卡地（图／孙浩）

战旗村村美民富(图/孙浩)

战旗村全景(图/孙浩)

风景如画的战旗村(图/孙浩)

战旗村改革成果(图/孙浩)

战旗村正门(图/孙浩)

战旗村一角（图／孙浩）

游客来战旗村旅游（图／孙浩）

战旗村乡村十八坊(图/孙浩)

2006年大学生进农家(图/战旗村)

战旗村两委研究产业发展（图／战旗村）

发挥党员先锋模范作用

战旗党员三问

◆ 一问自己入党为了什么？
　　——不忘初心、牢记使命

◆ 二问自己作为党员做了什么？
　　——修身律己、担当有为

◆ 三问自己作为合格党员示范带动了什么？
　　——公道正派、无私奉献

战旗党员三亮

亮 身份　　平常时候看得出来
　　　　　　关键时刻站得出来
　　　　　　危急关头豁得出来

亮 承诺　　想村民所想
　　　　　　急村民所急
　　　　　　办村民所需

亮 实绩　　接受评议
　　　　　　争先创优

乡村振兴党员六带头

◆ 1、带头做好自家环境卫生；　　◆ 4、带头顾大局谋长远；

◆ 2、带头遵守公序良俗；　　　　◆ 5、带头树立契约精神；

◆ 3、带头学习和宣传政策；　　　◆ 6、带头解放思想创业致富。

战旗村三问三亮（图／战旗村）

1978年郫县先锋战旗大队民兵连座谈会(图/战旗村)

战旗村两委开会(图/战旗村)

一任接着一任干

蒋大兴　罗会金　李世炳　杨正忠　易奉先　高玉春　李世立　高德敏

　　火车跑得快 全靠车头带。战旗村在历任村党组织书记的躬身带领下，弘扬"不畏艰难、勇敢向前"的战旗精神，乘着改革东风，抓机遇、学先进、谋发展、建新村，聚力做强乡村产业、育强人才队伍、涵养乡风文明、推动治理有效，战旗村从一个小村庄建成了全国闻名的美丽新村，奋力走在全国乡村振兴的前列。

蒋大兴　1965年至1969年任战旗大队党支部书记。
提议将集凤大队更名为战旗大队，"战旗"这一响亮的名字一直沿用至今。

罗会金　1970年至1975年任战旗大队党支部书记。
带领大家条田改土，实现了"沟端路直树成行，条田机耕新农庄"。

李世炳　1975年至1977年任战旗大队党支部书记。
参观学习大寨后，带领全村村民修建新村。

杨正忠　1978年至1993年任战旗村党支部书记。
推行家庭联产承包制，开始探索发展村集体企业。

易奉先　1993年至1995年任战旗村党支部书记。
大力发展经济，陆续创办了豆瓣厂、酒厂、预制板厂等多家企业。

高玉春　1996年至2001年任战旗村党支部书记。大力发展农产品加工，引进榨菜种植，探索"公司+农户"的产业化经营模式。

李世立　2002年至2010年任战旗村党总支书记。明晰集体资产产权，开展"高校+支部+农户"大学生进农家活动，开始土地规模化流转经营，建设战旗新型社区，实现了全村农民集中居住。

高德敏　2010年至今任战旗村党组织书记。完成全村土地权属调整，实现土地三权分置，完成了确权颁证；引进妈妈农庄，开始了战旗村乡村旅游发展；进行了集体经济股份制量化改革；抓住农村集体建设用地入市改革的机遇，成功敲响全省土地入市改革第一锤；建成"第五季•香境""乡村十八坊""四川战旗乡村振兴培训学院"等项目；成功创建战旗村国家AAAA级景区；迎来习总书记视察战旗村这一历史性时刻。

战旗村历任书记（图／战旗村）

目 录

序
  高扬战旗走在前列　砥砺奋进起好示范 1

第一章　战旗飘飘，名副其实
  第一节　总书记来到战旗村 7
  第二节　为什么战旗美如画、红似火 25
  第三节　在战旗村，你能感受到什么 39
  第四节　生态为先，千树万草孕育希望 61

第二章　战旗高擎，党建引领
  第一节　战旗村凭什么走在前列 81
  第二节　执政为民，千方百计只为群众谋利益 93
  第三节　党建的基石必须牢固再牢固 106

第三章 战旗亮出,栉风沐雨

  第一节 风雨如磐,造就代代坚毅的人们 127
  第二节 筚路蓝缕,不会停歇的寻梦之路 137
  第三节 不惮于跋涉,一张白纸从头画 149

第四章 战旗鲜艳,用心浇灌

  第一节 发展集体经济,从三台制砖机起步 165
  第二节 把沉睡的资产盘活,让优势辐射周边 179
  第三节 响亮地敲下农村集体用地入市"第一槌" 187
  第四节 漂亮的新型社区是怎样建起来的 199

第五章 战旗招展,堡垒永固

  第一节 从艰难中走出的带路人 219
  第二节 奔向新农村建设的引领者 234
  第三节 扛着乡村振兴大旗向前走 247

第六章 战旗在前,时代标杆

  第一节 大学生进农家,意义不单在交流 261
  第二节 乡村治理,一门高深的学问 277
  第三节 寻求破解现代农业发展难题的最佳答案 291
  第四节 起好示范,祝福未来郫都更振兴 301

后 记 325

高扬战旗走在前列　砥砺奋进起好示范

——长篇报告文学《战旗飘飘》序

2018年2月12日，中共中央总书记、国家主席、中央军委主席习近平视察郫都区战旗村，称赞"战旗飘飘，名副其实"，殷切嘱托要把乡村振兴这件事做好，继续"走在前列，起好示范"。三年来，郫都区坚定不移落实习近平总书记视察四川及成都重要指示精神，认真贯彻落实中央和省委市委部署要求，牢记嘱托，感恩奋进，充分发挥党组织战斗堡垒作用和党员先锋模范作用，紧紧围绕"建设全国乡村振兴示范区"目标，探索走出了一条"融合共享"内生型乡村振兴之路，在实现共同富裕的征程中，绘就全面小康最美画卷，擘画出乡村振兴锦绣蓝图。

战旗村是川西平原上建设社会主义新农村和实施乡村振兴战略的一面旗帜。建村至今55年来，一代代战旗人在村党组织带领下，依靠集体的力量，筚路蓝缕、艰苦奋斗，勇于创新，把一个一穷二白的"穷村"建设成为远近闻名的富裕村，村集体经济有了令人瞩目的发展。

党的十八大以来，战旗村以党组织建设为引领，坚持以农业供给侧结构性改革为主线，深入实施农村集体产权制度、耕地保护补偿制度、农地流转履约保证保险制度、集体资产股份制、农村产权交易等"五项改革"，坚持生态为先，推动产业升级，积极发展壮大村集体经济，村民们住进了舒适漂亮的新型农村社区。与此同时,加强农村精神文明建设,全面提高村民素质,改变旧有观念,塑造良好的村风民风,并充分整合区域生态、文化、民俗等资源,培育现代农业新模式新业态,开发农事体验旅游,大力发展观光农业,建设4A级战旗旅游景区,迈向了生态优先、绿色发展的新阶段路。如今的战旗村,已成为乡村振兴的全国样本和人才培养的摇篮。

在战旗村奋斗和发展历程中,凝聚并形成了"党建引领,汇聚合力;不畏艰难、勇敢向前;善于创新,共治共享;走在前列,起好示范"的"战旗精神",它是战旗人励精图治、走在前列的经验总结,是面对一切艰难险阻的制胜法宝,也是未来战旗村谋求新发展的精神动力。坚强的堡垒,战斗的旗帜,战旗村的战旗何以高高飘扬?是因为村党组织始终发挥着"火车头"作用,八任村党(总)支部书记接续奋斗,党员的示范作用始终充分发挥。尤其是这几年,通过在全体党员中开展"三问"(入党为了什么、作为党员做了什么、作为合格党员示范带动了什么)和"三亮"(亮身份、亮承诺、亮实绩)活动,战旗村党组织着力让每个党员意识强起来、身份亮起来、作用显起来、先锋树起来,全面提升基层党组织组织力,形成党员示范带头、群众积极参与的新局面。毫无疑问,这正是战旗村乡村振兴和农业农村高质量发展的最强劲的动力。

民族要复兴,乡村必振兴。在全国性的脱贫攻坚取得胜利后,全面推进乡村振兴,加快农业农村现代化建设,已成为"三农"工作的历史性重任。2018年以来,郫都区大力实施乡村振兴战略,全力推动国家省市改革试点任务20余项,积极探索城乡融合发展新机制,着力破解人、地、钱、房、技等制约因素,率先注册成立区属国有企业乡村振兴公司,创办全国第一家乡村振兴培训学院,发布全国第一个区县《乡村振兴技术导则》和村级"乡村振兴指数"。同时，按照人城产一体化理念科学经营村庄，制定出台《乡村振兴经营村庄分类推进考评实施办法》，对主导产业发展、消费场景营造、艺术乡村建设、集体经济壮大等十大方面进行激励考评，探索形成了"九大碗"众筹众建、"生态分红"等一批经营村庄经验办法，形成了你追我赶、比学赶超的生动局面，涌现出了战旗红色村、青杠树网红村、东林艺术村等一批善经营、会管理、有品位的乡村振兴示范村。

乡村振兴的生动实践，让我们获得了诸多科学有效的方法和经验，也让我们不断增加取得更大成绩的信心。面向未来，郫都区践行新发展理念的公园城市示范区建设，锚定全国乡村振兴示范区建设新目标，勇担"走在前列、起好示范"新使命，创新新发展阶段村庄经营新机制、新模式、新办法，遵循政府主导、市场主体、商业化逻辑，运用"植物缝合乡村、美学雕琢乡村、文化重塑乡村、艺术点亮乡村"，创新孵化链、科技链、资金链、产业链、政策链"五链"融合，赋能孵化培育"IP+"新业态和新型市场主体，促进生态资源转化为经济价值、美学价值、社会价值，激活区域综合价值，努力让每一个村庄都成为乡村全面振兴的增长点和动力源，释放农业农村现代化活力，构建生态建设投入、管理运营、效益转化"三个平衡"可持续发展机制，建设人与自然和谐共生发展共同体，力争在全国率先实现农业农村现代化。

俄国作家列夫·托尔斯泰说："文学应该记载下过去所经历的道路，追随那行动着的群众，沿着他们所走过的道路，把那五光十色的历史图画给展示出来。"乡村振兴战略的全面实施，"战旗精神"的学习弘扬，不仅有推动全面乡村振兴的时代意义，而且更要有达心触魂的大众渗透，包括文学作品在内的艺术表现形式和传播手段，同样为人民群众所需要。在庆祝中国共产党建党一百周年之际，我们推出这篇长篇报告文学《战旗飘飘》，它以21万言的篇幅，通过文学的笔调，全面、生动、真实地记录了战旗村55年来不屈不挠、善于创新、艰苦奋斗的辉煌历程，完整诠释了"战旗精神"的形成过程和本质内涵，细致描写了历任村党组织"带头人"带领党员干部和广大群众强化政治引领、探索发展途径、追求富裕生活、建设美好家园的感人故事，凸现了战旗村乡村振兴宝贵经验的社会价值和样本意义，展示了郫都区城乡融合、协调发展、共同富裕的灿烂前景。这部由知名报告文学作家孙侃同志近三年时间精心打造的文学作品，不仅较好地记录了战旗村不平凡的发展历程，激发我们实施乡村振兴伟大战略的热情和信心，还为进一步传播弘扬"战旗精神"提供了良好教材。

不负总书记殷切嘱托，不负新时代光荣使命。郫都区必将始终牢记"走在前列、起好示范"殷切嘱托，感恩奋进、主动担当、实心干事、勇争一流，全面开启乡村振兴"十四五"新征程，大力推进"幸福美好生活十大工程"，全面加强农村党的基层组织和社会治理现代化建设，有力促进全区农业全面升级、农村全面进步、农民全面发展，为实现"两个一百年"奋斗目标和中华民族伟大复兴的中国梦而不懈努力！

杨东昇

2021年7月

第一章 战旗飘飘 名副其实

　　我是人民的勤务员，让人民过上好日子，是我们共产党员的初心、宗旨。共产党的心愿就是让老百姓过上幸福美好的生活！

——习近平

　　党建引领，汇聚合力；不畏艰难、勇敢向前；善于创新，共治共享；走在前列，起好示范。

——新时代"战旗精神"

　　青青园中葵，朝露待日晞。阳春布德泽，万物生光辉。

——汉乐府《长歌行》

作为共产党人，必须把为人民造福的事情办实办好。干一件成一件，就会真正暖人心、聚民心。习近平总书记在视察战旗村时充分肯定"战旗飘飘，名副其实"，殷切嘱托要把乡村振兴这件事做好，继续"走在前列，起好示范"。

第一节　总书记来到战旗村

"战旗飘飘,名副其实。"这是总书记对战旗人几十年艰苦奋斗历程的充分肯定。如今的战旗村,已在尽享幸福和美的生活;未来,战旗人将牢记殷切嘱托,"走在前列,起好示范",把家园建设得更加美丽富裕,在乡村振兴的道路上继续前行、作好示范。

从来没有像今天这样,战旗村与总书记的距离如此亲近;从来没有像今天这样,作为乡村振兴先进典型的战旗村受到如此多的关注。温暖问候,殷切叮咛,领袖风采深深印刻在战旗人的心中。

2018年2月12日上午,这是战旗人最激动、最幸福、最难忘的时刻。

微风轻拂,空气清新,蓝天白云映衬着远方的雪峰,常绿的乔木葳蕤葱郁,即将过年的欢乐气氛,把战旗村幢幢漂亮的民居打扮得年味十足,战旗广场更显安详而温馨。

中共中央总书记、国家主席、中央军委主席习近平,在时任中共四川省委书记王东明,时任省委副书记、省长尹力等领导的陪同下,来到战旗村视察,给干部群众送来党中央的亲切关怀。

顿时,战旗村沸腾了。

得知总书记即将到来消息的人们，已经早早地等待在战旗村中心广场，翘首盼望着，满江红食品科技有限公司等单位还打出欢迎横幅，村党总支（现为党委）书记高德敏更是激动万分。"那天的我重感冒刚刚痊愈，知道总书记快要到了，一下子变得特别有劲。尽管我对村里的情况够熟悉，但想到自己要亲自向总书记汇报，心里一直在盘划，怎样才能把我们村乡村振兴的情况说得更完整、更准确。有人提醒我，汇报时要说普通话，我试着用普通话先说一说，觉得效果没有四川话好，所以后来我还是忍不住说起了四川话。其实总书记都听得懂。"

"非常激动，也想着该做点什么。我想，总书记前来视察，这是个千载难逢的好时机，能不能通过新闻媒体对这次视察的报道，把我们战旗村的村名留下来，让大家都能看到战旗村这三字，记住战旗村。为此，在给全村村民做汤圆的时候，我穿上平常最喜欢的绿色围裙，那围裙上印有'战旗村'三个字。总书记来到我们村民中间，非常和蔼可亲，我有幸站在了前排，那条绿色围裙和围裙上那三个字非常显眼，上了新闻联播。"年轻的易奉阳是战旗村党总支委员（2019年10月起，任唐昌镇星罗村党总支书记），说起当时的每个细节，都清清楚楚。

"总书记能来我们村视察，村民们没有不激动、不欢呼的！以后我们都可以自豪地说，总书记来过我们战旗村！"村民龙继彪自豪地说。

另一位村民不无欣喜地说："怪不得，昨天晚上满天繁星，夜空晴朗，连空气都很清新，原来是总书记要来了！"他的话语很快引来了一片附和，大家开心地笑起来。

翘首以盼的时间并不太长。10时55分，总书记一行的车队沿着317国道，从南边驶来，拐入战旗路，驶入战旗村。村民们发出热烈的欢呼，兴奋地迎上前去。

下车后，总书记向村民们挥手，微笑致意。守候在广场上的高德敏

迎在最前面，用很不熟练的普通话向总书记致意："总书记好！"总书记微笑着点头，也向高德敏回答："你好。"

在战旗村宣传展板前，总书记亲切地询问："战旗村这个名字是怎么来的？"

高德敏深深地吸了口气，努力稳住自己激动的心情，对总书记说："总书记，我用四川话向您介绍，好不好？"

"好啊！"总书记微笑着点头同意。看到总书记亲切的笑容和平易和蔼的表情，高德敏刚才的那番紧张一扫而空。高德敏汇报了村名的由来、战旗村的基本情况，村集体经济资产和集体经济收入情况，村民人均可支配收入情况等。当了解到战旗村率先开展农村产权制度改革、将集体经营性建设用地推向市场、村民人人都有股份、人人都是股东、人人都有分红的时候，总书记不住地点头，表示赞许。

总书记在人们的簇拥下，一边听取介绍，一边走向村党群服务中心一楼旁的"精彩战旗"特色产业在线服务大厅。在去服务大厅的路上，总书记还向高德敏详细了解村里给百岁老人每季度发放900元生活补贴的情况。

"精彩战旗"特色产业在线服务大厅规模不算特别大，但展示品种较为丰富，集中展示了战旗村的各项特色产业，村民们在此也可以进行产品销售洽谈和交流。

总书记首先看了布置在大厅正中的萝卜和韭黄，在行地说，这里的萝卜与北方萝卜不一样，北方萝卜是长的，这个萝卜是圆的，圆的萝卜可以生吃，非常甜。当听说这里的萝卜和韭黄是生态有机农业产品，包括北京市民在内的北方群众尤其喜欢吃，不仅供应国内，还远销到国外，经常供不应求时，总书记十分高兴，对战旗村发展生态农业、让群众获得较高的经济收入表示肯定。

接着，总书记在"人人耘"这家"互联网+共享农业"互动种养平台的展示台前停下了脚步。

"人人耘"平台的负责人秦强向总书记汇报了他们利用互联网创业的过程和体会。秦强说，他2015年离开甲骨文公司返乡创业，以创办"互联网+"互动种养平台的方式，打开了一片事业新天地。这个种养平台一端连接家庭农场和农户，共同合作建立基地，平台提供有机生产标准及服务，另一端连接市民，市民可以通过平台的手机APP下单，线上线下结合，实现全程可感、可控、可视、可追溯。秦强兴奋地汇报，他们这个平台上线6个月来，已累计发展用户2万多人。

在互动种养平台前，屏幕上展示的是人人耘恩阳基地牧场黑猪实时喂养情况。认真观摩平台操作后，总书记问："恩阳在哪里？"秦强说，恩阳在我老家巴中。我们的模式就是将贫困山区、贫困户通过点对点的方式与城市连接起来，让城市居民去远程认养。

总书记听完，对"人人耘"平台选择农业创业很满意，对他们的扶贫模式很感兴趣。秦强还给总书记作了平台现场演示。总书记随即对他们通过虚拟的网络，把产销变成了现实，实现线上线下的结合表示赞许，并鼓励村民要用好互联网，以各种途径打开产销路子。

蓉锦蜀绣公司的蓉绣坊展台里有大量蜀绣展品，总书记观看的第一个展品是1995年于新疆和田出土的汉代蜀地织锦护臂"五星出东方利中国"蜀锦复制品。在场的成都蓉锦蜀绣文化发展有限公司董事长蔡世民向总书记介绍了这件蜀锦复制品的来龙去脉及独特价值。

蔡世民介绍说，从这件蜀锦复制品的精美图案上可以看出，当时的丝绸之路上不仅有商队，还有军人，各处关隘的将士守护着丝路的安全与畅通，也证明了蜀绣蜀锦在秦汉时期就已通过丝绸之路走向了世界。对丝绸之路历史极其熟知，高度重视"一带一路"国际合作的总书记当即说，当年丝绸之路上的主要货品之一，就是丝绸、锦绣等丝织品。

总书记继续参观所展示的蜀锦蜀绣精品。在精心绣制的四川画家罗中立的油画《父亲》前，总书记仔细端详，认为绣制这件精品的技艺不错。他问蔡世民，完成这件精品的绣制，花了多长时间？蔡世民回答，两位工艺大师绣了一年。随后，总书记又欣赏了蜀绣熊猫图、六扇屏风鸳鸯双面绣等工艺品和蜀绣旗袍、蜀绣披肩、蜀绣女鞋等实用产品，关切地询问它们在市场上的售价，对在场的时任四川省委书记王东明、成都市委书记范锐平等领导说，这类东西作为礼品就不错，送到国外应该会得到大家的喜欢。

蔡世民向总书记汇报，蓉锦蜀绣公司的产品已在米兰、巴黎等地获得过多个奖项，产品颇受欢迎。总书记予以肯定后指示，以后还要在款式花色上多研发、设计，让中国的传统非遗文化走向世界。

绣娘张勤此时正在紧张忙碌，总书记走过她的面前，问她手上的这件绣品绣了多久？张勤按捺住自己激动的心情，一边向总书记现场演示蜀绣的技法，一边回答，这一件绣品，我已经绣了一个月零几天。总书记观看了她认真的演示，对她表示感谢。

"感受最深的就是总书记的平易近人。他对我们产品提出的建议和指示非常中肯，将更加坚定我们发展民族工艺品，让蜀绣走到全球消费者中间的信心。未来我们将不断创新，努力发展，按照总书记的要求，为传统文化的发扬光大，促进传统产业发展做出我们的应有贡献。"蔡世民说，总书记的视察和指示，让公司上下更加领悟肩上的重任，传统文化作为产业发展大有可为，员工们加倍努力的劲头非常足。

28岁的绣娘张勤是战旗村本地人，5年前通过加入合作社接受培训，现在已是一名优秀的蜀绣绣娘了。她灵巧的手指不停地翻飞，栩栩如生的蜀绣在她的手下渐渐成形，整个过程美不胜收。据称，如今一条蜀绣丝巾在市场上的销售价格不下千元。

在战旗村，像张勤这样的绣娘已有30多位。2013年战旗村成立蜀绣合作社，对本村及周边村的妇女、残障人士进行蜀绣技艺的培训，让他们在农闲、旅游的淡季从事生产，不仅可以照顾家庭，也能通过就业增收。"郫都区是蜀绣的发源地，群众基础好，把蜀绣合作社放在这里，是最合适不过的了。"蔡世民介绍。"家家女红，户户针工"的场景在郫都区十分常见，老艺人的传帮带能进一步帮助年轻绣娘们提升技艺，这一块的产业发展已经进入良性循环。

"当然，从目前来看，与苏绣的产值相比，蜀绣还存在较大差距，可也意味着巨大的提升空间。成都市蜀绣产业商会已经谋计在郫都区安靖镇打造蜀绣一条街，用于蜀绣产品的展示，能更好地打开市场。"蔡世民充满期待地说。商会探索校企合作的模式，由大专院校培养设计人才，并探索共享的模式，由商会抱团取暖，共享设计，这个方法能解决产业研发设计能力不足的痛点，也有助于培养更多更好的蜀绣产业人才。

离开蓉绣坊展台后，始终陪同参观考察的郫都区委书记杨东升向总书记介绍了唐昌布鞋，总书记便在唐昌布鞋展示台前站下了，饶有兴趣地询问唐昌布鞋手艺传承人赖淑芳，现在的布鞋还是手纳的吗？赖淑芳回答：从20世纪60年代起，布鞋的部分制作就开始使用机器了，但整体上还是采用传统手工技艺，机器只是减轻了人工的劳动强度。

总书记拿起一双唐昌布鞋仔细端详，分明已经想起曾在陕北插队的知青岁月。他说，这种布鞋很不错，穿着很舒服，我在陕北的时候老乡都喜欢穿这种布鞋。

听总书记如此夸奖，赖淑芳马上热情地说："主席，我很想送一双布鞋给您。"

总书记马上说:"送就不用了,我买一双!"他推辞了赖淑芳送上来的鞋子,执意要自己花钱购买。赖淑芳知道拗不过总书记,便问总书记平时穿几码的鞋。她知道总书记身材高大,应该穿较大号的鞋。总书记回答平时穿42码的,并让工作人员代付了钱。

总书记还与赖淑芳拉起了家常。赖淑芳说,她们制作生产的唐昌布鞋非常牢固,怎么穿都穿不烂,总书记下基层时可以穿布鞋。总书记微笑着说,我下基层都习惯穿球鞋。

"这是我一生中最值得纪念的一天!因为总书记买了我亲手做的布鞋!"几十年来,已年逾六旬的赖淑芳记不清自己做了多少双布鞋,但所有的鞋都不如那双42码的男士布鞋让她终生难忘。

"主席对唐昌布鞋感兴趣,甚至对布鞋的生产工艺很了解,与我攀谈时像个大哥哥似的亲切,能让我有啥子就说啥子,就觉得他非常关心和贴近普通老百姓的生活。而他买鞋子的举动,就是对唐昌布鞋和非物质文化遗产的爱护,对我们手工艺人的关爱和鼓励!"赖淑芳告诉笔者,如今每当想起总书记购鞋的场景,她的内心就燃起"传承中国传统手工技艺"的激情。

作为成都市的非物质文化遗产,唐昌布鞋属于川西毛边布鞋的一种,脱胎于明朝时期的包边千层底布鞋。不同于一般布鞋的是,唐昌布鞋是毛边槽眼布鞋,带有经过砂边处理的毛边布鞋,需经过打布壳、打堂底、捶底、砂边等32道工艺,所以比一般布鞋耐穿度更高,在川西一带颇受欢迎。后因皮鞋的普及,唐昌布鞋一度式微,改革开放以来,特别是近年来,唐昌布鞋又渐渐地被众多消费者所青睐。"在我印象中,原先买这种布鞋的基本上都是老年人,销量也不大,后来随着环保、健康理念的普及,开始有年轻人来买布鞋了,销量也大起来了。"赖淑芳多年专注于唐昌布鞋的制作,感受颇深。

赖淑芳向笔者回忆，她家制作唐昌布鞋由来已久，已弄不清究竟从哪一代开始了，反正她的父母一直以制作唐昌布鞋谋生，并在唐昌镇上小有名气。因此，还在她读初中时，只要有空，就帮着父母打底子、做鞋面。1980年她高中毕业，在父母的鼓励下，被招入郫县鞋厂当工人，做过皮鞋，更做过布鞋；做过一线工人，也干过管理人员的活，时间长达十多年，直到1998年鞋厂转制歇业，但厂里的同事们分散在唐昌镇的各个地方，继续从事布鞋的制作生产。

"我还有一件值得自豪的事，那就是1993年，邓小平同志退休后在成都短暂居住，我们几个做布鞋的小姐妹，还为他做过一双布鞋。我们用了最好的材质、最好的工艺，因为我们同样敬仰他、爱戴他！"赖淑芳说。曾有不少人对赖淑芳说过："你是为邓小平同志做过布鞋的人，你一定要把唐昌布鞋的手工艺传下去啊。"

"2000年，我和自己的两个姊妹一起凑了4000元，买了两台纳鞋底的缝纫机，成立了'唐昌布鞋店'，就开设在唐昌镇上。店里所有人加起来就8个人。"赖淑芳说，起初时，她们制作的鞋子还没有打开市场，一度有些难熬，甚至还想过关门歇业，但她们又很担心后继无人，觉得不应该让这门手艺终结在这一代人手里，还是下了决心坚持下去。正是还有很多人关心、喜欢唐昌布鞋，手工艺人也不时受到关怀和鼓励，才使得赖淑芳一直坚持下来，从未停止过唐昌布鞋的制作生产。

后来，赖淑芳还在儿子艾鹏的帮助下开设了网店，将布鞋销售到全国各地。到了2015年，艾鹏辞去了在国企的工作，也被赖淑芳拉进了唐昌布鞋制作和销量的行列中。种子成长，开花结果，又使新的种子生长发芽，做布鞋的和穿布鞋的人越来越多。2015年和2016年，唐昌布鞋分别被列入了郫县和成都市的非物质文化遗产项目，赖淑芳和艾鹏也成了唐昌布鞋的非遗传承人，其中赖淑芳为第三代传承人，艾鹏为第四代传承人。2018年12月，唐昌布鞋被列入四川省非物质文化遗产项目。

这几年，随着唐昌布鞋的影响越来越大，销量越来越好，赖淑芳和她的团队也在"招兵买马"，不过，她所吸纳的人员大多是附近的一些居家妇女，还有数十位残疾人。他们在完成技术培训后，已陆续加入唐昌布鞋的生产行列，好几位残疾人学成后还主动留了下来，跟着赖淑芳制作布鞋，自身收入也大大提高，稍勤快一点的，每月收入有3000元左右。没错，赖淑芳的目的不仅是让更多的人传承唐昌布鞋的制作技艺，也想努力帮助群众实现在家就业增收，让残疾人自食其力，融入社会。

"如今，因为有了总书记的关爱，因为唐昌布鞋成了非遗项目，越来越多的人知道了唐昌布鞋，销量肯定会不断增加。下一步，我们会精益求精，不断创新，引入更多新的布鞋样式，争取让更多人喜欢上我们的布鞋。"赖淑芳信心满满。

赖淑芳说，如今的唐昌布鞋不仅是一门手艺，更已成为当地的一项产业。唐昌布鞋还将在唐昌镇上开设集生产、加工、展示、销售为一体的体验馆，以展示这一独特传统非遗项目的非凡魅力，传承中国传统手工技艺，带动当地就业，促进经济发展。

参观完唐昌布鞋展台，总书记继续在"精彩战旗"特色产业在线服务大厅参观，在先锋萝卜干合作社展台前，与萝卜干专业合作社代表任健交谈。

"总书记好，总书记新年好！"紧紧握着习近平总书记的手，萝卜干专业合作社理事任健激动地给总书记介绍了合作社的基本情况。听着任健用四川话的介绍，总书记也学着用四川话说："萝卜干！"

总书记关心地询问萝卜干合作社的销售情况如何。当总书记听到萝卜干专业合作社与京东云创深度合作，为萝卜干"梳妆打扮"，改变传统在田头卖、路边卖、论斤卖模式，将小小萝卜干卖出了大价钱时，他满意地点头，嘱咐任健说，"要把萝卜干发展好，打造成旅游产品，走农旅融合发展道路。"

在汇菇源展台，成都市汇菇源生物科技有限公司负责人李宗堂向总书记汇报，他从事食用菌种植已有30多年，以前菇类等食用菌都采用传统栽培方式，基本上靠天吃饭，经常受天气变化影响，产品质量不稳定，市场供应也不稳定，导致收益不稳定，难以做大做强。现在，由于与大专院校合作，用新技术改变生产模式，实现了规范化、标准化、工厂化、智能化生产，不仅大大提升了产品品质，还能实现质量安全的追溯管理。

在京东云创展台，京东云创新空间（郫都区）的CEO张小娟，向总书记介绍了利用互联网技术销售农产品的优越性。

"目前农产品销售遇到最大的问题，往往就是市场需求的反馈时间需要6个月以上，但我们依托京东大数据消费者用户画像，能把这个时间缩短到1个月。我们还能用大数据画像指导企业农户改进生产，比如郫县豆瓣一直都是以豆瓣酱销售，现在他们的创新产品豆瓣香菇菜，就是由我们采用豆瓣调味品用户画像指导他们的包装、规格，再通过众筹预测市场的。在一个月的时间，我们销售了2万袋，卖了23万，众筹让我们做到了精准供给。"张小娟还给总书记展示了电脑上的众筹结果。她说，目前京东云创还与唐昌镇的萝卜干生产企业进行合作。以往这些萝卜干只是线下卖，通过画像发现购买萝卜干的人都是年轻上班族，京东云创随即改进了规格、包装，定位在"吃点先锋小菜，聊点人生大事"，效益见涨。

总书记十分细致地听了介绍，以赞赏的口吻说，这些做法能指导企业改进生产，这很不错，说明互联网+运用得很好。

一边看，一边问，一边支招，在战旗村考察的50多分钟里，"精彩

战旗"特色产业在线服务大厅是总书记停留时间最长的地方。总书记对于农业产业等经济的熟稔与关心,感染着大厅里的每一个人。

快要过年了,战旗村里喜气洋洋,村民们正在村里布设的春节一条街上拍摄全家福照片、写春联、做汤圆,还有不少是来自唐昌镇以及周边区市的游客。看见习近平总书记走来了,大家兴高采烈地迎上前去,纷纷向总书记问好。

总书记亲切地向人们致意。在途经求知亭时,总书记正好看见村民冯忠会一家人在拍全家福,便停下来,向他们致以节日的问候,并热情地与村民们握手。当村民把刚拍好的全家福照片送给总书记看时,总书记连声说拍得不错。

"习爷爷早上好!"冯忠会的女儿抢着向总书记发出一声问候,声音脆生生的,十分动听。总书记停下脚步,拍拍孩子的脸,询问孩子上幼儿园了吗,并询问冯忠会一家的工作情况,冯忠会一一做了回答。

当冯忠会介绍到他父亲的时候,冯忠会的父亲由衷地对总书记竖起了大拇指,说:"主席是我们的好领袖!"总书记当即回答:"我是人民的勤务员,让人民过上好日子,是我们共产党员的初心、宗旨。共产党的心愿就是让老百姓过上幸福美好的生活!"

"总书记的关怀太让人感到温暖了。"每当回忆起见到总书记时的那一幕,冯忠会的脸上总是洋溢出幸福感。他家就在距求知亭不到50米的地方,260多平方米的双层小楼,还配有车库,而这样的房子在战旗村是"标配"。"我家在村里的情况是中等水平,家庭经济水平很有代表性,我们对居住环境、居住条件非常满意。"冯忠会说,总书记对战旗村的新农村建设,尤其是村民所居住的一幢幢别墅颇为赞赏,说比城里人住得还要舒服。事实上,这一份感受,战旗村的每个村民都有。凡是住在战旗村的村民,都不愿轻易地离开。

冯忠会一直牢记着总书记的嘱咐，他说，小康是奔出来的，不是等出来的，在战旗村，家家户户正是通过奋斗，通过创业创新，从土地上解放出来，从事附加值更高的劳动，才有了村民生活富裕、村集体产业兴旺、生态环境宜居的美好景象。作为战旗村内榕珍菌业公司的员工，冯忠会说，总书记的关心关怀，激励我进一步做好本职工作，多向老员工、老同志学习，不断完善菌业产品生产中灭菌系统的工艺流程，熟练操作技能，深入钻研新的业务技术，致力于乡村振兴事业，为建成小康社会出力。"乡村振兴了，我们还会过得更好！"

村民罗时群一家得知总书记前来战旗村考察，早早地等在家门口。总书记走过来时，他们和在旁的村民万分激动。总书记称赞小男孩长得很健康，叮嘱孩子父母一定要把孩子培养好。"虽然我们是第一次见到总书记，但感觉他时刻牵挂着我们老百姓，对我们像家人那样亲切。领袖的关怀让我们深受鼓舞，我们一定要按照总书记的指示，每个人都努力工作、献出智慧，把我们战旗村建设得更漂亮。"罗时群说。

欧可洪是唐昌镇崇宁小学的美术教师，总书记前来考察的那一天，他正在战旗村为村民们义务写春联。

"看到总书记向我们走来，我和周围等着领春联的乡亲们就一起激动地鼓掌，向总书记问好。我做了简短的自我介绍后，对总书记说，总书记，我代表乡亲们给您送一幅'福'字吧。总书记非常高兴地说，好啊！我就拿起了右边刚写好的一个'福'字，向总书记介绍说，这一个'福'字是乡亲们最喜欢的一个字，因为它看起来就像是一幅画，这个字的左边看起来像是一个人，右边是房子和田，有人有房有田就有福了，这是乡亲们对幸福最朴素的理解。总书记接过福字后，微笑着边看边说，有人有房有田就有福了，说完后，他双手把福字展开，面向乡亲们。此时，我又向总书记送上了我们大伙儿共同的祝愿：祝福我们的祖国在您的领导下,国泰民安!在场的乡亲们顿时热烈鼓掌。"

12岁的杨禹鑫是郫都区实验中学初一年级的学生,家住战旗村,寒假期间就在村里与父母一起过年。这一天,杨禹鑫正在欧可洪老师写春联的现场,并获得了一张红底金字的"国泰民安"字幅。看到总书记过来,杨禹鑫马上举起手中这张"国泰民安"字幅,送给了总书记,总书记亲切地了解了杨禹鑫的学习和生活情况,又将"国泰民安"字幅回赠给了杨禹鑫,鼓励他好好学习。

杨禹鑫十分激动:"习爷爷非常亲切和蔼,他的鼓励我会牢记心中,更加发奋努力地学习,不辜负习爷爷对我们青少年的关怀和希望。"杨禹鑫说,他一定要把总书记回赠送他的"国泰民安"四个字珍藏起来,作为自己的座右铭,时刻激励自己,不断增强本领,长大后为国家建设贡献力量。

"总书记走近我们村过年汤圆的分发点,问我这个汤圆是什么馅的,我向他汇报是红糖馅的。总书记看得非常仔细、非常认真,他看到旁边正有群众在领这个汤圆,又问我,你们领汤圆还要签字?我汇报说是的。总书记说这个方法很好,不然谁领谁没领,很容易记不清,说完,总书记就高兴地笑了起来。最后他祝愿我们,生活像吃汤圆一样,安逸,安逸,连用四川话说了两遍,非常的亲切。"易奉阳每当回忆起这一场景,就特别感动,总书记说的每一句话,每一声笑声,都让他永世难忘,"他是那么亲切,那么慈祥,那么平易近人,对老百姓的生活是那么关怀备至。人民领袖爱人民的挚爱之情,让我们油然而生敬意。"

"总书记对人民的关怀,对孩子和教育的重视和期待,也是我一辈子忘不了的。他的言行举止中,寄寓着对今后发展,对中国未来的厚望。作为乡村教师,我要在今后的工作中,不断提高自己的教学能力,让咱们农村的孩子更加热爱学习、勤奋学习，长大了把乡村建设得更加美丽，把国家建设得更加美好，不辜负总书记对我们的殷殷期盼。"欧可洪动情地说。

"我是人民的勤务员，是为人民服务的，让人民过上好日子是我们共产党人的初心、宗旨。"这句掷地有声的话语，昭示了共产党人的宗旨，映射出总书记的执政理念。

把为人民造福的事情办实办好，干一件成一件，就会真正暖人心、聚民心。总书记在战旗村再次阐明和强调这一宗旨和理念，激励着战旗村广大党员干部和群众，不忘初心，团结一致，保持昂扬奋进的斗志，扛好战旗这面旗帜，在实施乡村振兴战略的进程中，让战旗更红，实现伟大使命。

习近平总书记在战旗村考察期间，作为战旗村"领头人"的高德敏做了工作汇报。高德敏说，总书记非常关心基层党组织的建设、村集体经济发展、土地制度改革、村民的收入及民生保障等情况，对战旗村的各项工作都做了详细了解，在听到村集体经济发展良好时，总书记频频点头，并以一句"战旗飘飘，名副其实"加以充分肯定，并寄语战旗村乡村振兴"走在前列，起好示范"。

战旗村曾荣获"全国社会主义精神文明单位""全国文明村""省级四好村""四川集体经济十强村"和省市"新农村建设示范村"等称号。2017年，战旗村村集体资产4600万元，村集体收入462万元，年人均纯收入2.6万元。战旗村建立了以村党总支为核心，自治组织、集体经济组织、便民服务组织、社会组织协同配合的"党建引领，共建共治共享"基层治理机制，实现集中居住区、合作社、民营企业党组织全覆盖，做到了从群众中来、到群众中去。党总支充分发挥政治引领作用，带动自治、法治、德治有机结合、同向发力，不断引领改革兴村、生态宜居、产业富民、乡风文明、服务便民。

战旗村发展经济的主要途径，是在村党支部（后设立为村党总支、村党委）的带领下，探索和尝试农村创新改革之路，全面推行农村集体产权制度改革。2015年开始，战旗村盘活集体经济，推动集体经济发展的市场化、专业化。农民脚下的土地开始释放出改革的红利。战旗村创新成立了战旗集体资产管理公司作为市场主体，将集体经济股份量化并分配给每一个村民，让"资源变资产，资金变股金，农民变股东"，让农民人人成为创业者；通过集体建设用地入市、宅改腾退、宅改入市等方式，引进涉及观光休闲农业、农事体验、农产品加工等产业项目，打造乡村振兴体验精品线路，创造了发展创意农业、"农业+互联网"、生态文化游、体育赛事、教育培训等新商机，吸引了一批人才下乡投资、村民就近创业创新，初步走出了一条从"打工经济"向"创业经济"转型的乡村振兴战旗路径；同时以人为本建设新家园，包括通过提升宜人宜居生活环境、构建优质公共服务环境、营造和谐文明社会环境，让村民在家乡创业的幸福感更强。

详细了解了战旗村发展村集体经济和提高村民生活水平的成果，总书记强调，在实现了温饱、实现了全面小康以后，我们还要继续振兴乡村。中国有13亿多人口，吃饭问题始终要靠自己解决，无论城镇化怎么发展都会有几亿农村人口，我们不能一面有繁荣的城市，一面却是落后甚至衰落的乡村。农村的发展不单是产业发展，不单是物质文明，精神文明、文化生活也要搞好。

总书记即将离开战旗村时，还站在战旗村中心广场的村民们欢呼着簇拥上来，正在广场周围休憩、观赏、拍照的人们也向这里聚集，一起为习总书记送行。在战旗村中心广场北侧，临上车前，总书记特意站下来，热情地向围在他身边的村民们打招呼。

"瑞雪迎新,狗年的春节将至,我到这里来看一看,看见你们我格外高兴!"

村民们一齐喊道:"我们也高兴!"

总书记高兴地说:"我对你们的发展业绩也感到很赞叹!你们的集体经济发展得很强,而且你们这里是人人参与,都有入股,大家有获得感,人们的收入也都是芝麻开花节节高。我看你们这个住房很好,很多城里人会很羡慕你们。最近中央又下了个文件,叫作振兴乡村计划,就是在实现了温饱、实现了基本小康以后,我们还要继续振兴乡村。因为发展到任何时候,我们都还要有一个农村,农业还是我们的重中之重。当然要搞好这些工作,以党支部为核心的农村基层组织建设非常重要,任何地方搞得好,都是'火车跑得快全靠车头带'。在这里,我借这个场合,通过你们,向全国各族人民,全国的父老乡亲,致以春节的问候。祝全国各族人民新春快乐,阖家幸福!"

听完总书记热情洋溢的讲话,村民们报以阵阵热烈的掌声。

临到分别,大家不约而同地高举双手鼓起掌来,唯有持续热烈的掌声能表达对总书记的真挚情感。总书记登上中巴车后,还隔着车窗玻璃,向村民们挥手告别,脸上始终洋溢着亲切温馨的微笑,如同春日暖阳,抵达村民们的内心深处,让每一位在场者感受到浓浓的暖意。

车队驶远了,村民们依然聚集在村中心广场上,沉浸在巨大的幸福中,久久不能平息内心的激动。

"我这辈子最感到幸福和光荣的事情,就是代表我们战旗村,迎来了人民领袖习近平总书记。" 每次想起总书记前来考察的情景,一遍遍回忆其间细节,高德敏的内心总是激动不已,这句话在笔者面前说了多次。他是土生土长的战旗村人,在家种过田、外出打过工、回乡办过企业,是深得村民们信赖的致富带头人。

"作为村党总支书记,我一定要牢记总书记在这次考察中提出的工作要求,切实做到'走在前列,起好示范',牢记总书记强调的'乡村与城市要同步发展'的要求,发挥好基层党组织的'火车头'作用,不断探索和实践,把战旗村建设得更加美丽富裕,在乡村振兴的道路上继续前行、作好示范。"高德敏说。

13日上午,在成都,习近平总书记听取了四川省委和省政府工作汇报,在肯定四川省各项工作所取得的成绩的同时,希望四川省深入贯彻党的十九大精神和新时代中国特色社会主义思想,全面落实党中央决策部署,锐意进取,埋头苦干,推动治蜀兴川再上新台阶。

总书记强调,我国经济已由高速增长阶段转向高质量发展阶段,建设现代化经济体系是我国发展的战略目标。要夯实实体经济,深化供给侧结构性改革,强化创新驱动,推动城乡区域协调发展,优化现代化经济体系的空间布局。要抓好生态文明建设,让天更蓝、地更绿、水更清,美丽城镇和美丽乡村交相辉映、美丽山川和美丽人居有机融合。要增强改革动力,形成产业结构优化、创新活力旺盛、区域布局协调、城乡发展融合、生态环境优美、人民生活幸福的发展新格局。

总书记指出,要牢固树立以人民为中心的发展思想,常怀忧民、爱民、惠民之心,采取针对性更强、覆盖面更大、作用更直接、效果更明显的举措,解决好同老百姓生活息息相关的教育、就业、医疗卫生、社会保障、社会稳定等民生问题,使人民获得感、幸福感、安全感更加充实、更有保障、更可持续。要坚持抓发展、抓稳定两手都要硬,深化民族团结进步教育,促进各民族共同团结奋斗、共同繁荣发展。要认真贯彻落实党中央关于在全国开展扫黑除恶专项斗争的重大决策部署,把社会稳定工作做得更细致、更扎实、更紧密。

殷殷嘱托,在天府之国上空回荡;使命在肩,新的进军号角已经吹响。

　　强化创新驱动,推动城乡区域协调发展;抓好生态文明建设,让美丽城镇和美丽乡村交相辉映、美丽山川和美丽人居有机融合;增强改革动力,形成产业结构优化、创新活力旺盛、区域布局协调、城乡发展融合、生态环境优美、人民生活幸福的发展新格局。面对新的任务,唯有旗帜鲜明加强党的政治建设,发挥党组织的模范带头作用;唯有奋进开拓,继续弘扬敢闯敢试、敢为人先的改革精神。敢于啃硬骨头,才能向人民交出优异答卷。

第二节　为什么战旗美如画、红似火

"党建引领，汇聚合力；不畏艰难，勇敢向前；善于创新，共治共享；走在前列，起好示范"，这是新时代的"战旗精神"。来到战旗，通过党建馆、村史馆、乡村振兴培训学院、郫县豆瓣博物馆、战旗文化大院等处参观体验，你会了解战旗村走过了怎样的发展道路，感知战旗究竟是怎样的一座村庄。

来到战旗村，有一个地方你首先应该前往参观，那就是战旗村党建馆。

并不是因为这个党建馆的规模有多大，也不是它的展陈方式有多别致，关键在于它主题鲜明地展示了战旗村党建工作的特色亮点，尤其是在新时代形势下，战旗村党组织弘扬"党建引领，汇聚合力；不畏艰难、勇敢向前；善于创新，共治共享；走在前列，起好示范"的"战旗精神"，引领乡村振兴这一伟大事业，脚踏实地、行稳致远，体现"战斗的旗帜、坚强的堡垒"巨大作用的成果和经验。

战旗村为什么能做到"战旗飘飘，名副其实"？为什么还将在以后的日子里"走在前列，起好示范"？靠的是一代代战旗人的艰苦努力，而战旗村党组织起到了关键性的引领和带头作用。近几年，战旗村党组织实施"七个满覆盖"党建工作法,形成了"建强战斗堡垒,引领改革兴村,引领生态宜居,引领产业富民,引领乡风文明,引领服务便民"的"一强五引领"党建工作格局,全村面貌焕然一新。

打开战旗村的发展史,一个难以忽略的亮点是,自从战旗村建立后,每任书记都以党建为抓手,抓机遇、学先进、谋发展,汇聚集体的力量做强乡村产业、育强人才队伍、涵养乡风文明、推动治理有效。党的十八大以来,战旗村更是在聚焦党建引领、文化铸魂、产业筑基、生态兴村方面硕果累累,还建立了以党总支(现为党委)为核心,自治组织、集体经济组织、便民服务组织、社会组织协同配合的基层治理机制,实现了"组织建在产业上、党员聚在产业中、农民富在产业里"。在数十年的奋斗历程中,特别是在新时代的改革发展洪流中,逐步形成了"党建引领,汇聚合力;不畏艰难,勇敢向前;善于创新,共治共享;走在前列,起好示范"的"战旗精神",以此激励,不断进取。

战旗村的每一位党员,以"三问三亮"的方式来亮出党员身份、做出示范,这早已是一种自觉行动。"三问"即"自己入党为了什么?自己作为党员做了什么?自己作为合格党员示范带动了什么?"这既是初心之问,也是使命之问。"三亮"即"亮身份、亮承诺、亮实绩"。"三问三亮"凸显了战旗村党组织坚强的堡垒、战斗的旗帜作用,令人瞩目,催人奋进。

以上这些内容,若你都走进战旗村新建的党建馆,就能了解得十分细致,被它吸引,为之感慨。如同战旗村的党建工作总是那么求真、务本、实在,这座党建馆的展陈内容同样是那么的客观、平易、贴心,通过"重温场景、分享感受、解读内涵、宣讲政策"等形式,让每一个来到这里参观的人,形象生动地了解战旗党建工作的好做法,从心底里佩服战旗村共产党员的好作风,让来自全国各地的党员群众自然而然地接受红色教育、红色洗礼，让人真正感受到党建引领乡村振兴的战旗路径，同时也激发广大党员干部在研学体验中坚定理想信念、锤炼党性作风。

这样的党建馆，你当然不能放弃。

落地才能生根，根深才能叶茂。参观了战旗村党建馆，位于乡村十八坊内的战旗村村史馆，同样不容错过。这座形制同样不是太大的村史馆，不仅记载了战旗村的前世今生，更是记录了数代战旗人的奋斗史，后者显然才是重点。

必须在此提上一句，常人会觉得村史馆之类的去处，往往只有传统死板的设计与陈设，笔者起初也是这样以为，然而进入了村史馆，忽觉眼睛一亮：这里既有时尚设计元素，又有本地传统文化的特质，相互之间还特别协调。原来，这个村史馆曾获得2018年成都创意设计周"金熊猫创意设计奖·美丽乡村创想奖（专业组）银奖"。这一荣誉已在提醒你，可不要小看这家村级的历史文献馆哦，里面的一切都是经过精心布置的。

这是一个典型川西特色的院子，中间是大大的天井。院子地面上的稻草象征广袤大地，庭院中心树立一道门。稻草立柱代表劳动人民，红色立柱代表国家，两者共同支撑起一道红色屋顶，代表家园。整体结构充分运用了原本旧屋的青砖、老房留下的灰瓦、村民捐献的老物件，以及老院落修旧如故而来的原有空间。在展示内容上，按照战旗村的历史时间轨迹，通过充满记忆印记的旧物和留有时间刻痕的照片，向人们讲述战旗人艰苦创业的动人故事和战旗飘飘的光辉历程。

值得一提的是，在村史馆布展时，设计者巧妙地借用了美学设计、创意设计活化农耕历史记忆，如老屋的木门、屋后的稻草垛、广袤的稻田等，形成装置艺术，让这些熟悉的物事和场景，有效唤起游客关于梦里老家的诸多记忆，通过这些具象、生动的记忆，来"回到从前"，记起乡愁，感悟今昔变迁。

众所周知，在时间长河里，战旗村建立的时间并不太长，1965年才正式打出了战旗村的旗帜，但战旗村所在的唐昌镇始建于唐朝仪凤二年，距今已有1300多年历史，可谓人文历史底蕴厚重。在战旗村并不太长的历史中，最重要的一件事，是形成并始终弘扬"不畏艰难、勇敢向前"的战旗精神。馆内展示了历任村党支部（党总支）书记抓住改革机遇，带领村民走向共同富裕的历程，那则战旗村建立伊始，全部财产"只有三间猪棚，一个木制文件柜、三把圈椅和700元债务"，却发展成为全国乡村振兴示范村的故事，每位参观者想必都不会忘记。

当然，村史馆还有大量战旗村民俗文化展陈物，包括村规民约、红白喜事、乡村歌曲等方面的文字说明，铧犁、风谷机、自行车、收音机等老旧物件，似在讲述着战旗人民从农耕社会迈入现代文明的艰辛历程。而柜台里完整存放着的早期卷宗、考核责任书、股权证、耕地保护合同、常住人口登记表、年度决算分配表等，都是不可多得的珍贵史料。

"春风习来传送讯息，那是春潮涌动的活力。战旗飘飘，飘在阳光里……"在村史馆，我还听见了这首题为《追梦战旗》的村歌。这是一首特别动人的歌曲，优美的旋律、娓娓道来的歌词，渲染的是对家园浓浓的爱，对未来的万般憧憬；表达的是对领袖的深情，对感恩奋进谱新篇的信心。

"战旗村有些真实的、可复制的经验，我们在这里经过了生态调查研究和深度访谈，未来将通过经验梳理，将其变成知识生产。这些乡村振兴发展中的经验，也是中国在世界话语体系中占有一席之地的材料。"2019年6月9日至10日，中国著名"三农"问题专家温铁军教授携

工作团队一行,来到战旗村调研乡村振兴工作,并来到了四川战旗乡村振兴培训学院,在此成立"温铁军工作室",把包括战旗村在内的郫都区,作为一个乡村振兴战略实施的典型,予以剖析研究,传播战旗村和郫都区乡村振兴的成果经验。

温铁军教授认为,战旗和郫都的乡村振兴工作既有千年农耕文明积累的厚重历史,又有成都城市中心辐射带来的新机遇。建议郫都区以城乡融合为契机,抓牢文商旅融合,全域推进乡村振兴示范区建设,加强乡村发展治理,同时依托战旗乡村振兴培训学院聚焦本土乡村振兴人才培养。

"温铁军工作室"挂牌成立后,温铁军教授随即为战旗村和郫都区相关部门负责人作了一场题为"生态文明转型与乡村振兴战略"的主题报告。他从文明转型发展的高度,结合农耕文明的演变和近百年乡村建设历史,深刻阐释了生态文明和乡村振兴的丰富内涵以及两者之间的关系。

温铁军教授曾先后担任中国人民大学学术委员会副主任,西南大学中国乡村建设学院、福建农林大学海峡乡村建设学院执行院长,北京大学乡村振兴中心主任等职,主持过多个国家级重点课题,著有《中国农村基本经济制度研究》《三农问题的世纪反思》《解读苏南》《八次危机》等,是国内"三农"问题研究的权威人物。"温铁军工作室"落户于四川战旗乡村振兴培训学院,意味着两者将深度融合、精诚合作,共同承担起乡村振兴国家战略中乡村人才振兴的重大使命。

2019年2月12日,国内第一家面向全国培养乡村振兴专业型、实用型人才的基地"四川战旗乡村振兴培训学院"在战旗村8组落成揭牌。学院大门正面,长条形的巨石上,用红色大字镌刻着"四川战旗乡村振兴培训学院"几个大字。学院的墙外,则是广阔的田野,草长莺飞,绿树成荫。整座学院呈现田园望山、川西林苑风格，是一座新型多功能智慧学院、绿色学院、平安学院。

战旗乡村振兴培训学院颇具规模，学院占地面积达28亩，建筑面积为6500平方米，集展览展示、教学科研、学术交流等功能于一体，能同时容纳2000人培训学习。金属色的镂空房顶与灰砖教学楼把工业设计元素与川西民居风格融为一体，这样的设计灵感来源于学院内的旧建筑润源铸造厂。润源铸造厂是战旗村的集体企业，几年前停办后，资源一直闲置。学院的建成，使得这块土地重焕生机。学院建筑通过分解原有大型厂房量体，让自然光线与空气穿梭于校区内，结合庭院景观，使校区内成为一处宜人的开放空间，建筑材料上，采用了新能源与智能化工艺，达到了绿色节能、环保生态的效益。

尽管冠以"战旗"这一村名，且由唐昌镇战旗资产管理有限公司与郫都区国有资产投资经营公司共同组建的成都蜀源战旗企业管理有限公司作为投资办学主体，但这所培训学院有着与众不同的缘起和背景。在它的策划和筹建过程中，各级领导给予了各个方面的关心和支持。它由四川省民政厅批准成立，四川省农业农村厅主管，明确以"党委领导、政府支持、市场运作、资源共享"为办学原则，是具有独立法人资格的民办非企业单位。值得一提的是，学院揭牌成立的同时，即已被教育部办公厅授牌为"全国中小学生研学实践教育基地"。

乡村振兴全面铺开后，全国上下普遍面临着乡村人才储备不足、人才保障乏力等问题，人才问题已成为制约乡村振兴战略实施的瓶颈。有效破解乡村振兴存在的人才、技术等发展难题，加快推动产业、人才、文化、生态、组织"五个振兴"，创新乡村振兴人才常态化培训方式已迫在眉睫。2018年3月，郫都区做出了筹建四川战旗乡村振兴培训学院的决定。

"建立这座学院的目的，既是为了着力打造立足成都、辐射全省、面向全国的乡村振兴教育基地、新农人学习成长基地，使之成为乡村振兴战略研究、交流、示范、推广基地，又是为了把战旗村的乡村振兴经验传授出去、传播开来，战旗村自身的乡村振兴战略实施也将更上一层楼。"郫都区委宣传部常务副部长贺卫东介绍说，它的建立，也是发挥战旗和郫都在乡村振兴方面优势的最好方式之一。

把这座学院打造成最接地气、最有特色、最具实效的乡村振兴人才实训教育基地，这是学院成立伊始所确立的目标。为此，学院已有详细计划，计划之一，就是与清华大学、同济大学、四川大学、四川农业大学、阿里巴巴等高校、科研院所、商业企业建立战略合作联盟，引进温铁军、张孝德、李昌平、邓蓉、巫元清等一批名师和高层次培训平台，着力培训乡村振兴急需人才。就在学院落成揭牌仪式上，即宣布首批战略合作联盟单位并签署战略合作协议，各个战略合作联盟单位各有特色、各有分工，如建立清华大学乡村振兴四川战旗远程教学站，教学站将聚焦乡村振兴战略实施中的重点问题，为乡村振兴发展提供理论支撑和智力支持。

"在培训方式方法上，学院将采用'市场化运作、专业化运营'的方式，为受训人才量身定制培训内容，力求务实、对路、有效。同时，按照'最接地气、最具特色、最有实效'的工作标准，搭建师资队伍，编写'5（五项振兴）+5（村社专职干部）+N'校本教材，优化课程体系。当然，学院毫无疑问带有浓烈的战旗特质，如将专门组建郫都和战旗的特色专家讲师团，培养一支以高德敏、姚庆英、任建、何允辉等为首的10大名村主讲人，以及一批本土专家培训团队。"院长伍波踌躇满志地说。

伍波介绍，除了培养一线的新时代乡村振兴劳动者，学院还将拓展培训对象，将机关干部、农村干部、农业新型经营主体、新兴职业农民、关联企业等人群均纳入其中，重点发挥学院在人才培育、政策研究、宣传展示、对外交流、创新孵化的5大职能，开展乡村经营与管理人才、乡村信息化与互联网人才、乡村发展课题研究、乡村发展规划与传统文化艺术传承等业务。"想必这些优秀人才，各地都有急需。"伍波说。

果不其然，培训学院一俟成立，马上就行动起来了。就在揭牌仪式上，学院发布了郫都区（绿色战旗 幸福安唐）乡村振兴指数。当天下午，学院举办了"牢记嘱托，感恩奋进"首期干部培训班，区委书记杨东升作了专题培训授课，他指出："人才作为实施乡村振兴战略的必备要素和重要资源，是落实'五个振兴'总要求的推动力量和重要保障。总书记视察战旗村时指出，战旗飘飘，名副其实。要继续把乡村振兴这件事做好，走在前头，起好示范，让村民收入像芝麻开花节节高，让全国人民都能享有城乡融合发展所带来的福祉。"

杨东升还为战旗乡村振兴培训学院提出了办学要求："'走在前列、起好示范'，这是总书记对我们提出的要求，也是培训学院的校训。要致力于培养高素质的基层组织引路人、产业发展推动人、乡风文明传承人、农业科技推广人和脱贫致富带头人，对于加快推进农业农村现代化，建立健全城乡融合发展体制机制和政策体系；巩固和完善农村基本经营制度，构建现代农业产业体系、生产体系、经营体系；健全自治、法治、德治相结合的乡村治理体系，其意义重大而深远。"

"新时代村庄与集体经济转型"高级研修班、"党建引领推动乡村振兴"专题培训班、"抓党建促乡村振兴"专题培训班、村（社区）基层妇联主席培训班、基层农技人员培训班、新型职业农民（从业型）培训班、"乡村振兴与乡村治理现代化高级研修班暨全国村党支部书记乡村振兴工作研讨会"、"四好农村路"建设专题培训会以及"农村人居环境整治大讲堂"、"木兰大讲堂"、"战旗乡村振兴论坛"等专题培训和重要会议相继举行,"全国乡村旅游(民宿)工作现场会"也在这里举办,可谓排得密密麻麻。全国各地的专家、学者和管理者、一线劳动者在此交流乡村振兴宝贵经验,学习和交流乡村振兴体会和技能、传扬战旗村乡村振兴经验的浓厚氛围正在形成。

而继教育部办公厅授予"全国中小学生研学实践教育基地"之后,"国家乡村旅游人才培训基地""半月谈基层治理智库基地""成都蓉漂人才发展学院国情研修基地"等称号也已相继在此授牌。与此同时,除了"温铁军工作室"在此落户,"清华大学社会学系大师工作室""高德敏工作室"也在2019年落户,其中"高德敏工作室"以战旗村党总支书记高德敏领衔,着重讲述宝贵的乡村振兴实践经验,颇受好评。

牢牢抓住乡村人才振兴这一关键,战旗乡村振兴学院一方面汇聚名镇名村实践经验,"下接地气";另一方面通过聚集行业知名专家教授,"上接天线"。这样"一头连着实践、一头连着理论",理论联系实际,相互转化运用。通过创新工作机制,有效整合各自资源,加快推动项目合作,共同梳理总结、挖掘提炼"战旗模式、郫都实践"系列成果,切实为振兴学院搭建起教学课程体系的"四梁八柱"。与此同时,培训学院也将成为集实践指导、政策研究、智库咨询、孵化培育等功能于一体的乡村振兴实践平台,其未来作用不可限量。

接下来你需要参观的,是郫县豆瓣博物馆。

郫县豆瓣博物馆坐落于乡村十八坊内,跨门进去,左边有无数只大缸装满了豆瓣酱,这里该有多少豆瓣酱呢?想必已是一个天文数字。从仿古城墙上的点"酱"台上看下来,无数只酱缸摆出的阵势更加壮观。

这么多酱缸当然已是参观的一部分。走进这里，酱香飘来，在四川，郫县豆瓣炒回锅肉，就似灵与肉的完美结合，因而郫县豆瓣有"川菜之魂"的美称。

豆瓣博物馆的正门采用了川西传统建筑的造型，整座博物馆采用"前店""后坊"的形式，并以器皿馆、记忆馆、制曲馆等几个馆区，展现酱园的生活与工作场景，通过史料讲述郫县豆瓣的历史、传承和创新，展示了郫县豆瓣"翻、晒、露"的制作技艺，告诉参观者豆瓣是怎样发酵、酝酿的。在这里，参观者不仅可能闻到豆瓣香，还能亲手制作郫县豆瓣、试吃郫县豆瓣创新产品，如成都老火锅、大师酱等。

郫县豆瓣博物馆由位于战旗村的四川满江红调味食品有限公司负责打造，这家公司其实就在博物馆的后方。据满江红调味食品有限公司豆瓣事业部经理、"蜀酱"传人黄功云介绍，该馆收藏历史工用具、文物等达3000多件，其中传统晒缸和坛2000余口、还原古窖池70余个，非遗文史室一处，藏书3000册。此外，博物馆还建设味"道"川西传统走廊50米、传统晒场6000平方米。同时，还开设有郫县豆瓣创新馆一座，郫县豆瓣成果馆一处，郫县豆瓣历史文化展示图片等50余幅。

小小的豆瓣，做成了大文章。

郫县豆瓣为郫都区（郫都区旧称郫县）特产，中国地理标志产品，是中国顶尖调味料之一。与国内其他豆瓣酱不同的是，它在选材与工艺上有着独特的用料和做法，香味醇厚却未加一点香料，色泽油润却未加任何油脂，全靠精细的加工技术和原料的优良，从而达到色、香、味俱佳的标准，具有辣味重、鲜红油润、辣椒块大、回味香甜的特点，是川味食谱中常用的调味佳品，把豆瓣誉之为"采天地之灵气，吸日月之精华"的"川菜之魂"，实属中肯。如今，郫县豆瓣的制作技艺已列入第二批国家级非物质文化遗产文化名录。

说起郫县豆瓣的来历，相传最早出现是在清初。明末，福建汀州府孝感乡翠享村人陈逸仙，在"湖广填四川"时期迁入郫县，在此繁衍子孙。清康熙年间，陈逸仙后人无意中用晒干后的蚕豆拌入辣椒和少量食盐，用来调味佐餐，不料竟香甜可口，胃口大开，此为郫县豆瓣之雏形。

到了十九世纪中期，即清咸丰年间，陈氏后人陈守信在祖辈的基础上，潜心数年，借鉴豆腐乳发酵之法，加入面粉、豆瓣一起发酵，其味鲜辣无比，郫县豆瓣就此诞生。历经300多年的磨砺，郫县豆瓣已形成了极为成熟的制作工艺。因为辣椒与蚕豆都富含蛋白质、脂肪和碳水化合物，并饱含着人体所需的维生素C，还具有开胃、驱湿防寒之效，同时豆瓣又是烹饪川菜的经典调料，所以郫县豆瓣在全中国乃至世界各地都广为流传、深受欢迎。

二十世纪八十年代以后，随着川菜在全国的迅猛发展，郫县豆瓣的需求日益扩大，促使郫县豆瓣生产厂家逐渐采用工业化生产，以提高郫县豆瓣的产量，但是、传统工艺所生产的郫县豆瓣依然具有优势，那就是色泽红润、味辣香醇、瓣子酥脆、黏稠绒实，口感更胜一筹。

战旗村范围内有着多家郫县豆瓣生产企业，满江红食品科技有限公司即为其一，为郫县豆瓣的重要生产基地。这几年来，郫县豆瓣制作技艺传承人和各生产企业充分挖掘历史文化，讲好"豆瓣故事"，传承传统文化，同时不断创新旅游产品开发，研发更多方便食品、旅游食品等，产品不仅满足着国内市场，在国际上也极有地位，名声响亮。不少华人华侨和国际友人说到郫县豆瓣就想到战旗村，甚至有很多人还辗转托人，从战旗村购买带至国外。无疑， 郫县豆瓣博物馆的开馆，给广大消费者提供了又一处了解、亲近郫县豆瓣的好场所。

"战旗文化大院"在战旗村发展的大格局中，占着一个不可或缺的、特殊的地位，在此值得一说。

如今的战旗文化大院，已于2018年纳入新落成的乡村十八坊之中。按高德敏书记的话说，文化大院选择在乡村十八坊"加盟"，互相提升了各自的文化含量和层次。

可不是一座各个行政村都能见到的普普通通的文化大院、文化礼堂之类，它建立的年代相对较早，几经曲折，却一直在完善和发展之中，更重要的是，它在战旗人的心目中，有着极高的精神文化地位，是战旗村不可缺少的社区文化中心。

战旗文化大院始建于20世纪90年代，但规模不大，特色也并不鲜明。2006年，战旗村荣获了"四川省社会主义新农村建设试验示范村"荣誉称号，成为郫县科学发展的创新典型，战旗村的声名响亮了很多。与此同时，作为新农村建设的一个重要内容，文化建设越来越摆上议事日程，以村民自娱自乐为主的文体活动，在战旗文化大院内不时举办，但参与者和观众大多仅限于本村村民，规模形制也不大。

2007年5月，"大学生进农家"活动结束后，热闹了一阵子的战旗村重又恢复了平静。然而，村两委班子却在思考，不能光图一时的热闹，而得有个长期的兴盛。虽是乡村，但村民们对于文化的渴望，不亚于城里人，如此强烈的享有文化的渴求应当予以满足！由此，村里决定扩建文化大院，把它建成既属于战旗村，又能让周边村庄的村民一起参与的大型活动场所。无疑，这是一个颇有气度的大手笔。

当年下半年，战旗村整合土地资源，筹资80余万元，着手对原先村内的"迎龙山庄"进行整体改造，扩建成一座堪称中国西部最大的村级文化场所。这座规模颇巨的"战旗文化大院"拥有4层的活动大楼，长达近千米的艺术墙，其图书室、阅览室、青少年活动室、老年活动室、器具室等应有尽有。年底改造扩建工程结束后，村里又投资40余万元，购买实用书籍4000余册，添置电脑7台，增添内部的设施和设备，这些设施和设备的档次也是很高的，在当年的各座文化大院中，绝对首屈一指。

这座"战旗文化大院"竣工开放后，战旗村及周边的村民麇集于此，各类文艺体育活动愈见红火。不长的时间里，因为有了这座文化大院，战旗村还成了四邻八村的农民业余文化中心村，村民们纷纷称道。

"用了不到半年，没料想就发生了'5.12'汶川大地震，郫都一带，包括我们战旗村这里都殃及了。地震过后，老房子坍塌了很多，但战旗新型社区等新建的集中住宅区、配套建筑设施等，由于建筑施工质量过硬，大多安然无恙，可我们改扩建的文化大院震得比较'惨'：四层楼的活动大楼严重倾斜，已不能再用，近千米长的艺术墙基本坍塌，十分可惜。"高德敏回忆道，更严重的损失当然还有大量的图书资料、文化器具、电脑设备等，看着十分心疼。

地震过后的那一天，李世立和高德敏等村干部久久站在被震坏了的文化大院前，默默无声，心有不甘。"村干部们当时只有一个念头，那就是一定要重建我们的文化大院，让倾斜的大楼重新站立！"李世立说，当时他做的第一件事，就是落实人员，对文化大院的受损情况进行勘查统计，整理汇总相关情况，向上级党委政府汇报。同时，通过必要的程序，召开村民议事会，讨论恢复重建文化大院事宜。

令人欣慰的是，在这次专门讨论文化大院重修事宜的村民议事会上，出席的51名议事会成员，无一例外都投票同意重修，这一议案得以全票通过。

郫县和唐昌镇党委政府部门对战旗文化大院的恢复重建也十分重视，在资金等方面予以支持。在各方面的全力帮助下，2008年底，文化大院开始恢复重建，至次年5月重建完成。重修的战旗文化大院，在规模和功能等方面,与震前基本一致。

如今,已纳入乡村十八坊的战旗文化大院拥有建筑面积达1300平方米的大楼,建有文化长廊、文化广场、篮球场、健身路径、图书室、电子阅览室、村民舞蹈室、会议室(村民议事室)、农业专家大院、培训室等文化体育教育服务设施,还依托这一场地,设立了文化大戏院、文化茶坊,全天候免费向村民开放,是战旗村新农村文化活动主阵地。

这几年,战旗村还依托这座文化大院和各支群众业余文化队伍,先后举办"大学生进农家"、"同一首歌"分会场、李伯清散打故事会、"金钟奖"获奖歌手演唱会等文化盛事,引进了一批驻村歌手,以满足村民们更高水平的文化需求,也使它成为战旗村新农村精神文明建设的特色品牌。

"有了这座文化大院,村团总支、老体协、企业家、农民创业带头人在这里共同组建了阅读队伍、健身队伍、表演队伍等群众文化活动基本队伍,各项文体活动有声有色地开展。村里还组建了文化志愿服务队,定期在此举办村民联欢晚会、趣味运动会、百姓故事会等文体活动。"战旗村村委会副主任杨勇说,如今的战旗人、整个泛战旗区域的村民,都再也离不开这座文化大院了!

第三节　在战旗村，你能感受到什么

  这是丰收后的喜悦，这是幸福生活的尽情展示。"宁要绿水青山，不要金山银山"的战旗村，如今将红色文化和生态资源串联了起来，文旅商产业产值不断增长，走上了良性互动的发展路子，成为新时代中国乡村振兴的示范和标杆。

  在战旗村，除了现代农业，特色品牌当然首推以"红色+"为内涵，用"绿色"来装扮，借"特色文化"做点缀的乡村旅游。如今的战旗村走出了一条红色旅游、生态旅游、乡村旅游相互融合的旅游产业发展之路。党旗飘飘，党徽闪耀。几乎每时每刻，战旗村停车场里总是停满了旅游大巴，来自全国各地的参观学习团队纷至沓来，在此接受红色教育，感受社会主义新农村之美。

  战旗村景区办主任李光菊是个大忙人，在村里分管产业，乡村旅游这一块也在她的管辖之内，所以她就更忙了。笔者采访她的过程中，她的手机不时地响起，大多是来联系战旗村参观学习的。"自从习总书记来到战旗村考察调研后，三年来，战旗村的知名度急剧扩大，现在每天都有十多个团队来到战旗村参观学习。在这些人员中，有专程带着孩子前来参观学习的年轻家长，有白发苍苍的'老革命'追忆红色记忆，也有一批批各行各业的年轻人在这里重温初心使命。"

"在这里参观学习和旅游，能了解难忘的历史，领略奋斗精神，获得知识和精神动力；同时还能零距离感受乡村振兴的最新成果，感受全面建设小康社会强劲脉搏的跳动。"一名来自云南的青年感慨地说，在战旗村，非但能尽情体验红色文化，为学习和旅游赋予更深刻的意义，也能领悟生态环境保护、人居环境改善的非凡价值，蓝天雪山和美丽村庄相映成趣的新农村景观令他陶醉。无疑，"红绿辉映"的战旗村的魅力，是别的景区所不具备的。

这条"红+绿"特色乡村旅游路线的探索，战旗村始终没有停步。

改革开放以来，尤其是党的十八大以来，战旗村充分整合区域生态、文化、民俗等资源，培育农业新业态开发农事体验旅游，大力发展观光农业，走绿色发展之路。有了"红色"的内涵和"绿色"的装扮，战旗乡村旅游也少不了各种特色文化的点缀。郫县豆瓣、蜀绣、唐昌布鞋、古城"三编"在内的多项非物质文化遗产传统技艺在"乡村十八坊"和"第5季·香境"内"圈粉"无数；房舍、林盘、农田和灌渠相依相存，农耕文化和古蜀文化在这片土地上源远流长……

战旗村如今将散落的红色资源和生态资源串联了起来，文旅商产业产值不断增长，走上了良性互动的发展路子，成为新时代中国乡村振兴的示范和标杆。2018年至2020年，战旗村村集体资产分别为5600万元、7010万元、7264万元，实现集体收入520万元、621万元、571万元，接待游客总量超过270万人次，实现全口径旅游收入超过1.89亿元。2019年，战旗村还成功入选第一批全国乡村旅游重点村名录。

精美绝伦的灯会，鲜美的川西美食，还有热闹的篝火晚会，让人们现场体验乡村振兴下的幸福村庄生活，感受不一样的年味……春节

期间举办这样的活动，真是喜庆热闹又安逸巴适。2020年1月17日晚，"2020战旗大地艺术节"在战旗村拉开帷幕，吸引了上万名市民和游客。夜色降临，当超万盏造型各异的彩色灯齐亮在田间地头，人们霎时沉浸在万盏彩灯营造的梦幻场景之中，欢声笑语顿时响成一片。

与以往类似活动不同的是，这次活动以"艺术点亮乡村"为主题，把"艺术"和"乡村"两大元素紧紧连在了一起，且赋予强烈的时代感，又不乏传统文化气息。如"幸'福'生活艺术灯光展"主题灯会一共有52组灯组，以艺术灯光的形式，通过梦幻的创意，现代制作手法，用时尚炫目彩灯，营造年味十足、喜气洋洋的新春气氛，表达战旗村人民的美好生活。"战旗大地艺术节今年已是第二届，吸取了上届的办节经验，2020年的灯组更加时尚，并且还新增了吹泡泡等互动灯组，让观展的体验性更强一些。"李光菊介绍。

按照活动安排，本次大地艺术节从1月17日开幕后，一直延续到2月16日，除了"幸'福'生活艺术灯光展"主题灯会，还举办"田园大地艺术景观展"，这个景观展主要在战旗村主入口右侧及核心景区田地种植有色植物和农作物，形成大地艺术景观，通过大田景观呈现大地艺术的内容。除此，高校艺术创作作品展、民间技艺作品展、"家园社造"共建美好战旗活动，安排专业设计师与当地居民一起，对战旗村居民住所进行提升，让村民也一同参与到本届的大地艺术节，打造属于自己的艺术节，同时也美化了家园。通过收纳规整、旧物改造、创意陈设等手法提升居住空间美观及舒适性。1月25日（农历正月初一），将举行战旗村民俗闹新春活动，1月26日-30日（正月初二至初六），开展春节民俗系列活动，每天上、下午各一场，每场半小时。

没错，战旗大地艺术节以其丰富的内容、精彩的活动、宏大的场面，成为乡村振兴的一项文旅融合实践，其独特的创意、整村艺术场景、丰富的美食体验以及各种川西地方传统民俗活动，展示的是川西传统文化的精华，且具有浓郁的当代生活气息。除此，全国首个乡村振兴半程马拉松、农民丰收节等文体活动也在战旗村连年举办……"两线一团精彩连连"乡村振兴体验游精品线路正在泛战旗区域加快打造。这一切，意味着战旗村乡村振兴的文旅融合实践之果，已渐渐成熟。

2021年春节的战旗村，活动同样丰富。尽管由于疫情防控的需要，群众聚集的规模缩小了很多，但喜庆活动形式依然丰富多彩，这其中，"点亮锦江"之战旗龙灯会尤其吸引人。

"亮了，亮了，快出来耍！"2月7日，天色渐暗，战旗村被一片明亮的灯光唤醒，美轮美奂，村民们互相吆喝着走出门，一起感受公园城市的乡村之美。在战旗村广场，舞龙、牛灯、花灯巡游等川西民俗表演相继上场，吸引了众多游客和村民驻足观看。

"点亮锦江"系列活动之"牛劲十足"民俗巡游，也闹得十分欢乐。民俗巡游顺着"乡村十八坊—战旗路—村委广场（战旗中心广场）—壹里小吃商业街"这条路线进行，舞龙是巡游的主要项目之一。在中国，舞龙是群众喜闻乐见、广泛参与的传统民俗文化活动，尤其是春节期间，很多地方都有舞龙的习俗。活动当天，战旗中心广场人声鼎沸，长长的龙身在参赛队员的舞动下，左右翻卷起落腾飞，时而腾空、时而俯卧，赢得前来观赏的游客和村民欢呼叫好。

同样是在战旗中心广场，舞龙刚毕，一支早已等待不及的腰鼓队开始表演。"咚咚锵、咚咚锵……"伴随着欢快的鼓声，10余名身穿红色运动服的妇女，娴熟地敲打着手中的锣鼓，动作矫健有力，步法多变，舞姿优美，鼓点清晰。

在总书记曾经为全国人民祈福的福字亭，欧可洪老师又在忙碌了。这几年来，每年的春节，他都会来到这里，用毛笔写下一张张"福"

字，赠予村民和游客，这回他写得同样起劲，在此排队等候领"福"的村民和游客也特别多。"这个'福'可是不一样！每当领到它，看到它，就能想起总书记对我们老百姓的关怀。所以我们每年都来领，期待领到欧老师亲笔书写的'福'字，祈祷新的一年平平安安。"村民杨浩领到了一个大大的"福"字，十分开心。

火红的灯笼高高挂，吉祥的春联处处飘。"战旗麻饼""战旗豆花""棉花糖""有机草莓"……昔日静谧的十字路口，早已变成了一条人气火爆的小吃街。在那处香气四溢的街角，透过一群围成半圆的游客，那里正在上演"舌尖上的战旗"。

雪白的汤圆正在沸水里翻腾，一旁还有好几位村民正在包汤圆，脸上一概洋溢着喜悦。路过的游客几乎都会在此吃上一碗。而这里的汤圆都是免费的，向村民和游客免费送汤圆，已成为战旗村过年的新项目。"过年吃汤圆是中国人的一大风俗，意味着团团圆圆、甜甜蜜蜜。吃汤圆就吃个开心！"村民王光蓉一边吃，一边说。

这是丰收后的喜悦，这是幸福生活的尽情展示。民俗文化的回归让村民感受到了十足的年味儿，更带给大家满满的获得感。"战旗村每年都给我们不一样的惊喜，无论是白天，还是夜晚，战旗村总在呈现出与白天不一样的美，活动也很多，白天晚上都耍得住。今天来这里，感受到了过年的味道，很巴适。"市民王先生已连续三年来到战旗村寻找年味，特别是2021年响应就地过年的号召，他和家人在此过上一个绿色健康的中国年。"在这里过年，带着家人来战旗村逛绿、耍公园、看看书、健健身，这个年过得挺快乐！"

2019年2月1日，农历腊月二十七。在战旗村中心广场，举办了一场温情又热闹的千人坝坝宴。战旗村的村民、在村里的外来投资人员和务工人员齐聚一起，过上了一个欢乐团圆年，共同迎接新春佳节的到来。而这，又是战旗村举办的又一场富有传统气息的文明乡风活动。

"习总书记来战旗村考察的时候，我就给总书记当面汇报过，战旗村村民一直以来就有集体团年迎新春的传统。今年，村两委决定把团年范围扩大，同时又倡导节俭新风。因此，在去年的基础上，村里把午餐和晚餐的两顿餐标，从每人50元下调到每人40元。最终经大家自愿报名，今年的集体团年有2500多人参加，摆了251桌，可以说是规模空前！"时任战旗村党总支委员易奉阳说，村里已经倡导，今后村民和外来人员婚丧嫁娶，都按这个餐标来办酒席，以此养成节俭之风。

战旗村的团年会当然不只是吃饭喝酒。在本次团年会上，除了大家欢聚在一起，谈论好收成，交流各自劳动近况，互相鼓劲，村民们还自发组织、自编自演了十多个文艺节目，每个节目都能引来阵阵掌声和笑声。

也是在这次团年会上，村里还为荣获战旗村年度好儿媳、好公婆、好乡贤、道德模范等荣誉称号的村民举行隆重的颁奖仪式，让村民登上了领奖台。登上领奖台的每个村民都喜笑颜开，兴奋地向众人展示刚刚拿到的奖状奖杯，台下的村民们则一齐为他们鼓掌，场面十分热烈。显然，面对团年会上团聚的众人，获奖者特别有荣誉感，而为他们鼓掌的人们，则更有一种奋起直追的激情。或许，把年度荣誉称号授予仪式放在这一场合举行，其用意正在于此。

"农村精神文明、文化生活也要搞好。"战旗村的广大党员干部和全体村民始终牢记习总书记的指示。多年来，战旗村始终明白，要实现乡村振兴，乡风文明是保障这一道理，始终坚持乡风文明传统的正确引导。尤其是近年来，由于村民们富了，有个别村民出现了不够节俭、奢侈浪费的现象，对此，村里通过各种途径，大力促进村民转变思想观念，养成勤俭节约的习惯，同时开展群众性的教育活动，并与多所高校合作，让大学生与村民结成对子，倡导文明乡风，提高生活素养和道德品质。

互敬互助、敬老爱幼也是文明乡风的内容之一。每年春节前，村里都有给村民送汤圆的传统。村干部向每位村民送去8个大汤圆，还有春联、"福"字等。与此同时，战旗村400多位60岁以上老人领到的生活补贴也增加了。"给老人的生活补贴总数，从2017年的25万增加到2018年的40万，只一年时间，就增加了一倍。如今的补贴幅度就更大了，目的就是为了让老人们的晚年生活过得更舒适、更幸福。"村委会副主任杨勇说，村两委和全体村民都记着，战旗村能有今天的成绩，是一代又一代战旗人不懈奋斗的结果。当村里经济发展起来了，我们更应该感谢曾为村里发展贡献出力量的老人们。正因如此，人们看到，在千人坝坝宴上，老人们都坐在最受敬重的上首位置，享受着后辈们的祝福。

走进战旗村"壹里小吃"商业街，醇厚的川西文化特色扑面而来。在这里，蜿蜒的青石板路，两旁的青砖黛瓦白墙、褐色的中式雕花木质门窗尽显古朴典雅，花坛盆景、藤萝翠竹点缀其间，还有头顶上的红灯笼、五彩的遮阳伞，以及随风飘荡的红黄色招幌。这里给人的最大印象是人气爆棚，直播、穿汉服、吃美食……村民和游客穿行其中，就像赶集一样喜庆热闹。

"整条壹里小吃商业街长300米，80余间房屋，整个建筑面积约2万平方米，全部建设完成后，可以容纳近30家商铺。主要以特色美食、茶馆、酒吧为主。我们把川西各地美食都尽量汇聚在这里，形成各式各样的美味体验场景，让来到这里的人们，都能充分感受川西小吃的魅力。"战旗村景区办副主任杨明学介绍说，以"游战旗一天，吃遍全川"的理念打造这条天府美食文化特色商业街，如今看来，这一目标是实现了。

早上9点半左右，壹里小吃商业街上，"与粽不同"小吃店里冒出热腾腾的蒸汽，女老板杨开琼正忙得不可开交，蒸台上，叶儿粑、洋疙揪、炸洋芋等各种本地小吃令人垂涎欲滴，不少路过的人们也被吸引进来。小吃店很快就坐满了，不少食客吃了一屉后，又兴味十足地再来一屉，还不时连连点头称赞。

"我做小吃生意已经有很多年了。以前没有店面，每天只有骑着三轮车，驮着桌椅板凳、锅碗瓢盆，在唐昌镇大街小巷吆喝着卖。得知村上要打造壹里小吃街，就很想回村开个小吃店。"2020年7月，杨开琼的这一愿望终于实现了，她的小吃店开张接客，叶儿粑、洋疙揪、炸洋芋等本地小吃很快被人们接受，"现在我的小吃店，一个上午的收入就能顶过以前一天摆摊的收入。而且这里离家近、干活还不累，这让我太开心了！"

事实上，像杨开琼这样拥有一定手艺的村民还有不少。随着战旗村乡村旅游业的愈见兴盛，他们踊跃地投身于这一服务行业之中，既增加了收入，还向四面八方的人们推广和展示了川西饮食文化、巴蜀文化风情。

值得一提的是，如今的壹里小吃商业街不但成了"网红"打卡地，还孵化出了大批"网红"。

走在壹里小吃商业街上，你就会发现，两侧的各家店铺都摆放着话筒、三脚架、打光板、自拍杆……这是人们熟知的直播必备神器了。可以说，这条商业街上几乎每位店主、帮工都会直播带货，向镜头另一端的网友们介绍自家店里的茶、面、醪糟、油辣子……为了教村民们带货，壹里小吃商业街还引进了专业的直播公司，为大家进行带货培训。

"这是战旗村三年来最大的变化之一。"杨学明说，乡村振兴靠的就是"创新"二字，这也是成都市近年来大力培育新经济，鼓励营造多元消费场景的结果，将给村里带来新的发展思路、新的发展机会。

村民罗时贵的住房就在这壹里小吃商业街上。当他听说村里即将打造这条商业街、还在进行宣传发动时，他就"吃准"了这条商业街独有的商机，决计加入其中。他把自家院落进行了改造，以四合院的形式，打造成独具乡村特色的品茶空间。整修后，楼上的几间房屋，窗子和阳台十分美观，青瓦砌成的花窗造型别致，大厅的拱门镶嵌花雕木，后院青砖砌成的小径和花台相映成趣，川西情调浓郁。

"在这里泡上一杯清茶、听着乡村趣事，回归到乡野的平静，听鸟语，闻花香，感受安逸悠闲田园乡村生活。我想这是久居城市的人们所向往的。"罗时贵认定，他所经营的茶馆，随着战旗村乡村旅游业的持续升温，生意将越来越红火。

"以前没得经济效益，地就空在那。现在巴适了，光是收取土地使用费，哪怕一年给一万元，二十年就有二十万，这相当于无形中送了我六七十万元钱，以后我老了，都不担心养老没钱用了，有这些就完全足够。"村民周问成的住宅和自留地也在现在的壹里小吃街附近，这条商业街的出现，显然给他带来了增加收入的难得机会。

壹里小吃商业街所在的地方，以往都是村民闲置的后房、偏房，虽然居住的人不多，却是个脏乱差的地方，被罗时贵等村民称作"沟边"，即已是村庄的角落了。"这一带与战旗新型社区不一样，环境卫生等方面存在差距。在这里，村民喂猪的喂猪、养鸡的养鸡，还堆了不少杂物，免不了有些臭气。为了改造这个沟边，我们对两边乱七八糟的房子进行了彻底改造，基础设施由村里负责落实，让村民就地进行自主创业，让他们从以前的从事传统农业、农副产品加工向旅游服务业转化。"高德敏说，原先脏乱差的地方，变成了一道整洁靓丽的风景线，商业街的建设还让战旗村环境得到进一步提升，村民纷纷竖起了大拇指。

而在这条商业街的建设过程中,战旗村采用了村集体出资、农户出房屋,商家出技术共同打造的方法实施,建成后还采取免租、营业分成模式,集体兜底,农户享有保底租金收入,邻街农户平均年增收近万元;商户入驻免租,减少资金压力,迅速培养商业形态;销售营业额提成,集体享有长期收益。同时还解决了房屋空置、资源闲置的问题,有效盘活农民资产,调动农户积极性,为商业街的开办和运营注入了活力。

壹里小吃商业街打造之初,有的村民持观望态度,有的则不愿拆迁改造自家的房子。面对这种情况,好几位党员带头签下协议,带头搬家,很快就让其他村民跟着行动。这条商业街所具有的良好商业前景,也让村民们动心。周问成从起初疑虑重重,到后来全力配合支持,就是一个生动例证。因为他已看到,这条商业街的改建实施将实现多方共赢,推动旅游产业发展的同时,也实现了实实在在的富民增收。

战旗村当然不只有这一条开街不久的商业街,壹里小吃商业街的对面不远处,村中心广场的南侧,便是2018年8月8日开街的"乡村十八坊"。与壹里小吃商业街不同的是,它不是以一条街道的形式出现的,也不是利用现有民居改造建设的,而是战旗村利用集体资源,以传承非物质文化遗产技艺为核心,集产品制作展示、参观学习、体验销售于一体旅游商业文化综合体。

乡村十八坊集中展示并销售战旗村以及唐昌镇、郫都区的各种传统手工艺品,并为郫都区的非遗传承人与各坊匠人,提供传统手工艺品制作技艺的交流场地。在这里,两侧是由木梁、灰瓦、青石路等组成的川西风格店铺和仿古建筑大院,中间则是颇有古韵的石子路,街坊沿线还布置了鸡公车等农用工具,豆腐乳坊、兴隆粽子、踏水坊香油、臻古文创、棒棒鸡传奇、酱园坊、唐昌布鞋坊、蜀绣坊、三编坊（草编、棕编和竹编）、蜀酱坊、郫县豆瓣坊……一家家传统店铺呈现出十八种最具代表性的地域性非物质文化技艺，每一种都有千百年的历史传承，有的还是近年来重新发掘、整理、还原的。而乡村十八坊各家作坊采用"前店后坊"的方式经营，这也使得它成为以非遗文化为主题，集非遗产品生产、开发、科普教育等为一体的文化旅游地。

唐昌布鞋非遗传承人赖淑芳专设的"唐昌布鞋坊"，就在这乡村十八坊的最显眼处。她身上是平时做布鞋时常穿的褂子，布鞋坊的陈列柜里摆放着精美的唐昌布鞋，静候顾客。"有了乡村十八坊的这家布鞋坊，我们唐昌布鞋的店铺规模就翻了一番，生产销售也增加到16人，以后还会再增加。"赖淑芳兴奋地说。

赖淑芳告诉笔者，与唐昌镇上的老店相比，乡村十八坊里的这家唐昌布鞋坊，集生产、销售、互动于一体，更重要的是让大家能够知道制作过程，了解这小小的一双布鞋背后的传统文化。"唐昌布鞋的知名度越来越高了，就不用愁销路。"赖淑芳说，乡村十八坊这个平台的好处，就是除了能向每位游客介绍、推广唐昌布鞋，还能与从事手工艺品生产销售的同行交流，提高自家的工艺水平。

"乡村十八坊的土制酱油很地道，更因为能让顾客看到原料的质量、看到制作过程，让人觉得很放心！"冯襄富是本地人，经常与家人一起逛乡村十八坊，这里的土制酱油是他经常购买的"土货"，他还喜欢在此亲身体验土制风味酱油的制作生产。

"这里搞得很巴适，作为当地人很自豪。"冯襄富说，其实好多次，自己不是专程来买酱油的，但每当从这家酱油坊门前经过，总会不由自主被吸引住，看得津津有味，也体验得十分"入戏"，买点东西实在是顺理成章的事。当然，看完了这一家，冯襄富又会前往另一家手工艺作坊参观。

"乡村十八坊整个项目的建设周期长达一年，所有建筑材料都来自郫都及周边各地的老建筑。最有价值的那块悬挂在乡村十八坊入口的木牌坊，是当年都江堰二王庙重建时'淘汰'下来的，被我们幸运地'捡'了回来并得以重新利用。为什么乡村十八坊里的一切让人感觉特别亲切，一是因为这里展出的都是地道的传统手工艺品，二是因为整座'乡村十八坊'的一砖一瓦，都是村干部带领群众们自己动手建设起来的！"时任战旗村党总支委员易奉阳难掩激动地说，目前开门营业的只是乡村十八坊的一期工程，占地30余亩，二期、三期将陆续开放，到那时，整个乡村十八坊的规模将达到80余亩。

自筹资金，自主设计，自主修建，建成后实行村民共同运营，自我管理，共享收益，所有入驻的店铺都是通过公开竞拍、择优选取的，第一年免收租金，一年后经营收入按比例分成，这是乡村十八坊的建设和运营特色。

从一张张纯棉布到一双双精美舒适的布鞋，从一颗颗黄豆、一只只辣椒到千家万户餐桌离不了的酱油、豆瓣酱，从一根根竹条变成一个个漂亮结实的鸟笼……在这里，各坊老艺人均采用古老工艺制作产品，呈现一店一故事、一店一传奇、一店一精神的文化特色；在这里，你能与川西平原的传统工匠面对面、与传统手工艺零距离，体验成都平原匠人们的十八般武艺；在这里，游客既可以游览参观每个坊的工艺产品生产过程，又可以参与工艺产品制作的互动体验，还可以购买传统技艺产品，现场感受浓郁的川西传统文化风韵以及一丝不苟、精益求精的工匠精神。

"开办壹里小吃、乡村十八坊等商业街坊，是战旗村深化农商文旅融合，培育新的经济增长点，探索集体经济发展新模式的重要举措，是战旗村贯彻中央以及省市区党委和政府关于乡村振兴的重要指示和精神，牢记总书记的嘱托，大力实施乡村振兴战略的重要组成部分。"高德敏认为，这些商业街坊的开办营业，不仅进一步完善了战旗村旅游产业配套，还为村里新增了近200个就业岗位，因此，本村村民及唐昌街道周边村庄的群众特别欢迎，支持程度很高。

是的，正是有了乡村十八坊这样具有高品质的、特色鲜明的旅游商业文化综合体，诸多非物质文化遗产技艺才得以传承，乡村振兴进程中如何致富这一命题，又有了一个新的答案。

说到这里，就必须提到与乡村十八坊同一年开街的"战旗第5季·香境"了。没错，这同样是一家乡村旅游商业项目，所不同的是，战旗第5季·香境并非由战旗村自行投资兴建，而是引进外来商业投资企业开办经营的，具有它独有的特色，是战旗村乡村旅游商业服务的一大亮色。

2018年4月20日，由四川迈高旅游开发有限公司精心建设的成都首个情景院落式商业街区——战旗第5季·香境正式开街，由郫都区蜀都乡村振兴投资公司全力打造的"郫都战旗精品"项目也同时入驻该街区并正式开业。传统的川西民居风格，加上徽派建筑的元素，再加上藏式建筑鲜艳色彩的大胆运用，使得战旗第5季·香境从开街的那一刻起，就令人瞩目。

"这个特色街区'特'在哪里？首先，它是战旗村景区内目前集乡村民宿酒店、餐饮美食街、特色手工体验坊为一体的最大商业综合体，一层为商铺，二、三层是特色乡村民宿酒店。近10000平方米的建筑总面积、总面积为3200平方米的70余间商铺、面积达6300平方米的110间酒店客房，让它成为乡村商业旅游的'巨无霸'；其次，这个特色街区里的所有商品都具有浓厚的当地历史文化韵味和浓郁的地方特色，绝不是低档的、凑合的、无个性、无特色的商品集聚；再次，在管理运营、营销手段方面注入了不少新的理念，采用了不少新颖做法，以吸引不同年龄层次，尤其是年轻顾客。"四川迈高旅游开发有限公司董事长兼总经理曾旭东如是介绍。

曾旭东说，为了充分体现特色，迈高旅游公司还与战旗村联合成立了战旗景区管理公司，引进专业运营团队，从景区规划、招商，到景区统一推广运营，还与蜀都乡村振兴投资公司等进行强强联手，确保景区人气持续火爆。"对于我们迈高旅游公司来说，这也是一个大手笔，战旗村项目的成功，将成为今后同类项目的示范。"曾旭东信心十足地说。

作为战旗第5季·香境商业街首个入驻其内的大型项目，"郫都战旗精品"所展示的郫县豆瓣、先锋萝卜干、唐昌布鞋、"春不老"圆根萝卜、蜀绣等，都是郫都区乃至唐昌、战旗一带的特色产品，颇受游客青睐。不少游客就是冲着这里的郫都特色产品最为齐全而来，回城时总是大包小包的。从游客购买情况来看，"郫都战旗精品"的销售行情不断看涨，将是必然的。除此，全球民宿预订大牌"途家"也已入驻。

战旗第5季·香境项目的正式开街，其意义还不只是让战旗村景区的功能更加完善，人气更旺，它可以说是战旗村以盘活土地资源为内容的一次改革"破题"，是四川省首宗集体经营性建设用地示范项目。前文已有所述，这一项目所用土地，原为战旗村的闲置集体经营性建设用地，村集体办的原复合肥厂、预制厂和村委会老办公楼早已关闭或已弃置不用，共计13.447亩的土地经整理后，以每亩52.5万元的价格出让给迈高旅游公司，此为全省农村集体经营性建设用地入市"第一槌"。战旗村此举，两条"财路"由此打通，一是获得了超过700万元的土地使用权出让收益；二是迈高公司投资7000万元所建设的战旗第5季·香境文化旅游综合体，能为战旗村的集体经济和村民个人收入提供新的来源。

"更主要的是，战旗村这次土地资源的成功盘活，因为实现了与国有土地同证、同价、同权，对郫都乃至更大范围的农业农村改革具有标志性意义。战旗第5季·香境特色街区的开街，对战旗村的进一步全面深化改革和集体经济转型升级，又无疑具有重要的推动作用。相信随着各种特色商业配套项目入驻，将会实现一二三产业的互动融合发展。"郫都区相关负责人指出，这一项目的成功，也会进一步鼓起战旗村改革创新和乡村振兴的信心。

2020年，战旗村景区共接待游客79.4万人次，实现全口径旅游营业额5786.5万元。这可绝对不是一个小数字。这意味着战旗村的乡村旅游服务业还将进一步发展，新的项目将不断推出。

高德敏细述，接下来，围绕村内各个商业街坊，村里还将对唐宝路沿线风貌进行打造，实施产业布置，主要呈现唐昌当地的小吃、特色餐饮及小农家乐。届时，从锦江绿道到唐宝路商业街区再到妈妈农庄、蓝莓基地、壹里小吃、乡村十八坊、第5季·香境、吕家院子等，形成一个有吃有玩有住的核心旅游区。

"我们接下来的新定位，是走'研学+旅游'的路线，除了大量的四方游客，还将让更多的来自全国各地的人们，来这里参观，感受川西新农村的风采！"高德敏自豪地说，"以前是农村人羡慕城里人，现在是城里人羡慕农村人，尤其是羡慕我们战旗人。我们的生活越来越巴适，日子越来越安逸！"

说战旗村里有一座普罗旺斯城，绝对不是玩虚的。

普罗旺斯，法国东南部一处濒临地中海的蓝色海岸。从阿尔卑斯山经里昂南流的罗讷河，在这里分成两大支流，然后注入地中海。盛春时节，沐浴着温润的空气，罗讷河两条支流的岸边坡地上，开满了紫色的薰衣草。这里是薰衣草的故乡，是薰衣草爱好者、痴迷者心中的圣地，是寻找罗曼蒂克最好的地方。当然，普罗旺斯还盛产优质的葡萄酒，还是中世纪重要文学体裁骑士抒情诗的发源地。普罗旺斯，Provence，这个词听起来本身就像是一句诗。

而战旗村北首的"成都的普罗旺斯"，不仅有着大片大片的薰衣草，有浪漫的郊野风光，还有更显丰富、更具浪漫、更有现代味的乡村旅游内容。虽然这里不生产葡萄美酒，却有着比葡萄美酒更醇厚的郫县豆瓣。这里的薰衣草四季开花，除了薰衣草，这里的花卉还有野椒薄荷、马鞭草、百里香、玫瑰、芍药……这里的户外旅游休闲设施，有体能游憩区、儿童游憩区、沙滩、亲水公园，全年开放的亲水公园等，还设有露营区和烤肉区，露营当然是宿住在乡野中，与月光、谷香、蛙鸣同寝，烤肉区里所采用的食材，全是当地所产的新鲜农村食材，飘出来的烤肉香味，能彻底勾起你的食欲。就在距花田不远处，楠木林大瀑布的牌匾十分抢眼。再往里走，不仅有河边茶室，还有绿道、瀑布，原来这里又是一处"特别巴适"的休闲游憩场所，很多游客就坐在清绿的河边悠闲品茶。

一对来自成都市区的新人，与他们的几位朋友一起，趁着阳光明媚，专程来到战旗村"第5季·妈妈农庄"，在薰衣草田里拍下了一张张的婚纱照。"整个成都市找不出第二个这么美妙的田园风光婚纱摄影首选地了，几乎随便找个地方、换个角度，都是很浪漫、很漂亮的景致！"新郎说，他是通过朋友推荐，最终选择来这里拍摄婚纱照的。妈妈农庄里设有专门的婚纱摄影、创意婚礼等方面的服务机构，为他们提供了莫大的便利，让他们乘兴而来，拍完一套绝佳的婚纱照满意而归。

"在这里拍照，拍出来跟在国外拍的一样，简直不用修图就可以发朋友圈。"来自新津的张女士看到同伴给自己拍的照片，惊叹不已。她说拍了照片后第一时间发了朋友圈，很快就收到了近60个赞，但圈里的朋友说还不过瘾，说能否索性来一场直播。但她告诉朋友们，照片也好，直播也罢，都不能反映这里真实的美。想要真正感受这份美妙，最好的办法就是亲自来到这里，全身心地融入景色之中。

毫无疑问，张女士回新津后，必定会在亲友们不由自主地宣传郫都战旗村有个妙不可言的妈妈农庄，必定会一遍遍地讲述农庄之美、战旗之美。的确，数据表明，2017年后的每个春节，妈妈农庄都要接待30万以上的游客，不少游客都是慕名而来。

妈妈农庄的全称为"第5季·妈妈农庄"，由第五季投资有限公司投资并负责运行。该公司是四川大行集团公司下属全资子公司，最擅长的就是打造综合性乡村旅游项目。2012年6月，妈妈农庄开业，最初的"拳头产品"即是薰衣草花海，性质也只是一家现代化综合农场。几年后，妈妈农庄完成了转型。如今的它，集观光农业、酒店、餐饮、会议会务服务、拓展训练、婚纱外景基地、婚庆整体服务、运动休闲、乡村旅游度假、当代艺术观赏为一体的乡村旅游景区，占地面积650多亩，其中有450亩薰衣草花海、1500万平方米太空蔬果和花卉立体种植观光大棚、近3000平方米以色列科技特色农业观赏区、30多亩生态蔬菜种植园等，是四川省第一家规模化薰衣草基地，郫都区第一家创AAAA级景区，被誉为"成都的普罗旺斯"，当为顺理成章。

不过，如今有很多前来妈妈农庄的游客，拍照、烧烤、露营、喝茶之类都不做，甚至也不是冲着旖旎的景色而来，而只是为了呼吸新鲜空气。"这里的空气洋溢着迷人的花香，还有更迷人的混合着泥土和草地味儿的空气，深深呼吸一口，似乎已吸取了大自然赐予我们的灵气。所以，我们经常从城里出来，来到战旗村妈妈农庄，租上自行车在花田外的主道上慢慢骑行，骑上几个小时，也享有这新鲜空气几个小时。累了,就坐在柏条河边休息一会儿。这实在太爽了!"同样来自成都的一对夫妇,情不自禁地赞叹这里绝佳的生态环境。

妈妈农庄以及周边景点不仅为众多游客提供了不可多得的美丽景色和良好的生态环境,它的最大得益者,其实还是战旗村的当地村民。妈妈农庄成功落户和运营,壮大了集体经济,也富了村民。

妈妈农庄董事长助理苏永全兴奋地说,包括妈妈农庄这个项目在内,一个个乡村振兴项目在战旗村相继实施,鼓起了村民们的腰包,也给村民带来了衣食住行的变化,如今村里光是汽车就有300多台;生态环境的改善,使得村民的日常生产生活成为一种莫大的享受,不少游客感慨"真羡慕住在这里的人,每天生活在美景里",而已在进行的林盘保护性开发和林盘旅游观光,将进一步提升这里的环境品位,五村连片打造泛战旗景区规划的实施,也将有更多的村民因此受益;还有,经济的发展、环境的改善、收入来源的改变,带来了村民思想观念的转变,转变了村民对土地单纯的依赖性,爱护生态环境、向生态环境要效益已成为大家一致的行动。

"这些变化,这几年的发展,我应该是目击者,也是真切的感受者。"苏永全说,作为战旗村村民,1993年起,时年22岁的他前往深圳打工,后来又回成都发展。2007年,他接到了高德敏书记的电话,动员他回家乡参与创业,苏永全便于2009年回到了战旗村,开始参与前期筹备。至今,他已在这里干了十多年,渐入佳境,意犹未尽。"我见证了妈妈农庄从规划图变为实景图的过程,目睹过成千上万的游客沉醉在花海里,但我更憧憬未来战旗村的发展。"苏永全充满自信地说,今后,妈妈农庄肯定要持续加大打造力度,维护好这块乡村旅游牌子。

其实,"第5季·妈妈农庄"只是"战旗第5季·花田"其中一个景点而已。在郫都区境内,成都西部交通干线蜀源大道中段,横山脚下,

柏木河、柏条河两岸的广大地区，都是第5季花田的生态资源和景区开发范围。在这里，你可以远眺青城山、近观三道堰，它还是蜀源大道休闲农业与乡村旅游的重要节点。

第5季·花田为国家ＡＡＡ级旅游景区，重点以花田新村、妈妈农庄、微美田园、生态果蔬为主题，除了"妈妈农庄"（薰衣草一号花田），主要景点还有战旗新型社区、战旗文化大院以及婚庆广场等，拥有农业观光、运动休闲、高端婚庆、会议培训和旅游度假等五个功能，吸引众多游客前来游览、乡村振兴同道者前来参观交流。

"梅子金黄杏子肥，麦花雪白菜花稀。日长篱落无人过，惟有蜻蜓蛱蝶飞。"这是宋代诗人范成大在其诗作《四时田园杂兴·其二》中，所描写的理想田园景色。初夏正是梅子金黄杏子肥的时节，麦穗扬着白花，油菜花差不多落尽正在结籽。夏天日长，篱落边无人过往，大家都在田间忙碌，只有蜻蜓和蝴蝶在款款飞舞。事实上，这样的意境，这样的田园之美，在战旗村，在第5季·妈妈农庄、第5季·花田等景区随处可以领略。

说实话，走进这家紧邻战旗村乡村十八坊旁的"天府农耕文化博物馆"时，壮美气势即让笔者震慑，而当笔者沿着参观路线，细细地走了一遍，又为它内容之丰富、形式之多样、展陈之精致而深深折服！没错，这家即便与国内一线城市的历史博物馆相比，都不逊色的农耕文化博物馆，不仅能向四方游客展示巴蜀农耕文化的辉煌历史，弘扬传统农耕文化，丰富了战旗村乡村旅游项目，还是广大青少年学习历史的难得课堂。同时，它作为四川战旗乡村振兴培训学院校外合作培训基地，将有效助推乡村振兴。

一踏入博物馆的正门，映入眼帘的，便是立面浅色大理石"山水"造型墙面。层峦叠错的"山水"自有其隐喻，象征着天府农耕文化天人合一的自然之气和海纳百川的开放包容之风，也凸显着这座农耕文化博物馆的主题，那就是它将展示的，是一场巴山蜀水间的千年农耕传奇。

什么是农耕文化？通俗地说，农耕文化是人们在长期农业生产中形成的一种风俗文化，它是世界上最早的文化之一，也是对人类影响最大的文化之一。众所周知，巴蜀农耕文化源远流长。天府之源，始为望丛时期在今郫都一带以农耕之术和治水之智所开创。由此，博物馆正门大厅内，矗立着的两尊塑像，即为望丛二帝，且塑像以山川为体，天人合一，体现了望丛二帝与大地共生、与日月同辉之宏伟气势。

天府农耕文化博物馆的所在地，原先是战旗村的村办预制厂，因经营不善，加之环保不达标，预制厂早已停办，土地却闲置着。2018年3月，博物馆在此开工建设，2020年12月28日起正常运行。整座博物馆占地面积约8亩，总建筑面积约4000平方米，展陈面积达3000平方米。

博物馆共分三层，每一层为一个单元，以历史时代为序，采用顺时针方向来设置参观路线，依次将三个单元贯穿起来。第一单元主要介绍农耕文化的源头，及先秦、唐宋时期天府优越秀冠的农耕发展阶段；第二单元主要展示典型的巴蜀农耕生产生活场景，空间设计上特意提取了川西林盘建筑元素，着重呈现"天下粮仓""海纳百川"的天府文化气质；第三单元则主要以影像形式，回顾了中华人民共和国成立以来巴蜀地区农业取得的巨大成就，还重点讲述了习近平总书记来到战旗村考察乡村振兴工作的重要事件。

四川自古就被誉为天府之国，沃野千里、优越秀冠。农耕文化一直深植在四川人的文化基因里，浸润在生产方式、生活方式和精神生活之中。如今四川所保留下来的文化遗产，基本都是源自农耕文化时代。王勃感慨万端地写下"优游之天府，宇宙之绝观"，李白在成都的感叹"九天开出一成都，万户千门入画图"，杜甫由衷地折服"晓看红湿处，花重锦官城"等，从本质上说，写的都与川西地区的农耕文化成果有关。2018年初，四川省委发布一号文件，对实施乡村振兴战略做出了全面部署。其中提出要建立农耕文明与现代文明的融合发展机制，挖掘农耕文化的底本和底蕴，积极宣传巴蜀农耕文化，以此推动乡村振兴和现代文化发展。

"基于这样的认识，这座博物馆的打造目的十分明确，就是为了更好地保护、传承和弘扬巴蜀农耕文化，再现辉煌灿烂的天府农耕文明，深入挖掘巴蜀农耕文化底蕴，凸显巴蜀农耕传统文化积淀与文化理念。同时，也希望以此唤醒人们对传统农耕文化的记忆，留住渐行渐远的乡愁。把这样一座农耕文化博物馆，安排在战旗村这个乡村振兴的典型，我们认为这非常合适。"天府农耕文化博物馆馆长钟双全如是说。

"战旗村作为一个传统农业村庄，这几年依托农业优势，大力发展乡村旅游业，最大的旅游资源就是农业生活方式和农耕文化。这座博物馆的打造，为展示天府农耕文化提供了极好的载体，也极大地丰富和提升了战旗村景区的内涵和品质。"战旗村党委副书记李光菊显然对这座博物馆的落成寄予很大期望，"为什么战旗村可以在历次农村农业改革中勇立潮头、敢于改革，在乡村振兴中走在前列？这座博物馆也给出了很好的答案。"

不过，值得一提的是，尽管展示的是传统文化，但这座博物馆采用的展陈方式极为现代而多元，整个展厅设计运用了大量实物、油画、图表、文字说明、场景塑形等展示手段，尤其是采用了多媒体相结合的展示，营造出多重感官体验，容易引发观众特别是年轻观众的观看兴趣，加深对天府农耕文化的认知和了解，感受其独有魅力。

据传川西先人是很有想象力的，有专家认为，这一带向来拥有秀美山川，自然条件优越，先民们劳作之余，躺在田野之间，目之所及是星空灿烂,很容易让思维插上翅膀,任自己的想象力在天空下翱翔。川西先人的血液中,似乎天生就有一种浪漫主义的气质,具有敢于想象、勇于创新、乐于创造的精神。从金沙太阳神鸟到大禹治水,再到都江堰开凿,从发达的农桑、蜀锦文化,再到以郫县豆瓣为代表的三千年川味美食……一切无不是农耕文化的辉煌成果和宝贵遗产。

毫不夸张地说,参观了这座博物馆,笔者不仅深切地了解了勤劳的川西人民是如何在这片肥沃的土地上"晴耕雨读"、创造辉煌文明的,体会到了农耕文化为什么会成为"忘不掉的乡愁",更是深刻地理解了农耕文化所蕴涵着的丰富创造力,以及它将在推动乡村振兴、助力现代文明建设方面所蓄积的巨大能量。

是的,一座"中国版的普罗旺斯城",一座极富档次的天府农耕文化博物馆,让我必须重新认知战旗村。

第四节　生态为先，千树万草孕育希望

位于成都上风上水的战旗村，凭借优越的地理条件，近年来大力发展特色效益农业和现代农业生产企业，蓝莓等瓜果采摘、农副产品深加工、食用菌生产、郫县豆瓣等调味品生产……搞得红红火火，成为现代农业发展的示范村。而一条沁人心脾的悠长绿道，把周边的座座村庄连在了一起，美妙景致延展无垠。

"一走在这条绿道，就能闻到一股草地的清香，有一种拥抱大自然的感觉！"

"不仅有草香还有花香！你们看这绿道两边花开得多好，蜻蜓、蝴蝶飞舞其中，简直太美了！"

"九张图简直不够，还有那么多美图没能用上。刚发了朋友圈，就收到了30多个赞。很多朋友还问我这是在哪儿，他们都不晓得战旗村附近还有这么漂亮的绿道！"

"这绿道究竟有多长啊，我感觉得一直走不完！"

以战旗村为起点，穿过战旗村中心广场、妈妈农庄和战旗居民集中居住区，沿着柏条河向前，一条或许是郫都区乃至成都市最长的绿道出现就在你眼前。在这里，开得正艳的各色花卉和夹道而种的葱郁绿树，

一下子让你进入身心舒畅的状态，让在此游赏的人们欲罢不能。

"这条锦江绿道总长3.5公里，处在柏条河饮用水源保护区范围内，目前已连通了战旗村和金星村，还在继续向前延伸。这个项目是泛战旗五村连片景区建设中的重要一环，能让人感受水源地田园生态之美。"战旗村综合办（党群服务中心）主任宾雪主动当起了讲解员，毕竟她对这里的一石一水、一草一木十分熟知。正是初秋，绿道两侧及不远处，黄色和白色的小雏菊迎风摇曳，绿油油的青草映衬着大片的紫色马鞭草，湖水碧波荡漾，白鹭自在翱翔，景色极为怡人。

在锦江绿道上游赏的，不少是刚游览完妈妈农庄、乡村十八坊等景区的游客，他们偶尔间发现了这条绿道，便再也不愿这么早回家了，非要在这条绿道上尽情享受一番；一些网络直播者听闻后，也扛着设备纷纷跑来，对这条绿道进行反复拍摄、介绍，"'戴'你去川西林盘，看'醉美'乡村绿道"等网络直播活动吸引了很多年轻人，他们相邀前来此地"呼吸绿色的新鲜空气"；而当得知这条绿道很长，还将连通五个村，便又有不少健走爱好者、马拉松爱好者竞相来到这里，在绿荫丛中撒腿奔走……所有前来这条绿道的人们，一边赞叹这条绿道的生态之美，一边感受沿途美丽乡村的魅力。

"泛战旗五村连片景区，是指以战旗村为核心，联合横山村、火花村、西北村、金星村等周边2.6平方公里区域，规划建设人文休闲核心区、浅丘运动康养片区、田园之翼、林盘之翼等'一核一片两翼'泛战旗景区，力求打造形成集考察研学、参观游览、休闲娱乐、商务会议、文化体验于一体的城市近郊休闲目的地、全国乡村振兴引领示范点。锦江绿道则是泛战旗五村连片景区建设的其中一个重要项目，也是泛战旗景区的精华所在。"郫都区委农工办主任、党组书记、局长张怀东详细介绍说，目前，区里已完成战旗村片区土地利用总体规划修编，《"花样战旗"乡村旅游区总体规划》通过旅游专家初评。按照规划，泛战旗片区将建设4.8公里锦江绿道，建设环线道路和慢行交通系统，实现五村连通。

"你们看，这个绿道两边，还有这么多原生态的农作物！"有人惊喜地喊道。顺着他的目光，人们看到绿道两边的广袤田野上，瓜果蔬菜已经成熟，一辆辆满载黄瓜、青椒等新鲜农产品的车辆停在绿道一侧，正准备出发。这些纯天然的农作物无疑是刚刚摘下的，而绿道旁大片的梨树、玉米和水稻各种农作物也特别亮眼。据宾雪介绍，这里还盛产生菜、冬瓜、茄子、猕猴桃、葡萄等，适合于游客采摘的各类瓜果蔬菜。"我们已与农户协商，将这一片田地升级为现摘现吃的果蔬园地。"

沿锦江绿道继续前行，不时可以看到绿道两侧有一些传统风味浓郁的川西林盘。有的林盘中，房屋正在进行修缮，有的正在对农居周围的草树进行修整。据介绍，结合泛战旗五村连片景区建设，郫都区和唐昌街道正在对这些川西林盘进行保护性开发和改造，并有意识地引导当地村民参与到乡村旅游业之中，鼓励他们发展特色民宿、林盘观光等产业，发挥自身优势，带动村民增收。

"江深竹静两三家，多事红花映白花""我昔游锦城，结庐锦水边。有竹一顷余，乔木上参天。"这是唐朝诗人杜甫描写当年成都景致的诗，对成都的幽静和惬意尤为推崇。而"小径升堂旧不斜，五株桃树亦从遮。高秋总馈贫人实，来岁还舒满眼花"等诗作，明显是描绘川西林盘之美的。他对于林盘的喜爱，充盈在这些经典诗作的字里行间。

川西林盘是指成都平原及丘陵地区农家院落和周边高大乔木、竹林、河流及外围耕地等自然环境有机融合，形成的农村居住环境形态。在天府之国的广袤土地上，星罗棋布地镶嵌着一颗颗、一块块"绿色翡翠"。川西林盘是天府文化、成都平原农耕文明和川西民居建筑风格的鲜活载体，具有丰富的美学价值、文化价值和生态价值，它发源于古蜀文明时期，因其非凡的生物多样性，造就了极其丰富的景观层次和不可多得的生态环境。可以说，一个林盘相当于一个微型的公园，是人、植物、动物和谐共生的有机综合体。而与其他林盘相比，川西林盘更具鲜明特色，正如四川农业大学风景园林学院院长陈其兵所言，川西林盘"三五户、五六户，这种小的院落就可以形成聚落"。

作为成都市乡村振兴战略的重要项目之一，"川西林盘保护修复工程"已成为成都市正在重点打造的十大工程中浓墨重彩的一笔。而在泛战旗五村连片景区，川西林盘的保护性开发和改造更是列为重中之重。

吕家院子林盘位于乡村十八坊之北，跨过一片绿油油的田地就到。这里保存着较为完整的川西林盘形态，且交通便利，区位优势明显。在先期完成吕家院子特色林盘修复工作之后，这里的自然环境更加优美，成为又一个远近闻名的旅游景点。为了利用良好的生态环境，使其发挥必要的经济效应，自2019年上半年起，战旗村就会同原金星村进行策划，采用招商引资的方法，引入乡村旅游服务配套项目，以林盘打造为抓手，实现产业振兴。

"作为成都市最大的饮用水源保护区，我们致力于全域打造国家农业大公园，2019年出台了一项特别的招商引资新规，就是来投资的农商文旅体项目，除了支付村民租金外，每月还要按照营业额的3%给村集体分红。"唐昌镇党委委员李松谣介绍，综合条件突出的吕家院子，由此成了被率先招商引资的林盘之一。园林式火锅"望丛釜"就是用"生态环境分红"模式引进的首个项目。

2019年10月，"望丛釜"项目开始试营业，当月就向村集体分红8803元。不到一年，该项目就给村集体分红超过5万元，"疫情期间，企业经营情况不太好，我们也是主动免掉了分红。"宾雪介绍。

吕家院子的红火引发了连锁反应，至今已有12个项目入驻吕家院子，包括"猪圈咖啡""五谷书屋"等。"70后"谢洪治是土生土长的当地村民，曾外出经营餐饮20多年，2019年底回乡后，也在吕家院子搞起了田间烧烤和民宿，2020年7月正式开业，生意还不错。"我们和村上是一个利益共同体，我们发展得好，村上分红也会越多；反过来，村上也会更尽心地打造周边的生态环境，为我们引来更多客人。"对于生态环境分红，谢洪治的理解十分正确。

没错，在对这些林盘进行开发改造时，战旗村特别考虑它所承载的丰富的美学价值、文化价值和生态价值，力求恢复小桥流水、修竹环肆、青砖白瓦的绝美图画。因为川西林盘不仅是中国的，也是世界的，这份宝贵的文化遗产理应得以精心保护，传之后世，并成为展示昔日川西农耕文化风采的绝佳实物。

这条仍在不断延伸的锦江绿道将连点成线，把一个个星罗棋布的乡村美景串联起来，"一核一片两翼"仅是当下初步设想的建设目标而已。事实上，泛战旗五村连片景区的诱人景点远不止这些，在接下来的日子里，在泛战旗五村连片景区的核心区，将实施大田景观提升工程，引入"观筑堂""运动大玩家"等项目，引进专业运营公司推出大田景观观光升空气球项目，让游客能在空中俯瞰整个战旗的美丽景色。

与当年村里的不少年轻人一样，现今的"熏馨家庭农场"场主高国强，也多次动过离开战旗这片土地，外出谋生、打工赚钱的念头。城里的创业机会毕竟多得多，若干得出色，说不定还可以从打工者变成小老板，那无疑是高国强梦寐以求的。事实上，高国强确也在城里干了好几年，通过辛勤劳动获得了一些资金积累，开阔了眼界，但对家乡的眷恋一直很强烈，心里总想着回家去创业。

2013年，下决心回乡的高国强通过土地流转，获得了战旗村7亩土地的经营权。他自主创业,在这块土地上开办了这家"熏馨家庭农场",走上了现代特色效益农业的发展路子。由于经营得法、勤于吆喝,加之战旗村文化旅游的名声越来越响亮,他的农场每年都能吸引3000余名游客前来采摘购买瓜果,农场经济效益十分明显。"土地流转经营政策非常灵活,政府的扶持非常有力,我这现代农业的路子走对了!"高国强说,这一过程中,他通过经营权抵押,贷到了40万元贷款,解决了扩大种植规模的资金问题。而经过几次土地流转,他的农场规模已从7亩扩大到70亩,年收入达到30万元以上,还让十多名村民解决了就业问题。

高国强并不是唯一一位在战旗村从事现代特色效益农业的本村村民。这几年来,随着战旗村乡村振兴的路子越迈越快,很多曾经离开村里,到城里找出路的村民相继返乡,一些曾在外就业的大学生也被家乡的发展所吸引,在广阔天地间返乡创业。由于他们大多为能工巧匠,又处于年富力强的好时候,因此能在自己创收的同时,带动更多的村民致富,还带来了人气,让乡村振兴更有活力。如返乡大学生杨益明组建成都益家花境园艺有限公司,开展鲜花种植、线上销售等业务,苗木种植达300亩,实现年产值200万元以上,带动周边村民四五十人就业,村民增收达4万元。

"现代特色效益农业转型升级步伐快,能促进农业增效、农民增收、农村增绿,符合乡村振兴的目标,也适合我们创新创业。战旗村尤其适宜发展特色效益农业,我对它的前景充满信心。"杨益明对战旗村良好的现代农业发展环境赞不绝口。

"施肥注意先轻后重,除草注意不伤根,要浅耕……"站在一片绿油油的菜地里,杨建明不断在地给身旁的村民进行技术指导和交流,俨然一副资深农业专家的模样。其实,他只是战旗村一名地地道道的农

民，脚下的大片菜地属于村集体所有，作为战旗村蔬菜合作社的管理人，杨建明主要负责生产种植管理、技术指导等工作，村民们都称他为"职业农民"，以强调他与传统意义上的农民之不同。

"我以前是农民，今天还是农民，只是技术上学到的、懂得的多一些。"杨建明谦逊地解释道。他介绍说，正是因为这几年来定期参加村里组织开展的各种培训，较为系统地学习了效益农业的专业技能，加上早已掌握的传统耕作栽培技能，好学的他逐渐成了战旗村的"土专家""田秀才"。

而在蓝彩虹公司的蓝莓采摘园，已被游客采摘一空的共享果园里，员工们正在清理杂草，准备新一轮的栽种。"我们所有的蓝莓都是有机种植，清除杂草等工作都靠人工。由于蓝莓品种优异，产品销售得法，公司创新推出的共享果园模式效果非常好。"蓝彩虹蓝莓采摘园管理人员刘缨的介绍十分详尽，"我们从2016年开始推出共享果园模式，共有三种套餐，均能连续供果5年。第一种收2880元，共享10株蓝莓，每年公司保证提供蓝莓40斤；第二种收1580元，共享5株蓝莓，每年公司保证提供蓝莓20斤；第三种收648元，共享2株蓝莓，每年公司保证提供蓝莓8斤。"

共享果园模式推出后受到消费者的热烈欢迎，目前蓝彩虹的共享园主已达7685个。2017年公司顺势推出了自己的网上平台，除了提供战旗村的蓝莓，还提供公司在青城山的猕猴桃、西昌的藜麦，攀枝花的杧果等，除了水果，还有粮食、蓝莓深加工产品等，主要就是通过这种方式向共享园主提供绿色、有机、健康、生态的农产品。

"关键是我们蓝莓等产品的品质，不仅已连续三年通过检测，均符合有机标准，还获得了有机认证，这是因为我们的技术都是参照有机标准来进行设计和执行的。比如除草用人工，对地面害虫用黄板和杀虫灯等进行诱杀,对地下害虫则以种植蓖麻的方法,用蓖麻的根香来吸引和杀死害虫。茶籽饼也有防虫功效,在秋施有机肥时,把茶籽饼和腐熟的羊粪混合均匀施用。我们还在试验和观察用微生物肥料进行防病,也备有有机农业可以使用的生物制剂,在应急时使用。"蓝彩虹公司负责技术的何忠慰不无自豪地说,正是因为坚持有机种植、技术过硬,赢得了共享园主的信任,也拓宽了商机。如今,该公司已准备在战旗村扩建2000亩蓝莓园,并建造一座蓝莓深加工厂,生产蓝莓酒、蓝莓汁、蓝莓酱等系列产品。

懂技术、善经营、会管理的新型职业农民队伍,极大地推动了战旗村现代效益农业的加快发展。据不完全统计,战旗村如今已建设了战旗现代农业产业园,建立绿色有机蔬菜基地800余亩,培育榕珍菌业等著名商标3个,发展农民专业合作社3家、家庭农场4家,实现适度规模化经营全覆盖;蔬菜、瓜果、花艺、食品加工、传统手工艺等特色农副业发展迅猛;创新"农业+互联网",建立绿色战旗品牌创新中心,集成集约展示"七大共享平台",拓展金融、品牌孵化等服务内容,开展线上线下精准营销,推进"买全川、卖全球"。截至目前,共入驻品牌农产品24个,优质农产品远销法国、日本。现代特色效益农业在战旗村初具规模,且有巨大潜力,此言绝非夸饰。

把土地整合起来,引进产业,避开一家一户单打独斗的短板,让农业规模化、产业化、效益化发展,以实现农业现代化、农村城镇化和农民居民化,这使得战旗村的乡村振兴始终有着强烈的集体理念和协作意识,而这正是发展特色效益农业之必须,符合乡村振兴总方针。从引进食用菌生产、农副产品加工等16家企业,到引入"互联网+共享农业"互动种养平台等新业态;从建成绿色有机蔬菜种植基地、特色花卉种植基地,战旗村把大力发展农业生产力、推动产业兴旺摆在突出位置,努力以提高农民的获得感来激发创新创业意识，培育乡村发展新动能，为村民致富增收提供了长效保障，并让更多村民享受到产业发展带来的成果。

"碧绿的菜园，满眼的鲜花，丰收在望的田野、小洋楼别墅……太安逸了，这样的生活和工作环境，正是每个人的梦想，每个人都向往的美好生活！"不少慕名前来参观的人们，尤其是来采摘瓜果蔬果的城里人，进入战旗村后，都不由得从内心深处发出强烈感叹。没错，战旗不是城市，它也不能简单地复制城市化道路；它依然坚守自己的乡村身份，以自己独有振兴之路让它成为令所有人艳羡的天堂。

"现在的农民早已从面朝黄土背朝天、出水两腿泥、靠天吃饭的传统形象升级成一个体面的职业——爱农业、懂技术、善经营的新型职业农民。"郫都区农业农村局科教科科长郭云建认为，现代特色效益农业尤其需要信息、需要技术，乡村产业振兴，从业者专业化、职业化是未来的趋势。

孵化链、科技链、资金链、产业链、政策链"五链融合"，在战旗，在郫都，如同一块磁石，一批又一批"新农人"、农业专家、双创导师等正在集聚。这几年，战旗村与省农科院、省林科院等校院紧密合作，吸引高端人才在村里驻扎，为村民提供急需的农业技术服务，同时吸引企业科技人才、农业职业经理人以及在校大学生来到战旗村创新创业，迄今已有76位各路专家以各种方式入驻战旗村。战旗村还探索"高校+支部+农户"等机制，服务方式灵活，服务内容广泛，以吸引各类人才群体成为农业农村"新乡贤"，推动返乡创业者成为"领头雁"、外来投资者成为"新村民"，共同形成良好的创新创业氛围。

人才聚，则乡村兴，战旗村成了全国乡村振兴样本。郫都区也正在以战旗村为核心引领，深入实施人才强区战略，科学布局实现人才资源价值转化。近年来，郫都区紧密联系乡村振兴实际，做好人才振兴"引、育、用"三篇文章，出台《"郫都菁英"产业人才若干政策》《郫都人才新政十条》等多项政策，为各类人才搭建起足够大的施展才华平台和空间，吸引一批批有活力的"新农人"积极投身乡村建设，激活乡村振兴内生动力，这无疑为战旗村等各个乡村开启现代农业发展"加速度"，提供了强有力的保障。

2019年11月，在第26届中国杨凌农业高新科技成果博览会上，郫都区以绿色发展为引领、"一核多园"载体带动、"五链相融"创业要素为抓手，探索出农村双创促进都市融合发展的特色"郫都模式"，入选全国乡村振兴农村创新创业十佳优秀案例，成为四川省唯一入选的县（市、区）。

"郫都区是全国农家乐发源地、农村土地制度改革等多项工作的试点区县，推进乡村振兴我们有基础有优势，同样也有许多有益的探索。我们追求的乡村振兴目标，不是'把乡村变城市'，而是要既让城里人找到乡愁，又要让农村居民幸福快乐地生活。"区委书记杨东升在介绍经验时表示，郫都区将充分扩大"战旗效应"，以土地制度和集体产权制度改革为抓手，推动新村建设和农村社区发展治理，打造118平方公里的"绿色战旗、幸福安唐"乡村振兴博览园，深入推动乡村全面振兴，加快建设全国乡村振兴示范区，力争走在前列、起好示范。

是的，让农业成为有奔头的产业，让农民成为有吸引力的职业，让农村成为安居乐业的美丽家园。多年的探索经过不断发展，战旗村真正做到了。

李宗堂是唐昌镇鸣凤村人，1983年高中毕业后回到村里，开始从事食用菌种植产业。当年的他尽管在自己的村子里搭起了塑料种植大棚，以防冬寒，但种植菌子的一个基本条件是温度必须控制在15℃左右，等到春天气温回暖，塑料大棚就绝对不能用了，种植基地必须迁徙到位于彭州的山地，夏季气温急升时，还得再转移到位于高原的阿坝州。到异地建基地耗资巨大，每次迁徙甚至让肩扛背驮的工人叫苦不迭。"的确，靠天吃饭的种植方式太落后了，现代农业才是必由之路。"2007年，适逢战旗村率先在郫都区实施土地统一流转、村民集中居住，李宗堂干脆来到战旗村，利用战旗村五组的200多亩土地建基地、买设备，搞现代农业。榕珍菌业有限公司就这样正式开办。

如今回忆起来，李宗堂印象最深刻的一件事，是企业刚成立时，战旗村"两委"对企业入驻和发展的高度重视和支持，"企业可能会遇到的难题，村里都帮我们想到了，而且想方设法帮我们解决。"李宗堂记得，当时，为了让村民从农民向产业工人身份转变，为了让村民全力配合榕珍菌业落户，村党支部专门组织党员干部，召集村民开会，分头讲规矩、说要求，对即将入职公司的村民进行必要的动员，"其实，战旗村有着办企业的传统，搞产业几乎是村民们的一致想法，来公司工作的每个村民干活都很积极，榕珍菌业的产值比原来搞迁徙时增加了十倍都不止。"

四川是中国最大的食用菌生产基地，不仅常规食用菌生产量大，且复杂的气候、多山的地形、适宜的温湿度，使四川盆地有着极其丰富的野生食用菌资源。然而效益"看天"，生产方式落后，质量也得不到保障。有着20多年食用菌种植经验的李宗堂认为，采取工厂化机械化设施栽培，尤其是在菌包灭菌、无菌封闭环境下的接种等技术，将不仅提高菌包的出菌率，还能保障菌子的长度、肥瘦、生化指标……通过市场调研、走访专家、设计方案，李宗堂设想中的食用菌生产工厂逐渐成形。榕珍菌业公司成立后，标准化的生产制袋车间、标准化办公区、标准化出菇车间相继建成投用，大大加速了食用菌产业的现代化进程。

这是战旗村区域内，迄今为止规模最大的一家现代农业生产企业。开办之初，它还是西南地区首家、全国范围内也屈指可数的食用菌生产企业。显然，它的出现，让战旗村的现代农业发展迈上了一个极大的台阶。2015年，榕珍菌业公司的产值达到1个亿，在战旗村的现代农业发展史上，无疑是一项了不起的好成绩。

创新采用GMP医药净化接种空间，菌包培养采用气调法，使食用菌栽培周期短、成本低、污染少，降低劳动强度，缩短生产周期，克服因自然气候灾害等因素的影响，为生产出优质的食用菌提供了有力的技术保障。据李宗堂介绍，榕珍菌业公司在成立后的10年间，通过反复的技术改良，并引进多种先进技术及设备，菌类自动化流水线生产与传统菇农手工作坊式生产相比，生产成本减低了15%—21%，节约劳动力85%—90%，工艺上取消化学药物灭菌鼠，采用先进的高压蒸汽灭菌炉，实现灭菌温度、时间、培养过程的全面控制。可想而知，这一时期的榕珍菌业公司食用菌市场供应量十分喜人：在榕珍菌业产品未进入成都超市时，超市平均每天菌类消费仅200斤，而榕珍菌业产品进入市场后，仅超市菌类消费就达2吨以上，尔后又急遽攀升。

用现代物质条件装备农业、用现代科技改造农业，用现代产业体系提升农业，用现代经营形式推进农业，用现代经营理念引领农业，用培养新型农民发展农业，榕珍菌业公司的这一现代农业发展思路，对改变战旗人的生产和发展理念无疑也作用不小。

2016年，榕珍菌业公司迎来了一场新的嬗变。公司与福建省中延菌菇业有限公司合作，转为台资控股公司（公司名称也改为成都中延榕珍菌业有限公司）。中延榕珍菌业公司的投资者和经营者、来自台湾的"杏鲍菇爷爷"——75岁的林次郎接手这家公司后，引进了台湾先进的杏鲍菇工厂化、规模化种植技术，新增加投入2500余万元，对原有生产设施设备、工艺流程进行改造，厂区也从占地200亩扩大到500亩，食用菌日产量从50吨左右提高到80至100吨。产量大增，就有能力扩大销售。

"我要抓住'一带一路'的商机，借助中欧班列（蓉欧快铁），从战旗村出发，把杏鲍菇销到更远的地方去。我们的杏鲍菇已经有走出去的成功经验，福建工厂的杏鲍菇通过海运，外销到了新加坡、泰国；天津工厂的产品也已走进了美国；接下来，就是把它销往西亚和欧洲了。"2018年4月，在成都召开的"第五届川台农业合作论坛暨海峡两岸乡村振兴研讨会"上，林次郎不无兴奋地说，通过对中延榕珍菌业的经营，深感自己也已参与了祖国大陆的乡村振兴事业。"尽管我的一些家人在台湾，但因大陆的巨大市场和发展潜力，我已把所有的事业都搬到了大陆，自己平时也都在大陆。而成都，尤其是战旗，是我现在经常驻扎的地方。"

中延榕珍菌业公司的主打产品是杏鲍菇。杏鲍菇是一种品质优良的大型肉质伞菌，于春末至夏初腐生、兼性寄生于大型伞形花科植物如刺芹、阿魏、拉瑟草的根上和四周土中，味道鲜美之极，营养十分丰富，植物蛋白含量高达25%，含18种氨基酸和具有提高人体免疫力、防癌抗癌的多糖，是集食用、药用、食疗于一体的珍稀食用菌新品种。不过，野生杏鲍菇毕竟数量有限，各类营养成分也存在不均衡现象，科学的人工栽培显然是最好的方法，但这需要借助于一整套完善的核心技术，才能保证其必要的质量和产量。中延榕珍菌业公司是这一生产领域的领先者。就在这次川台农业合作论坛暨海峡两岸乡村振兴研讨会上，成都中延榕珍菌业有限公司荣获"川台农业合作示范基地"称号，战旗中延榕珍菌业公司成为全四川获此荣誉的10个基地之一。

笔者有幸来到中延榕珍菌业有限公司实地参观。走进异常安静的生产厂区,吸引笔者的首先是车间里那些巨大的"冰柜",这些"冰柜"便是准确调控温湿度、光照等,输入营养素的生产单元,即恒温气调育菇房。打开任何一只"冰柜",即可见一排排菌袋整齐排列,正在生长的杏鲍菇。厂区里密匝排列着一座座车间,每座车间又是这密匝的排排"冰柜"。

据公司副总经理洪建林介绍,杏鲍菇生产的核心技术就是这恒温气调育菇车间,从原料配比,到装袋、消毒、接种等一直到菌包制包、采摘、削菇、分装等每一个环节,都在这车间里完成,以确保杏鲍菇不受任何季节影响、工厂化生产。

"我们原来的菌种用的是固体种,原料成本高、人工耗费大、周期长,现在已过渡到液体种,可以克服以上这三个缺点。通过配方改良,在不影响产量的情况下,根据原料产地、成本,调整配方,通过调整木屑、蔗渣、玉米芯的营养素用量比例,降低了生产成本。在投入不增加的情况下,将每袋菇的产量从8.5两提高到了9.5两,提高了效益。杏鲍菇正品价格是次品的五倍,我们通过各种技术手段提高正品比例,仅此一项每年就可增加上百万元的效益。"洪建林说,日产量50吨的生产规模,每天上班的只需450名工人,可见其生产效益之高。

"在规模经营现代农业龙头企业、提升农业科技创新能力、推进农业供给侧结构性改革中的技术创新等方面,战旗村已是个响亮的品牌!为把这个品牌利用好,我们及时提出了五村连片,统一规划、统一编制进行招商引资,围绕现代农业产业,实施农商文旅体五位一体进行整体打造。"唐昌镇政府办公室副主任张毅认为,通过发展中延榕珍菌业等重点现代农业企业,整体做强农业科技创新产业战旗品牌,为战旗村未来发展注入强劲动力,正逢其时。

在战旗村,现代农业企业当然不止这一家。密集采访的那几天,笔

者走遍了战旗村所有上规模的豆瓣生产厂家等现代农业企业。

四川满江红调味食品有限公司是一家拥有"全国食品重点龙头企业"称号的现代农业企业。"满江红",把这个壮怀激烈的词冠之于一家川菜调味品公司之上,初觉有些突兀,可仔细想来,又觉得实在是太贴切了,因为一看到这三个字,就会涌上一种"辣乎乎"的感觉。

入得这家公司院内,首先映入眼帘的是无数只大缸,每只大缸里盛满了川菜调味品的未成品,在和煦的阳光下安静地等待着"成熟"。没错,它的前院就等于前文介绍的"郫县豆瓣博物馆"的后院,两者是相通的。

请不要小看满江红公司,它不仅拥有"中国非物质文化遗产传统制作技艺展示基地""中国川菜园区企业家协会秘书长单位"等头衔,其产品还属"国家地理标志保护产品",已荣获"四川名牌"和"四川省著名商标"等称号,产量和品牌知名度在四川调料品行业中综合名列前茅。公司所拥有的西华大学四川满江红川菜调味品联合实验室,还被授予"成都市企业技术中心"之牌匾。

"我们公司成立于2002年,2010年在战旗村投资建厂,主要研发和生产蜀酱和郫县豆瓣,火锅底料、川式复合调味料、鱼调料是我们的拳头产品,并已形成研发、生产、销售一体化。公司已形成'一所两馆三基地'(与西华大学联手打造国家级食品研究所;郫县豆瓣博物馆、满江红企业文化展示馆;满江红城市农夫庄园、四川省满江红食品科技有限公司、郫县豆瓣中国非物质文化遗产传统制作技艺展示基地)的规模,并拥有全国'满江红火锅连锁店'98家的联盟战略合作伙伴,可谓川菜调味品生产企业中的龙头之一。"该公司豆瓣事业部经理、"蜀酱"传人黄功云不无豪情地说,如今的公司将为打造郫县豆瓣"千亿产业"的新局面而摇旗呐喊、击鼓开道。

令人欣喜的是，满江红公司在战旗村生产经营的10年时间里，已先后在四川、甘肃、山东等地建立了种植辣椒基地近2万亩，带动农户达5000户，让战旗村的产品走出四川，远销全国。

不单有满江红，战旗工业园区内有着多家川菜调味品生产企业，由这些企业组成的川菜集中生产区，是郫县（安德）中国川菜产业化园区的组成部分。安德镇紧邻唐昌镇，两镇经济发展有着较大的共性，又有着资源和产业上的互补。中国川菜产业化园区规划面积10平方公里，主要以食品饮料、川菜原辅料、调味品为主导产业，并配套发展食品机械、食品包装、蔬菜气调保鲜及食品物流等相关产业，重点以"川菜味乡""郫县豆瓣"为品牌，打造全国独一无二的"中国川菜产业化园区"。作为它的组成或延伸部分，战旗村的川菜调味品生产得益多多。

四川浪大爷食品有限公司便是战旗工业园区内另一家颇有实力的川菜调味品生产企业，该公司的前身为郫县家常调料厂，始建于1997年9月，2013年11月29日在郫县工商局注册成立，发展成如今的浪大爷食品有限公司。在该公司，笔者看到"唐昌"牌豆腐乳和"浪大爷"牌豆豉生产销售两旺，尤为后者，因为采用了传统工艺，经自然发酵，精心酿制而成，具有浓郁的地方特色，拥有香味突出、回味悠长等特点，极受广大消费者的喜爱，而"唐昌"豆腐乳曾被评为"郫县五绝"之一，其独特工艺和良好口感亦颇受好评。

"豆豉是中国传统发酵豆制品。古代称豆豉为'幽菽'，也叫'嗜'，不但把豆豉用于调味，而且用于入药，对它极为看重。战旗这里的土质肥沃滋润，制作豆豉的所有原料，包括辣椒、小葱、生姜、大蒜等都产自战旗村及周边，原料的质量极为优质，从而决定了'浪大爷'牌豆豉的优质可靠。小小的豆豉和腐乳做出了大文章。如今，公司的豆豉年产量为400吨，豆腐乳的年产量为260吨，年产值在680万元以上。"

说起战旗村的豆瓣为什么特别好吃,公司负责人高德豪变得滔滔不绝。他说,正是由于原料取自战旗村及周边,不仅产品质量得以保证,也为当地的村民打开了一条农产品销售的渠道;而公司的从业人员基本上来自本村,这也促进了村民在本地就业。

四川先锋生态园调味品有限公司同样位于战旗村,其前身为四川郫县先锋酿造厂,成立于1981年,主要生产经营以郫县豆瓣为主的调味品。该公司所生产的"先锋""蜀彤"牌系列产品瓣子酥脆、酱脂香浓郁、红褐油润、辣而不燥、回味醇厚,市场销售颇佳。

"我们生产的豆瓣,沿用了几百年郫县豆瓣的传统制作工艺,选用鲜红二荆条辣椒和优质蚕豆,经过'翻、晒、露'等多道工序加工发酵而成,每个环节都不含糊。"公司董事长高林介绍,在研制生产方面,针对当前人民群众生活水平不断提高、年轻消费者有着别样需求的现实情况,推出了高端厨房产品——"印象先锋"系列,以"品质改变生活"的思路,提高"先锋""蜀彤"的市场竞争力,并为郫县豆瓣等调味品的改良升级,尝试性走出一条新路。

成都市富友绿色调味品有限公司(原四川省郫县会富豆瓣厂)的主打产品亦为郫县豆瓣,同时还有红油郫县豆瓣、火锅专用豆瓣、酒店专用豆瓣和富友牌甜面酱等。这同样是一家大型的现代农业生产企业,因其品种齐全、产量较大,产品不仅销售至全国各地,还远销至东南地区和欧美等国。这家公司的产品特色,是真正的天然酿造、原汁原色。

"我公司所有产品用料考究,精选上等鲜红脱帽辣椒,云南二流板一级干蚕豆,自贡精盐,上等面粉为原料,通过长期的翻、晒、露酿制而成,不含任何人工色素和增稠剂,确保产品绿色健康。"公司董事长杨奎说,他的这段话绝对不是广告,而是企业的产品特色和经营理念,每句都是实打实的,"倡导重健康、做良心的调味品经营理念,打造高品位的郫县豆瓣,让川菜美味天下共享,这是我们公司的宗旨,也是我们的努力方向。"

"青青园中葵,朝露待日晞。阳春布德泽,万物生光辉。"(汉乐府《长歌行》)园中的葵菜都郁郁葱葱,晶莹的朝露阳光下飞升。春天把希望洒满了大地,万物都呈现出一派繁荣。根植大地,弘扬传统,追求卓越,做大做强。是的,在这片葱茏的大地上,在这充满希望的年代里,诱人的图景正在我们眼前展开,还有什么奇迹不会产生?!

第二章 战旗高擎，党建引领

党的基层组织是确保党的路线方针政策和决策部署贯彻落实的基础。要以提升组织力为重点，突出政治功能，把企业、农村、机关、学校、科研院所、街道社区、社会组织等基层党组织建设成为宣传党的主张、贯彻党的决定、领导基层治理、团结动员群众、推动改革发展的坚强战斗堡垒。

——党的十九次全国代表大会报告

领、创、改、治、富、美、育、文。

——战旗村乡村振兴"八字经验"

来风韵晚径，集凤动春枝。

——南朝·陈贺循《赋得夹池修竹诗》

火车跑得快,全靠车头带。一个坚强有力的党组织、一群始终起到模范带头作用的共产党员,得到了广大村民的信任和支持,众人才会毫不犹豫地跟你走。党建引领,正是战旗村稳步发展,实现乡村振兴的最大动力和根本原因。五十多年的奋斗历程,凝聚成了"党建引领,汇聚合力;不畏艰难、勇敢向前;善于创新,共治共享;走在前列,起好示范"的"战旗精神",它是战旗人励精图治、走在前列的经验总结,是面对一切艰难险阻的制胜法宝,也是未来战旗村谋求新发展的精神动力。有了它,集体的力量才能汇聚,干部群众才会不畏艰难、勇敢向前,才会善于创新,共治共享,才能在未来的日子里始终走在前列,起好示范。

第一节　战旗村凭什么走在前列

战旗村发展的秘诀究竟是什么？回顾归纳战旗村的发展历程，"领、创、改、治、富、美、育、文"的八字经验确为真经，它是战旗村几十年成功创业的精神结晶，也能作为各地推动乡村产业、人才、文化、生态、组织全面振兴，建设乡村振兴示范区的参照。而这其中，坚持村党组织核心引领作用，大胆创新改革，推动产业升级，带领群众增收致富，可谓主导。

改革开放以来，特别是党的十八大以来，战旗村究竟凭借什么，走在了乡村振兴的前列？在发展过程中，究竟有哪些独特的振兴"密码"，吸引习总书记亲临考察指导？

一走进战旗村，村党建宣传栏"战斗的旗帜，坚强的堡垒"标题下，战旗村党员"三问三亮"几行大字立即映入你眼帘。"三问"即"自己入党为了什么？自己作为党员做了什么？自己作为合格党员示范带动了什么？"这既是初心之问，也是使命之问。"三亮"即"亮身份、亮承诺、亮实绩"。如同前文所述，"三问三亮"凸显的是战旗村党组织坚强的堡垒、战斗的旗帜作用，令人瞩目，催人奋进。

"三问三亮"不单针对的是每个党员，同样也是针对战旗村各级党组织。它是战旗村党组织先进性和纯洁性建设的集中体现，其目的是从理想信念、党性修养、表率作用这三方面"对症下药"，着力让党员意识强起来、党员身份亮起来、党员使命担起来、党员模范树起来。总书记在战旗村考察时说过："我是人民的勤务员，让人民过上好日子，是我们共产党员的初心、宗旨。共产党的心愿就是让老百姓过上幸福美好的生活！"当好人民的勤务员，为人民谋幸福，是总书记治国理政的坚定信念。战旗村党员干部深悟此理，多年来，他们与人民群众心连心、共患难，以全身心的努力，实现初心和使命。一句话，多年来，党组织的战斗堡垒作用、党员的先进模范作用、党建工作的引领作用，正是战旗村稳步发展，实现乡村振兴的最大动力和根本原因。

的确，无论在艰苦的初创期，还是改革开放以来，尤其是党的十八大以来的高速发展期，分析概括战旗村之所以走在前列的根本原因，战旗人身上那股独有的精神时刻发挥着巨大作用，在新时代，我们可以把它归纳为"战旗精神"，那就是"党建引领，汇聚合力；不畏艰难，勇敢向前；善于创新，共治共享；走在前列，起好示范"。

而在这"战旗精神"32个字中，最重要、最耀眼的便是"党建引领"这4个字。是的，有了它，集体的力量才能汇聚，干部群众才会不畏艰难、勇敢向前，才会善于创新，共治共享，才能在未来的日子里始终走在前列，起好示范。

踏上战旗村这座生态田园村庄的土地，眼前所见是一派兴旺：清澈的流水彰显着灵动，满眼的绿色醉人肺腑，各个乡村旅游景点游人如织，各式农副特色产品都在热销之中，战旗村的每个村民似乎都在忙碌。而听村民们介绍，今天因并非周末，并不是最热闹的，节假日里，村里总会挤满来自四面八方的人们，当然还有夏秋农田收获时节，这里处处洋溢着富足的气氛和丰收的喜悦。然而，笔者在村民所居住的战旗新型社区里踱蹀，却在一栋栋新型小别墅的门口，看见了悬挂着的"党员户"红色标牌。

"别看这一张小小的标牌，这可是党员主动亮明身份，自觉接受群众监督，更好为群众服务的展示窗口。"说起"党员户"标牌的作用，高德敏书记给笔者讲述了一则受村民们广为点赞的故事。

前几年的一个春节假期，有一家5口外地游客来到战旗村游玩，但当时战旗餐饮配套不够。临近中午，游客走进社区，试着敲响了悬挂着"党员户"标牌的门，想花钱请"党员户"帮忙煮一顿饭。"党员户"立马拒绝游客出钱，热情地邀请游客到家吃饭。盛情之下，游客一家和"党员户"全家一起其乐融融地共进午餐。饭后，游客硬要塞给"党员户"200元钱，"党员户"怎么样都不肯收，最终那200元钱还是回到了游客的口袋里。

"虽然只是一件小事，但给游客留下了深刻的印象，也对战旗村乡风文明起到促进作用。"高德敏感叹，这个故事是听村民说的，可村干部至今都不知道这户"党员户"的名字。

这样的事情委实太多，凡事由党组织、由党员冲在最前面，这早已是自然而然的事。村子里手机信号不好，需要建基站，但究竟建在什么地方？4A景区创建过程中，整治乱搭乱建是必须的，但部分村民不愿牺牲个人利益，硬顶着，又该怎么办？每次面对这种情况，毫无疑问的，都由村党组织班子、党员带头做起，把困难揽在自己身上，首先牺牲自己的个人利益。群众的眼睛是雪亮的，这句话一点也没有错，党员干部的示范带头作用，村民们看得清清楚楚，最大的难题也就在群众的拥护、服帖、跟从中得以解决，取得最好效果。

"三问三亮"必须从小事做起，从细节做起。能把细节做好了，才有可能把大事情办成办好，真正树立起良好形象，尤其是在刚刚推行"三问三亮"这项制度之初。"要让每个党员明白自己的身份、提升他们的政治素质，这是时代的需要，也是我们村谋发展所必需的。从某个角度上说，这其实也是逼出来的。"高德敏向笔者讲述了一则他刚担任村党支部书记时的小故事。

以往，为了确保参会人数，党员集中开会都得发补助。2011年的一个晚上，村里召开党员代表会，有党员没有来参会，按"规矩"，没来参会的党员就没有发给他补助。后来召开党支部会议时，上回没拿到补助的党员又没有来，还让人带话，说上次的补助都没拿到，这回就不来了。"当时，党员们都很生气。是啊，假若是为了区区20元钱才来参加党的会议，那就不是真党员，而是假党员了，当年入党宣誓时说的话也都是假话了。如果让这样的现象继续存在，党组织还像个党组织，共产党员还像个共产党员吗？"高德敏说，从那时起，战旗村党总支就决定，以后凡是党员集中开会，一律取消发补助，目的只有一个，就是要让你明白自己的身份，要你自觉维护党员形象，要提升你的政治素质。

火车跑得快，全靠车头带。一个坚强有力的党组织、一群始终起到模范带头作用的共产党员，得到了广大村民的信任和支持，众人才会毫不犹豫地跟你走。通过多年的努力，战旗村建立了以党总支为核心，自治组织、集体经济组织、便民服务组织、社会组织协同配合的"党建引领，共建共治共享"基层治理机制，实现集中居住区、合作社、民营企业党组织全覆盖，做到了从群众中来、到群众中去。村党组织充分发挥政治引领作用，带动自治法治德治有机结合、同向发力，不断引领改革兴村、生态宜居、产业富民、乡风文明、服务便民。

那么，高举一面战旗的党组织和党员，在实施乡村振兴伟大工程时，究竟在哪些方面体现党建引领和示范作用？究竟已经得出哪些宝贵

经验？弘扬"党建引领，汇聚合力；不畏艰难，勇敢向前；善于创新，共治共享；走在前列，起好示范"的新时代"战旗精神"，这党建的引领作用究竟又是如何渗透在乡村振兴每一环节之中的？

在对这些问题予以充分解答之前，有必要先进行一番梳理和概括，归纳和浓缩成几个点之后，容易找出其特色和亮点，也更容易让人理解。

"领、创、改、治、富、美、育、文"，这是战旗村乡村振兴的"八字经验"。以八个貌似平常的汉字组成，从字面上来看颇为简单，却是战旗人这几年来，深入学习和领悟习近平新时代中国特色社会主义思想，从自身发展历程和丰富经验中的提炼出来的。它蕴含着系统、全面、深刻的意义和价值，既可以作为自身推动乡村产业、人才、文化、生态、组织全面振兴的经验总结，为广大人民群众谋利益的方法结晶，更是一份当代中国乡村全面振兴和高水平建成小康社会不可多得的样本。

而这份乡村振兴的"八字经验"，正是战旗村深入践行"战旗精神"，充分发挥党建引领和示范作用的具体实践和生动体现。党的建设已经渗透在一切工作的始终，这八个字体现着完成和实现全部目标任务的最重要环节，而我们对上述问题的解答，也必须从这八个字开始。

"领"就是引领。何谓引领？引领就是始终走在众人的最前面，像向导那样做出示范，为后面的人指引路线的方向。引领与推动是两个不同的概念，而是像牵引多节车厢的火车头，或者像牵引着一串驳船的动力拖船，牵引并控制着方向，在必要的时候还能发出调整或制动的信号，使跟随其后的人们始终走在正确的道路上。

抓好党组织建设，在大胆创新改革，推动产业升级，带领群众增收致富等方面，都极其注重发挥基层党组织战斗堡垒作用，充分展现村党总支的"核心引领"效应,这个"领"字无疑是发展的关键所在。

村党组织是中国乡村基层组织化的基础和核心。战旗村从1965年建村到而后的五六十年斗争、改革、发展创新,很重要的一条经验是:这里有共产党的领导,村庄始终受到坚强有力的村两委班子带领。村党组织是党建在乡村的堡垒,党的组织和运转系统是上下贯通的。村党组织贯彻落实的是党中央的指示,服务对象是周边熟识的农民群众。村党组织要满足农民对美好生活的需要、服务村庄的发展,增加农民的收入。由于是生于村民,必然要对村民负责,受村民的质疑、评判,接受日常生活的检验。所以在党建方面,它有着自下到上的动力,这是农村基层党建的一大特色。

在抓好党建方面,战旗村的重要"招数",首先是创新基层党组织设置方式。村党总支把党以往那条"支部建在连上"的宝贵经验,用在了如今的村党建工作中,形成了"组织建在产业上、党员聚在产业中,农民富在产业里"的基层组织建设和发展理念。在村党总支的领导下,首先在中延榕珍等企业设置了4个党支部,2018年,又新增了四川战旗乡村振兴培训学院党支部、蓝莓基地党支部、满江红党支部3个党组织。下一步,战旗村还将在乡村十八坊、集凤院子、战旗农场、第5季·香境等企业和单位建立党支部,每个党支部都成了支持和引领企业发展的最重要力量,自身也获得了壮大。

"村党组织的任务是什么?在战旗村,这些已非常明确,因为已经有了我们独创的以'七个满覆盖'(组织建设、教育监管、能力培训、制度建设、服务方式、干部选育、评优评先共七个方面的满覆盖)为内容的'战旗党建工作法',显现了'建强战斗堡垒,引领改革兴村,引领生态宜居,引领产业富民,引领乡风文明,引领服务便民'的'一强五引领'非凡作用。"高德敏说,进一步填补党组织空白区,能有效促进村党总支对各方面情况的掌握，促进党员在各条建设战线发挥引领作用，充分发挥出基层党组织在乡村振兴战略中的"火车头"和"主心骨"作用。

"我们战旗村为什么能走在别人的前面？为什么早就开始走乡村振兴之路，干出这么大的成绩来？我觉得，首先一条是党的政策好、党的领导好；第二条就是有能起到战斗堡垒作用的党支部和村两委班子。班子的工作很有计划性，包括各种长短计划，比如现在达到什么水平，三五年之内要达到什么水平，将来要达到什么水平，今年完成什么，明年完成什么，班子的思路十分清晰，同时，有了这个计划，就坚决去做，绝对不会光耍嘴皮子，不见具体行动。"说起党组织的"火车头"作用，老支书李世立有很多话要说。

李世立重点告诉笔者的，是第三条。"这第三条，就是村两委班子、党员，直至党员干部家属，工作都十分积极，廉洁自律做得很出色。党员干部不能光指手画脚，自己不去干，怎么可以？集体化时期，大队干部劳动一年没有低于300天的，除了因公有事，党员干部都在田里干活、搞副业、修砖厂。干部自己说得头头是道，表现得很廉洁，但家里人管不住，仍然会犯错误，所以干部家属同样必须带头做到廉洁自律。制度当然还有很多，不少一直坚持到现在。"

在李世立的记忆中，战旗村党组织换了一届又一届，但干部们从不搞特殊化，因为大家都明白，村支委就是共产党最小的领导干部，与普通老百姓离得最近，是直接与村民面对面的。没个样子，群众肯定对你有意见，哪怕你犯个小错，群众知道了，心里也不舒服。"村里廉洁到什么程度？上面有人来视察，陪吃饭，不管是哪个干部去，都要自己出钱。集体化时期那么多年，没有哪个敢多吃半分钱。大队核算村里的账目，是按月向群众公布账目，大队按月用油印机打印出来，向群众公布，给各个生产队散发，贴出来谁都可以看到。"绝对保证账目清楚，是因为村支委清楚，经济上的民主是管理民主的重要标志，这事决不能马虎。

"当年，当村干部一年下来，只有两块钱的补助，但干部们没有人有意见。年终核算的时候，钱、粮都是村里统一管，包括最终的分配，经常必须在利益退后一步，让村民们先把钱、粮拿回去。这里面，廉洁、带头很重要，否则很容易出现多分钱、多吃粮的情况，毕竟钱、粮的管理分配权力在村干部手里。尽管现在家大业大了，但这些优良传统都传到了现在，因为这些优良传统是战旗村党组织最宝贵的财富。"李世立不无感慨地说。

而在党组织坚强有力的前提下，在如何进一步引导和发动广大村民方面，抓好民兵队伍是个很好的方法。民兵组织直接归党组织领导，队伍的组织性、纪律性很强，以民兵为主体，抓好青壮年队伍，就能带动其他村民齐心协力地跟上。行动往往比讲很多道理都管用，村支委、村党员、民兵、普通村民，这样一支队伍带动另一支队伍，大家的心和行动都很齐。

创新基层党员管理也是一招。全村83名党员经常对照反思"入党为什么？作为党员做了什么？作为合格党员示范带动了什么？"这"三问三亮"中的三大提问，去查找自身不足，如宗旨意识够不够强、党性修养够不够扎实、理论学习够不够自觉深入等。当然，光是发现不够是不行的，必须想方设法加以改进，而改进和弥补的方法只有一条，那就是主动联系服务3至10户农户，把服务群众的过程转化为推动整改落实的过程。

"党员就是党员，不需要遮遮掩掩，'亮身份、亮承诺、亮实绩'必须毫不含糊，接受群众的监督，看你究竟有没有发挥党员的模范带头

作用。"与此同时，村党总支创造性地组织全体党员，开展政策宣讲等"六项党员公开承诺"，推行"群众点评、党员互评、组织总评"工作制度，一切交由组织和群众来评议，尤其是评议你为村里办事、为村民服务的态度和效果怎样。对于你来说，若你能"理直气壮"地回答上述那三大提问，那说明你已经过了这一关，接下来就是如何保持和提高的问题。

实打实地提升基层党员服务能力，这一"招数"与倡导党员干部为民办实事是连在一起的。为着力提升党员政治素质和服务素质，村党总支把党小组"三会一课"教育学习、网络党校学习抓到实处，任何一次政治学习都不能搞形式主义，必须得有实实在在的成果。村党员夜校每周一小讲、每月一大讲、每季一测试、年终一考评，绝不搞花架子。在学习理论、讲解形势的同时，还创新设立"健康操、书法"等文化素养课程和"布鞋、蜀绣"等地方特色产品制作等实用课程，让党员们都拥有一技之长。同时建立健全《村社干部管理办法》和《村社干部联系群众办法》，用制度规范村干部行为，强化服务群众意识。

有了村党总支的"领"，村集体经济创业创新的这个"创"，便有了思路，有了目标，有了方向，也有了计划。

1976年初，当时的战旗大队党支部领导社员，以创业创新的精神，筹建战旗历史上第一家集体企业"郫县先锋第一机砖厂"，开创了村集体经济的先河。党的十一届三中全会以后，战旗村又相继办起酿造厂、豆瓣厂、酒厂、预制厂、机面厂、铸造厂、塑脂厂等大小村办企业，数量最多的时候达到12家。

从2003年起，战旗村采取"党支部+合作社+农户"模式，以支部建在产业链上等形式带领群众致富奔康，引导群众发展产业，共享集体经济发展红利，实现了党员聚在产业里，群众富在产业中。这一模式至今仍在发挥应有作用。

2015年，战旗村党支部明确发展思路，坚持以农业供给侧结构性改革为主线，深入实施农村集体产权制度改革，敲响了四川省农村集体经营性建设用地入市"第一槌"。在这一创业创新过程中，村党支部组织党员群众，围绕乡村振兴中心工作，深入学习土地法、乡村规划、集建入市等法律法规，开展招商引资、企业服务等培训，促进党员群众"有知识、懂业务"，使大家明白走创新发展道路的必要性和重要性，让这场"土地革命"始终有序推进，获得极好效益，使战旗社会经济发展迈出一大步。农村集体产权制度改革很快带来效益，2017年，战旗村集体资产达到4600万元，集体经济收入462万元，村民人均可支配收入达26053元，高出全区平均水平1993元。

而近几年中，战旗村党总支以构建产业生态圈、创新生态链的理念大力发展经济，大力推动农业转型升级、创新发展，夯实乡村振兴物质基础，以达到产业兴旺。"创"的作用主要体现在：

发挥国家双创示范基地品牌效应，通过平台孵化、科技孵化，不断催生新产业新业态新模式，此可称之为"创新孵化链"。对于那些拥有新技术、从事绿色高端农业的创新项目和孵化企业，更加亮起绿灯。得到总书记关注的"人人耘"种养平台，即为其一。2017年6月上线后，短短半年时间，消费用户就达到了3万余人，营业收入破1000万；汇菇源通过与四川省农科院合作，采用技术融合的方式培育出川西平原特色的黄色金针菇等优质菌种，产品进军海底捞火锅，实现包揽销售，年产值上亿元。类似实例当然不止这两个。

运用新技术、新设备提升加工生产效率，植入新元素，丰富加工生产外延，不断提升生产加工质效，此可称之为"创新加工链"。引进中延榕珍菌业、浪大爷等农产品生产加工企业6家，建立自动出菇车间等多条自动化生产线，实现标准化、智能化、高效化生产，年产值3亿元。毫无疑问，这些企业都具有强烈的创新意识和一定的创业实力，符合战旗村创业创新的整体战略。同理，乡村十八坊体验中心和郫县豆瓣博物馆等，能将创意、科普、体验等元素融入其中，拓展酒醋、豆瓣酿造等传统工艺价值空间，其创新发展潜力巨大，自然也列入其中。

以消费需求为导向，做大做强战旗村得天独厚的天府水源地公共品牌，运用大数据、物联网等新技术，实现线上线下精准营销，此为"创新营销链"。这方面的实例同样俯首可拾，在此稍举几例：如与"猪八戒网""天下星农"等知名品牌营销公司合作，对云桥圆根萝卜、唐元韭黄、新民场生菜等绿色有机农产品进行包装设计和精准营销，云桥圆根萝卜卖到了北京盒马生鲜超市，且与日本BFP株式会社签约，成功出口到了日本；又如利用京东云创对先锋萝卜干、即食香菇等系列产品进行"梳妆打扮"，按众筹方式，利用大数据为消费者"画像"，根据消费者需求进行精准生产、精准投放，同时倒逼建立食品质量安全追溯体系，这样一来，先锋萝卜干竟卖出了猪肉价，15元一斤的价格是以前的3倍。

在历任村党组织负责人的观念里，作为村党组织的带头人，抓好村经济建设是义不容辞的职责，这是一项中心任务，容不得懈怠。一个甘愿贫穷的村支部书记，怎么可能有威信，怎么可能服众？你连村民的温饱问题、致富大事都漠然处之，这个支部书记就会当得很窝囊，甚至权力都会丧失。为什么？因为在发展集体经济、促进村民勤劳致富上，你没有发挥好党在社会经济发展过程中的领导权，你没有表现出应有的创新精神。是的，光有一腔热血仍然是不够的，你得有创新的思维，有大胆的设想，有新颖的做法，有方向，有大局，也得有小的计策。

这么多年来，战旗村总是围绕党的方针政策谋求发展，但总比他人先行一步,这先行的一步,正是各届党组织从社会发展规律、从党的文件精神、从本村的发展实际,从村民们的愿望出发琢磨出来的,自然有着独特的一面,富有创新的动力,充满创造的活力。

第二节 执政为民,千方百计只为群众谋利益

战旗村党支部带领村集体在推动改革中,持续发挥关键作用。无论是引导集体经济组织对全村土地实行最大化统筹,还是把以德治理和文化建设贯穿到乡村振兴的全过程,使经济发展与社会治理相融互动、平衡推进,最大限度地为群众谋利益。

对于战旗村来说,农业农村改革的关键性破题,发生在2015年9月。

农村集体所有制是社会主义公有制的重要形式,是实现农民共同富裕的制度保障,它的基础是土地归集体所有,这是根本。集体经营性建设用地入市改革,是建立城乡统一的建设用地市场,探索完善城乡要素自由流动、平等交换体制机制的重要切入点,这是社会经济发展之必需。2015年3月,国家有关部门在部署试点时,即对就地入市的土地,明确要求是依法取得、符合规划的工矿仓储、商服等农村集体经营性建设用地,其所有权在集体经济组织手中。

也就在这一年,战旗村党支部抓住了郫都区(时为郫县)被列为全国土地制度改革试点这一有利契机,将原属村集体的13.447亩闲置集体经营性建设用地,以每亩52.5万元的价格出让给四川迈高旅游公司,

由该公司投资7000万元建设川西文化旅游综合体，主要即为"战旗第5季·香境"项目。

此举成功敲响了四川省农村集体经营性建设用地入市"第一槌"，也为战旗全村带来了超过700万元的收益，为进一步发展村级经济注入了强劲动力。

这是战旗村党支部引领村经济发展的一大手笔，也是村党员干部领会党的方针政策、看准时机谋求改革发展的生动体现。"改"，是这一决策的鲜明主题。

事实上，这已不是战旗村盘活土地资源的第一次举动了，早在2003年，战旗村就尝试性地搞起了土地统筹，尔后又在成都市开展城乡统筹时，着手进行村民成片集中居住事宜，兴建新村，土地资源得以进一步集中。

集体经营性建设用地整理并入市，这一改革举措至今仍在实施中。截至2018年，战旗村共清理出集体建设用地近200亩。同时统筹集约用好承包地，在民议民决的基础上，依托战旗土地股份合作社，将全村的耕地进行集中，统一对外招商、统一竞价谈判、统一管控形态，引进妈妈农庄、蓝彩虹蓝莓基地，实现1930亩土地规模化、景观化打造，成功打造3A级景区。

战旗村在改革开放以来的历次调地中，全村土地都是由党支部领导下的村集体来统筹。这十多年来，开展土地整理、承包地流转、集体资产确权到户，特别是统筹推进农村土地制度改革三项试点，战旗村土地调整很大，围绕土地数量多少、位置远近、质量优劣，处理不好，群众之间都会产生矛盾。由村集体在全村范围进行统筹，才使调地有了最大的平衡空间，最大限度地保证了公平公正。

村集体有钱了，资产也多了，改革也往深处推进。2015年底，由村

党支部研究决定，组建起战旗村集体所属的战旗资产管理公司，股份由该村当时在册的1704名村民共同持有。通过土地入股、经营权流转、资产出租等方式，村集体每年可取得462万元的收入。尔后，随着改革的铺开，参与经营的主体中，既有本村成立的专业合作社，也有农产品生产加工企业，村集体经济的组织化、市场化程度不断提升。

农村土地制度改革的每项实践，无论是从发动群众到制定规则、组织实施等各个环节，还是完成土地确权颁证、集体经济组织成员资格认定等各项工作，都离不开村党支部强有力的领导。"在这一过程中，我们村党支部发挥坚强的战斗堡垒作用，引导集体经济组织对全村土地实行最大化统筹，真正落实集体土地所有权，为建立兼顾国家、集体、个人的土地增值收益分配机制创造条件。"无疑，在改革不断推进的过程中，村党支部这个农村基层组织核心的作用，也得以进一步发挥。

战旗村党支部带领村集体在推动改革中，持续发挥关键作用。对农村集体经营性建设用地入市形成的土地增值收益，还探索创造了在国家征收调节金后集体与个人按照8:2分配的办法，此招使集体主义得到充分弘扬。村集体分得的"80%"是提取的公益金（30%）、风险金（10%）和公积金（40%），公益金用于为村民统缴社保和公共基础设施维护等，公积金则用于集体经济组织发展，为全村农民共同富裕打牢基础、做好保障。

村环境办副主任朱建勇刚回到村里创业时，曾从"战旗村蔬菜专业合作社"取得31.8亩流转土地经营权，成立"晨曦家庭农场"，面对10万元资金缺口，将他的173平方米农房进行抵押，获得融资贷款15万元，以发展蔬菜种植销售、采摘观光等产业。深化农村土地制度改革、盘活沉睡资源，正是战旗村抓好农业农村改革的主要做法之一。

在农村金融改革方面，战旗村利用"天使投资引导基金""创业投资引导基金""乡村振兴公益基金""抵押融资风险基金"等系列基金,搭建起村级"农贷通"金融服务平台,与成都农商银行、区惠农担保公司等金融机构建立合作关系,拓展了创业融资渠道、消除金融机构顾虑,破解了融资难、融资贵难题。

而在深化农村集体产权制度改革,保障村民财产权利的方面,战旗村两委也已作精心考虑。早在2011年,战旗村即已完成全村资源、资产、资金清理,并于2015年民主议定1704名经济组织成员,将集体资产股份量化到每名成员,真正实现集体经济组织成员和集体资产股权"双固化",解决农民进城的后顾之忧。本村村民肖某因为求学,将户籍迁移到了成都市区,但仍然保留集体经济组织成员身份,享受成员待遇,而且长久不变。

一系列的改革,带来了村庄的变化,带来了集体经济的富裕。家大业大了,人员来往频繁了,各类事务多了,进一步搞好基层治理便迫在眉睫。

战旗村党支部认为,抓好基层治理根本性的一条,是把以德治理贯穿到乡村振兴的全过程,做到三治融合,使经济发展与社会治理相融互动、平衡推进。目前,战旗村已经构建起由村两委、集体经济组织、农业合作社、专业协会组成的"多元共治+村民自治"工作格局,探索建立与现行政权结构、社会结构、经济结构和组织体系相适应的、产村相融的基层治理体系。

党领导下的农村基层民主建设,以扩大有序参与、推动信息公开、健全议事协商、强化权力监督为重点,完善基层民主制度,丰富基层民主协商的实现形式,真正做到"村里的事村民商量着办"。

在发展基层协商民主中,战旗村党支部切实发挥基层党组织的领导核心作用,以党支部为战斗堡垒,把牢政治方向,推出并完善了"民事

民议、民事民管、民事民办"这一创新制度，规范议决公示、社会评价等6个民主议事程序，以村民代表大会、村民议事会、村务监督委员会为组织形式，以村民委员会为执行机构，完善村民自治机制，带领群众自觉贯彻落实党的路线方针政策，制定符合村情的村规民约并坚决执行。

凡是涉及群众切身利益的决策都应当充分听取群众意见，使人民群众的权利不再停留在形式上。战旗村党支部始终把适应基层实际，顺应群众需要，作为发展基层民主的出发点，凡涉及村里的重大事务，如集体资产如何处置，集体经营性建设用地是否入市、怎样经营管理，这些都由村民代表大会集体决策；入市的方式、途径、底价等，都由村民代表民主协商，做到"有事多商量，遇事多商量，做事多商量，商量得越多越深入越好"。入市后土地收益的分配和使用，都按照全体村民同意的分红方案执行。村里建立党务、村务、财务公开栏，村里的大小事项都在这里及时公开，接受村民监督，村党支部和村委会随时予以反馈和解释。

"我们还试点推行村级小微权力清单制度，通过'清权''晒权''束权'，细化明确村干部权力边界及决策程序，还与村警务室、法律援助室、党员工作室共建法治信访中心，推进基层法治。"李光菊介绍，在以德治理方面，战旗村广泛开展乡村道德评议、心理辅导引导、"善行义举"推荐等活动，以群众纠纷评理团、村级心理辅导站等组织和机构，消除各类社会矛盾，维护社会公序良俗。

2018年，战旗村党总支还优化调整了党员在议事会成员中的比例，严格落实"四议两公开一监督"工作机制，完善"党组织领导、议事会决策、监事会监督、村委会执行"的基层自治机制，坚持"战旗六步工作法"，实施了"党员+社区+单元"的网格化服务管理，构建形成了党员、议事会成员、新乡贤、群众多元参与的多元治理主体，实施了法治、德治、自治的"三治融合"。村党总支部经常邀请乡贤、土专家、村民代表等，召开座谈会、坝坝会，听取村庄发展治理建议意见；开展"三固化、四包干"工作，收集并落实建议意见。村党总支部还把干部进院入户"听民意、了民情、化民怨"作为常态，把"听得懂农民语言，懂得与农民打交道"作为干部基本能力要求。

正是由于这些努力，近几年来，战旗全村未发生一起治安案件，无一例越级群体上访，村民对社会治理的满意度达到95%以上，村民的安全感显著提升。

而在党内，战旗村党支部充分发扬党内民主，强化民主集中制。村里要办的大事、年度或阶段规划，首先组织党员进行讨论，接着还通过党支部会议、党员代表会等来决定。这一过程中，通过党总支、党支部、党小组和党员的层层宣传，真可谓已人人知晓。"在战旗村，各村民小组、企业法人、社区干部绝大多数是党员，都处在重要岗位上。村庄治理怎么变化调整，支部的作用、党员的作用从不减弱。党组织内部没有所谓派别，尤其是村总支书记与村民委员会主任协调一致，事务摆在会上让大家讨论，有意见就说出来，决定了就是落实，既干脆又明确。"朱建勇还担任着战旗社区的党支部书记，对这一点感受颇深。

2018年，战旗村党总支部进一步修改完善《战旗·村规民约十条》《村民小组管理办法》《社区治理十条》《城乡环境治理十条》《战旗村景区管理办法》《"战旗"品牌使用及共享机制》《战旗村乡村振兴三年行动计划》等并加强解读培训，确保了工作有章可循，有条不紊。深入实施"制清单、晒清单"制度，建立了党组织和党组织书记党建责任清单，全面接受党员和群众工作监督；梳理村级微权力事项，形成微全力清单，促进依法阳光用权；按上下半年各一次，梳理村党总支部和各支部工作任务成效清单并进行公开公示，接受群众"阅卷打分"。

"稻米流脂粟米白，公私仓廪俱丰实。"党组织的坚强领导，明确的发展方向，稳定的社会环境，加之全村村民勤劳致富的信心和激情，注定了战旗村集体经济的加速发展和村民生活水平的不断提高，"富"，便成为全村上下共同追求的目标，成为全体村民高度认同的关键词。

在这过程中，村党支部制定了以总量带增量、以集体带个体，积极拓宽增收渠道、精准施策帮扶，实现全体村民增收致富的经济发展思路，并在这一思路基础之上敢闯敢试，拓展新的致富路子。

2004年，为改变机砖厂、酒厂、豆瓣厂等村办集体企业因所有权、经营权混乱而导致资产流失的局面，战旗村通过联合、兼并、出售以及资产重组、破产清算、购买小股东股份等方式，对所有集体企业进行改制，成立了"成都集凤实业总公司"，理顺了产权关系，避免了集体资产流失。2015年，又组建起"战旗集体资产管理公司"对集体资产进行管理运营，完善企业产权制度和法人治理结构，建立现代企业管理体制，采取入股、租赁、承包、托管等方式，实现多种形式经营。至2020年，战旗村集体资产7264万元，村集体经济收入571万元，村民通过集体经济获得分红，连年在万元以上。

在坚持发展壮大集体经济的同时，战旗村积极拓展增收渠道，如大力推进土地规模化经营，引进"蓝彩虹"等农业企业，培育专业大户，尽可能让本村村民在家门口就业。依托战旗乡村振兴培训学院，开展花艺、电商等各类培训，建立与成都技师学院协作办学机制，设立了战旗村农民夜校，引入富士康"富学宝典"平台植入夜校网络平台，采取订单式制作课程，分行业分工种为本土和外来创业者培训，已累计帮助130余户农户自主创业。还利用闲置的农房办起农家客栈，以前无价无市的农村闲置房屋一下变成了"香饽饽"，房屋价格从每平方米2000元上涨到每平方米5000元以上。

如同五只手指有短有长，村里也有若干经济困难户。对此，村里参照"精准扶贫"模式，采取因户施策的方式，达到"精准增收"之目的，即通过对全村农户每年的收入总量、收入来源、收入构成、增收途径、增收举措、增收目标等进行按户精准分析，逐户制定精准增收方案，建立工作台账，将增收工作落实到每户，落实到每个人。落实"一户一策一帮扶"的措施，加大困难群体的帮扶力度，如今全村低保户7人，残疾32人，院外五保户1人全部纳入村干部一对一帮扶范围。

因为有了村集体经济这一扎实基础，战旗村的基本公共服务得以有效提高，村民开始享有"有质量""有品位"的生活。如今，战旗村及其周边已配套区第二人民医院、小学、幼儿园等功能性设施，辐射周边西北、火花等区域；设立战旗便民服务中心，村民足不出村可办理社保等116项服务内容，搭建"一核三站"（党群服务中心，卫生服务站、便民服务站、金融服务站）综合服务体，实现"一门式办理""一站式服务"。探索开展了"点对点"居家养老、托幼托老等个性化服务，通过15分钟基本公共服务圈。"生活在战旗，绝对比得上在城里舒服方便！"村民由衷地感慨。

"美"是什么？在战旗村，美就是美丽乡村，就是绿水青山，就是生态宜居。坚定不移走好绿色生态发展之路，让战旗生态底色更亮丽、生态经济更蓬勃、生活环境更宜居，这就是战旗村的"美丽行动"。

战旗村里原有一座铸铁厂，年税收接近千万，但污染严重，村民们意见很大。2016年村党支部经多次商议，以壮士断腕之决心，对该铸铁厂实施关闭，同时还关闭了化肥厂、规模养殖场等8家存在污染的企业。没错，对于村集体经济收入，的确造成了一定时间内的损失，但关闭这些企业后，所腾出来的空间被用于"第5季·香境"、战旗乡村振兴学院等三产项目，绿色高端产业由此相继引进，并实现了资产增值裂变。

随之，村里又与山东寿光蔬菜产业集团、中铁建昆仑投资公司等单位合作，在战旗村范围内打造"两线一团精彩连连"乡村振兴体验精品路线，建设800余亩绿色有机蔬菜基地，村集体经济转型加速向"美丽"升级。而利用村集体资金打造的民俗旅游仿古街乡村十八坊、壹里小吃商业街、吕家院子等，在保留传统手工技艺的同时，把原来闲置的场地盘活，在不破坏环境，乃至保护环境的前提下发展乡村旅游。

"不砍一棵树、不采一粒沙、不填一座塘、不断一条渠、不损一栋古建"，这是战旗村为营造优美宜居环境而专门制定出台的"五个不"管理办法。守住生态底线，发展"美丽经济"，在这里绝非停留在口头上。战旗村位于柏条河畔，地处成都市水源保护地，生态环境保护的要求比较高，多年来，战旗村哪怕牺牲经济效益，也不愿对生态资源造成一点点损害。

为了让美丽乡村建设上档次，近年来，战旗村还与中国建筑设计院、同济大学研究规划院等合作，按照"一村一风格、一片区一特色"思路，以战旗为核心，将周边火花、金星、横山、西北4村进行"一盘棋"统筹规划，并把乡村总体发展规划、土地利用规划与产业、生态、基础设施、公共服务等进行多规合一，"一张蓝图绘到底"。与深圳上启艺术合作，在坚守耕地保护、生态环境等"刚性红线"基础上，柔性植入时尚、艺术等元素，让战旗规划建设有灵魂、有活力。

战旗村坚持全域景区理念，家家房前屋后配套了花园绿地，全面开展农村人居环境整治，试点推行农村垃圾分类，实施大地景观化、艺术化改造工程，连片打造5000亩大田景观，建成以乡村郊野公园为主题、带动五村连片发展的乡村绿道20公里，着力营造山水生态、郊野公园、天府人文等公园场景，战旗村也由新农村向美丽乡村转型，乡村生态环境更加舒适宜人。

2020年4月28日，伴随着战旗村铿锵的锣鼓声，"唐昌国家农业大公园"正式开园。这个"大公园"涵盖唐昌全镇，由"一园两环八组团"构成，实现"处处有产业，步步有景观"，成为成都推动农商文旅体融合发展、探索"公园城市""乡村表达"的典型案例。无疑，地处核心区块的战旗村，迎来了美丽乡村建设的新机遇。

"按照公园城市的建设理念，建设绿色生态高质量发展先行区、示范区，我们将配合成都市启动川西林盘保护修复规划建设、天府绿道建设，在实践中探索乡村振兴的发展之路。"高德敏信心十足地介绍说，村庄怎样才会最美，我们就怎样去打扮。这几年来，随着生态旅游业的发展，战旗村村容村貌所发生的变化，可谓翻天覆地。2019年，战旗村入选首批20个全国乡村治理典型案例，并成功创建国家4A级景区。

小院清幽处，自家菜园绿。满植绿树的甬道马路两侧，是美观舒适的战旗新型社区，那一幢幢漂亮的别墅，谁见了谁都会羡慕。不少慕名前来参观休闲的城里人体验着这里的美，总是忍不住发出内心感叹：太安逸了，这样的生活环境，就是我们的梦想，每个人都向往的美好生活！没错，战旗人就生活在这样美妙的好地方。

"育"，无疑是抓好乡村振兴各类技术人才的培育。

在战旗，"内育外引""四新联培"等都是培养乡村振兴技术人才行之有效的好方法。先说"内育外引"，是指"内育""外引"两种人才蓄积方法。"内育"是育好、激活本土能人。战旗村两委充分利用战旗乡村振兴学院、新时代乡村振兴讲习所、农民夜校等平台，在村民中物色有基础、有潜力的人才，有针对性地培育布鞋匠人、竹编艺人、蜀绣达人等"土专家""田秀才""农能人"，纳入"战旗乡土人才库"，形成本土人才梯队。同时组建起由本村老党员、本土企业法人、外来投资人才、乡村志愿者等组成的战旗乡贤理事会，这支队伍的主要任务就是为战旗的发展建言献策。

"外引"则是引进、留住优秀人才。战旗村已构建起一整套完善的柔性人才招引机制，推出人才引进补贴、住房、医疗、子女教育等精准的吸引能人政策，筑起"凤巢"搭建"舞台"，让外来优秀人才和新乡贤被这自然舒适的创业置业环境和无微不至的服务所吸引，在此扎根创业。前文提及的从甲骨文公司返乡创业的秦强即是其中一位，他带领20多名大学生，在郫都区创建全国"互联网+共享农业"互动种养平台，效益可观。

曾在红原创业的"金针菇种植能手"李宗堂，看到了家乡创业的良好环境和美好前景，选择回乡创业，先后创办远近闻名的"中延榕珍""汇菇源"两个食用菌工厂化生产企业，以报家乡养育之情。通过招才引智工作，战旗村现已吸引200多名大学生、歌手、务工人员返乡创业。与此同时，战旗村还关注这些外来优秀人才和新乡贤能否在乡村享受到与城市同等品质的公共服务，关心创业者家人能否在乡村安心居住，以人为本，消除扎根乡村投资创业"后顾之忧"。

"四新联培"即指针对战旗村的人才需求，建起对接专业人才资源的匹配平台，坚持"引、育、用、管"原则，充分发挥战旗村新型职业农民、新型农业职业经理人、新乡贤、新村民的作用，常态化开展农民实用技术、实践技能操作等培训教育。通过因材施教，"面对面""手把手"指导，打通农村人力资源开发"最后一公里"。目前已培养出职业经理人、本土专家十余名，更重要的是，人才培养和使用的这盘棋由此盘活，专业人才资源得以开拓。

"文"，则是乡风文明、精神文明，越来越丰富的乡村文化即是其具体的表征。总书记来到战旗视察，做出了农村的发展不单是产业发展，不单是物质文明，精神文明、文化生活也要搞好的重要指示，这一点，战旗人深深领悟。事实上，多年来，战旗村在谋求经济加速发展的同时，从未疏漏、遗忘过"文化""文明"的挖掘、培育、维护和弘扬，狠抓农村文化建设，大力涵养乡村文明，不断增强乡村软实力始终摆在战旗村重要的议题日程之上。

如今在战旗村，每年都利用暑期，与西华大学、西南交大等高校共同开展"高校+支部+农户"结对共建活动，"大学生进农家"活动已连续坚持了13年，近千名大学生相继来到战旗村，开展"2位大学生+1户农户"的进村入户活动，以新知识、新理念引领战旗村民观念嬗变，开拓创新。"'大学生进农家'活动绝对不搞形式，只注重内容和效果。内容就是从哪些方面引领村民转变原有的思想观念，培养村民拥有怎样的创新思维、开拓意识，甚至时尚观念。"郫都区委宣传部常务副部长贺卫东曾经多次主持组织这项活动，尤其是对活动中村民们的积极配合和热情参与深有感触，认为这项活动既有利于提升村民的文明和文化素养，也有利于大学生们接触社会现实，尽快成长。

不只是这一活动。高德敏书记介绍，在战旗村，与丰富村民文化生活、注入独特文化内涵、引导村民向上向善的活动和举措连连推出。如引入深圳上启文化，定期开展艺术乡村系列文化活动；充分发挥战旗文化礼堂、新时代农民讲习所的作用，持续开展"家风家教家训""大健康"等培训活动；邀请万山河、李伯清等知名艺术家在村里创办工作室，拓展村民享有当代文化的途径和方式；实施乡村民风廊、文化廊、文化院坝打造工程；自发组建文工团、老年歌舞队、腰鼓队；常态化开展"传承巴蜀文明 发展天府文化"百姓大舞台巡演活动；推广"村+社会组织+社工+志愿者"模式，让国学教育进村入户，村民家家都有《三字经》《增广贤文》等国学经典；积极评选推举道德、文化明星，评选

"新乡贤"、文明户；开展"好公婆、好儿媳、好邻居"、道德之星、文明之星评选活动，耕读传家、父慈子孝的良好乡风、家风、民风在战旗村得到传承弘扬。

又如制定《战旗·村规民约十条》，将社会主义核心价值观、传统优秀文化、法治文化融会成心口相传的"战旗快板"；健全乡村道德评议机制，实施乡风文明"十破十树"行动，以家风培养、乡贤回归等共建诚信重礼、尚法守制等良好风尚，以村规民约共治大操大办、重殓厚葬、封建迷信、聚众赌博等陈规陋习，共同营造与邻为善、以邻为伴、守望相助的良好风气。这其中，村党总支书记高德敏带头摒弃大操大办陋习，其母亲过世时，自觉控制操办规模，全村丧礼操办费用明显降低，为全村村民做出了榜样。文明新风的树立，无疑也推动了德治与"共治共建共享"相融互动。

需要指出的是，在战旗村乡村振兴"八字经验"中，有一条是最根本的，那就是基层党组织的核心引领。对于战旗村党总支、各党支部和每个党员来说，"不忘初心，牢记使命"绝非一句表达愿望和决心的誓言，更是付诸现实的实实在在的行动，这一行动，甚至已在20世纪50年代开始，尽管那时的行动只是源于自觉，出于探索。是的，只有充分发挥党组织的战斗堡垒作用和党员们的先锋模范作用，始终弘扬"战旗精神"，引领广大村民战胜艰难险阻，这面永远飘扬的战旗才能如此鲜艳，如此耀眼。

第三节　党建的基石必须牢固再牢固

战旗村之所以获得全面持续的发展，一个坚强有力的党组织，一群时刻发挥先锋模范作用的共产党员是其根本保证。以7个"满覆盖"为手段，实现党组织"建强战斗堡垒，引领改革兴村，引领生态宜居，引领产业富民，引领乡风文明，引领服务便民"的"一强五引领"，这便是战旗村党建工作精髓之所在。

一支头戴红帽的考察队围拢在广场一侧的展板前，村民潘秀虹手握小型扩音器，热情地讲解着战旗村首创的基层党建"三问三亮"工作法。村景区办主任李光菊不无欣喜地说："现在每天都有15-20支考察团队到村里参观学习，这些团队来自全国各地。考察团队最感兴趣的内容之一，便是我们的党建工作方法和成果。要知道，不少考察团队正是这方面的行家。"李光菊介绍，为此，村里专门组织了一个导游讲解组，由十多名女村民组成，讲解内容的第一个重点，便是战旗村的基层党建工作。

战旗村自建立以来，尤其是在改革开放这40多年中，全村所有党员率先作为，带领全体村民深化改革、发展产业、整治环境、淳化乡风，带领村民住上好房子、过上好日子、养成好习惯、形成好风气，同时，也是让村党组织真正成为群众为之信赖的"火车头"和"主心骨"。一句话，如果没有党支部，没有全体党员的努力，战旗村眼前的一切都无从谈起。这一点，每个村民都有真切感受。

"习总书记来战旗村视察时，做出的'走在前列，起好示范'的指示，既是对战旗村、对战旗村两委班子的肯定，对已有成绩的肯定，更是殷切嘱托，给我们提出了谋得未来发展的新要求。"高德敏说，党的十九大报告强调了必须加强基层组织建设，提出要以提升组织力为重点，突出政治功能，把企业、农村、机关、学校、科研院所、街道社区、社会组织等基层党组织建设成为宣传党的主张、贯彻党的决定、领导基层治理、团结动员群众、推动改革发展的坚强战斗堡垒。这些方面，正是战旗村近年来党建工作努力的重点。

"一部战旗的发展史，就是一部村级党组织的建设史。几十年来，党组织的作用贯穿于一切工作的始终，成为社会进步经济发展最大的推动力、最可靠的保证。有一条是值得我们骄傲的，那就是在长期的实践过程中，根据自身特点和发展方向，形成了具有自己特色的党建工作方法，并且在过程中不断创新与尝试，并取得了系列阶段性成果。"说到战旗村的党建成果，高德敏显然有很多话语要说。

在战旗，在建设中国特色社会主义的新时代，其党建主要成果表现为，已形成以"7个满覆盖"为手段，最终实现"建强战斗堡垒，引领改革兴村，引领生态宜居，引领产业富民，引领乡风文明，引领服务便民"的"一强五引领"，这也正是当前战旗村党建工作精髓之所在，它与战旗村乡村振兴"领、创、改、治、富、美、育、文"这"八字经验"一起，是新时期弘扬和践行"战旗精神"的具体体现。

"7个满覆盖""一强五引领"与"三问三亮"虽然都是党建内容，

但前者偏重于经验总结，后者则是党建工作方法，偏重于具体怎么做，两者在内容和环节上是不同的。

这"7个满覆盖"，具体说来，主要可以作如下归纳：

一是以组织建设满覆盖，促全村工作大统筹。这方面的主要表现在：战旗村坚持把党的支部建立在产业链、居民集中居住区、集体经济合作社、民营企业和项目上，确保村党总支对全村发展各个方面的直接领导和高效统筹。

由于这几年来战旗村集体经济企业发展迅速，"两新"组织等企业实体不断增加，党员数量也在上升，但在党员管理和活动组织等方面，还存在党员之间的不平衡现象，有的密切，有的相对疏松。对此，战旗村秉承"组织建在产业上、党员聚在产业中，农民富在产业里"的理念，在村党总支的领导下，实现集中居住区、合作社、民营企业党组织建设全覆盖。

"2018年，我们在原有4个党支部（新型社区党支部、农业股份合作社党支部、集凤实业总公司党支部、榕珍菌业党支部）基础上，新建了四川战旗乡村振兴培训学院党支部、蓝莓基地党支部、满江红党支部3个党组织，进一步填补了党组织空白区，有效促进了村党总支对各方面情况的掌握，促进了党员在各条建设战线发挥引领作用。"高德敏介绍，下一步，战旗村还将在"乡村十八坊""集凤院子""战旗农场""第5季·香境"等项目上建立党支部，以党建引领，促进产业进一步发展。

二是以教育监管满覆盖，促作风形象大转变。经济发展了，社会进步了，反过来对党员的要求也更高了，这是一种相辅相成的关系。"要让每个党员有强烈的约束感，用制度、用纪律、用监督管理等手段，着力强化全员党性教育和综合能力提升，促进全体党员全面树立规则、纪律意识，保持与服务对象的'亲·清'关系，展现'四讲四有'作风和形象，这也是战旗村党建工作的应有之义。"

高德敏告诉笔者，2018年至今，战旗村党总支通过"三级书记讲党课""农民夜校""固定党日""党员e家"等载体，连续开展党性教育活动，不断筑牢党员理想信念；通过"以案说纪讲法"活动，用身边事例教育身边人，开展警示教育，确保在企业服务、项目招引、为民办事等工作中始终保持"亲·清"关系。"亲是亲，清是清，不能因为亲情而违反原则，不能因为情面而乱办事，这是每个党员起码做到的事。"高德敏说。

在战旗村村民的心目中，村党委和每位党员都有着极高的威信和极大的号召力。很多事情，村民就看村党委是怎么部署安排的，村领导正在带头做什么，大家心里都有一杆秤，都有鲜明的是非观，都愿意跟着党组织和党员朝前走。村党委在满江红、榕珍菌业和妈妈农庄设立党支部时，这些企业后来都特别拥护，不仅提供场地，还在人员配备等方面全力支持配合，因为这些"两新"企业已从内心深处佩服党组织，真诚希望在党的引领下发展企业，壮大经济，培养人才，为民造福。

"党支部的号召力特别强，安德镇那边有个川菜工业产业园，满江红公司与合作社合作，也有一部分的种植基地放在那里。近两年合作社插秧、砍菜籽这些活儿，基本上由党员和积极分子把它搞定了。尽管现代农业的机械化程度已经很高，但不少活仍然需要人工来完成。只要在党员交流群里发个信息，有空的话请你们来安德帮忙，党员和积极分子只要在家，都会自觉过去，不会干就马上学。这样的情况，在很多地方是不可能有的。"杨军告诉笔者，新冠肺炎疫情期间，在党组织的引领下，不少党员主动捐钱捐物，但这些物资还需要有人搬运、放冰块、装箱打包、再扛上车，这些活都是党员主动揽下了，一句怨言都没有。

三是以能力培训满覆盖，促示范作用大发挥。简单地说，就是努力让每位党员成为能人，成为示范。这方面的主要方法，就是广泛深入推行"三问三亮"活动，确保党员"有知识，懂业务"，促进"示范得体，引领有力"。要知道，这基层党建"三问三亮"工作法可是战旗村首创的。2018年起，又新增加了"六带头"，即：带头做好自家环境卫生、带头遵守公序良俗、带头学习宣传党的政策、带头顾大局谋长远、带头树立契约精神、带头解放思想创业致富。这些方法和目标，显然都是奔提高党员能力和业绩而来。

四是以制度建设满覆盖，促进工作效能大提升。这方面的内容似与上述第二条有所相似，实际上这里的制度建设，指向的是提高工作效能，发挥最大作用，而非约束人的行为，强化纪律意识。2018年至今，战旗村党总支相继修改完善了《战旗·村规民约十条》《村民小组管理办法》《社区治理十条》《城乡环境治理十条》《战旗村景区管理办法》《"战旗"品牌使用及共享机制》《战旗村乡村振兴三年行动计划》等规章制度，组织党员干部予以解读培训，确保了工作有章可循，有条不紊，从而有针对性地提高党员的日常办事效能。

五是以服务方式满覆盖，促进村庄治理大和谐。这是倡导党员与群众心贴心，为群众办实事，密切党群关系的重要一招。"我们坚持践行一线工作法，自觉问计问需于民，既让群众感觉到我们的作用，又不扰民劳民。在处理村民各类事务方面，一方面坚持党组织的引领作用，另一方面注重发挥村民的主体作用，两者和谐相融。"高德敏介绍，这项工作与推行"三治融合"是结合在一起的，主要是在党组织的领导下，构建起党员、议事会成员、新乡贤、群众多元参与的多元治理主体。

六是以干部选育满覆盖，促组织人才大聚集。这方面，战旗村主要采取"现有干部抓提升，后备干部抓储备"的方法，在加强干部多岗位

锻炼、开阔眼界、提升能力的同时，做好干部人才就地孵化和吸引招纳工作，确保干部队伍后继有人。没错，这个人才，主要是指村干部队伍的人才。

"战旗村发展了，对干部人才的需求大了，质量要求高了，这向我们提出了干部队伍建设新的要求，这一要求必须提到我们的议题日程之上，因为这是战旗村谋取新发展的关键。"高德敏说，在这方面，党组织接班人的培养显然更加重要而迫切。

这几年，一些退伍军人、返乡大学生、在外创业的战旗人中的党员，陆续成为战旗村的工作骨干和管理人才，有的还进入了村两委工作机构班子。现任村景区办主任的李光菊，原先在外求学，后又在外创业，事业看好，但仍被家乡的发展前景所吸引，执意回到战旗，并从与村民打交道的最基础工作做起，一步步成长。村产业办常务副主任杨军，曾在成都市区的一家国营军工企业工作，事业稳定，但看到战旗村发展得这么好，就放弃了市区的工作，回到家乡发展。他先是承包了20亩土地，种植李子树和蔬菜。后来又参与村里的管理工作，主要参与招商引资这一块，并成功地引进生态鱼养殖等项目。

众所周知，战旗村之所以能成为乡村振兴的典范，党建和基层组织建设居有首功。自战旗村建立以来，先后已有八任党支部（党总支，现为党委）书记，他是战旗村党员干部和群众的带头人，其重要性不言而喻。如同"从群众中来，到群众中去"这条党的群众工作路线，"在集体中培养村支书"正是战旗村培养造就一任又一任党组织接班人不变的方法，也是战旗村视若珍宝的优良传统。

老书记李世立充满深情地回忆，战旗村的八任书记，一任接着一任干，每一任就能干得很出色，干得问心无愧，一方面是他们都是优秀的基层共产党员，有责任心和事业心，更重要的是有村集体在，有村党支部和上级党组织在。村民对每一任党组织带头人都是有期望、有要求、有制约的。都始终接受着群众的监督，在村庄的发展过程中接受评判。村党组织有着传帮带的自觉意识，并在实际工作中发现和考验党组织接班人。

"小小的战旗村，其实蕴含着一部从中国农民革命、民族解放、改革开放到社会主义初级阶段的革命史和创业史。村党组织和支部书记是领导全体村民革命和创业的领头人。在建设中国特色社会主义的进程中，村党支部书记的选拔、培养和成长环境都发生了很大的变化，不光要懂乡村，还要懂城市；不光要埋头干事，还要富有智慧，具备带领大家适应市场经济能力。创造各种机会，让更多的能人进入村党组织的队伍中来，在带领大家致富奔小康的岗位上发光发热，实现自己的价值，贡献自己的力量。这是我们战旗村的传统，多年来一直在做，也是今后推动乡村振兴最重要的任务之一。"李世立说，值得欣慰的是，这几年，以高德敏为书记的村党委抓好党建工作，村党组织的队伍已得到不断加强，一大批年轻人进入了村党委和各党支部等基层组织，成为引领全村村民投身乡村振兴的骨干力量。

2018年以来，战旗村党总支积极争取，上级党委选派了多名选调生和大学生志愿者到战旗村挂职锻炼；战旗村则抽调干部到镇上挂任中层干部，进行多岗位轮训锻炼，扩大工作格局。各种形式的挂职轮训迄今还在进行，人数也在逐年增加。与此同时，在干部人才尤其是青年干部人才的选拔、培养、任用、教育等各个环节，战旗村党总支特别用心，采用了一系列能发现人才、培养人才，又符合青年干部特点的手段和方法，尽快让干部人才成长成熟。如今，已有一批"80后"党员走上村党总支及各支部的领导岗位。

与此同时，战旗村各个年龄层次的村民，要求入党的人越来越多。

李光菊向笔者叙述，村里有位在外经商的中年人，在村党总支的关心下，经常被邀请回到村里，参与志愿服务等活动。他对自己身为战旗人感到自豪，对参加党组织安排的各类活动感到荣幸，深深感到共产党员确实是不一样的，是为人民服务的，自觉向党组织靠拢。2019年，他向党组织递交了入党申请书，村里每次组织公益活动，哪怕他正在很远的地方，也会想方设法返回。每年的重阳节，他都自发去敬老院给老年人理发。2020年上半年，这位村民终于光荣地入了党。"这样的例子还有很多，比如在我们的导游讲解组里，就有好几位入了党，大多数人都交了入党申请书。"李光菊说。

七是以评优评先满覆盖，促干事创业大激发。战旗村每年均通过专项评优选能和年末评选"十佳"树立典范，对党员、干部和群众进行正向激励，促进比学赶超，激发全体干群干事创业激情。这几年，战旗村党总支相继组织评选了新乡贤，创建并通过了市、区"三美示范村"评选；组织实施评选"十佳党员、文明家庭、文明户、好公婆、好儿媳、村民小组长、十佳院落"等"十佳先进"，以此树立榜样和文明典范并积极宣传先进，传播正能量，形成比、学、赶、帮、超的良好氛围。

战旗村党组织看到，无论是党员干部，还是普通群众，一旦获得了某项荣誉，就会激发出极大的积极性，自觉投身于战旗乡村振兴各项建设中来。对此，易奉阳说："这样的评优评先，既不能过滥，导致互相抵消，起不了作用，又不能过于集中，每次都只有那么几个获得，而是要符合各个人群的特点，实事求是，数量适中，褒扬先进，激励后进，以形成人人创先争优、乡风文明的良性循环和积极干事创业的新道德风尚。"

"没有一个有力的村党组织，就不可能有战旗村的今天。"成都市村政学院教授邓蓉认为，战旗村的发展一方面得益于历史形成的集体经济发展资源,另一方面更得益于有一个能够将村民有效凝聚起来的基层党组织,有一支肯干能干的党员干部队伍。毫无疑问,战旗村的党建工作经验是几十年基层党建实践的辉煌成果,是一代又一代党员奋斗和智慧的结晶。

哲人有言:一堆沙子是松散的,可是它和水泥、石子、水混合后,比花岗岩还坚韧。正是因为战旗村党组织始终在引领改革兴村、引领生态宜居、引领产业富民、引领乡风文明、引领服务便民五个方面充分发挥作用,坚强有力的战斗堡垒便得以构建,得以愈见坚固。近年来,战旗村党总支先后获得"全省创先争优先进基层党组织""全市先进基层党组织"、成都市"双强六好"基层示范党组织等荣誉称号,即是明证。

的确,战旗村之所以获得全面持续的发展,一个坚强有力的党组织,一群时刻发挥先锋模范作用的共产党员是其根本保证。不知已有多少次,每当前来战旗村学习取经的人们,向高德敏书记讨教发展秘诀,他总会毫不犹豫地回答:如果说我们村真有发展秘诀,那就是始终抓住"党建引领"这个关键不放松。

"党建引领,汇聚合力;不畏艰难,勇敢向前;善于创新,共治共享;走在前列,起好示范",这32个字概括了新时代"战旗精神",毫无疑问,这其中,最最重要的是"党建引领"这4个字,不可替代。

基层党建"三问三亮"工作法是2015年由战旗村党总支首创的,它要求全村83名党员对照反思"自己入党为了什么?作为党员做了什么?作为合格党员示范带动了什么?"这三大提问,查找出宗旨意识、党性修养、理论学习等方面的问题予以自省和改进,每名党员因问施策,主动联系服务3至10户农户,将服务群众的过程转化为推动整改落实的行动,逐项改进,逐项提高。

与此同时，党员们的"亮身份——平常时候看得出来，关键时刻站得出来，危急关头豁得出来；亮承诺——想村民所想，急村民所急，办村民所需；亮实绩——接受评议，争先创优"，必须用行动来做出回答，在各个工作环节中体现先进性和模范带头作用。"三问三亮"工作法由此拉开序幕。

2018年起，在"三问三亮"工作法的基础上，又新增加了"六带头"，即"带头做好自家环境卫生、带头遵守公序良俗、带头学习宣传党的政策、带头顾大局谋长远、带头树立契约精神、带头解放思想创业致富"，由此，这一基层党建工作法从主题、方法、手段到作用、效果，形成了完善的链条和完整的体系。

"三问三亮六带头"，问出了振兴路，亮出了示范样，带头走上了致富路。战旗村党建宣传栏上，战旗村党员"三问三亮"承诺赫然入目，承诺下方还展示出每个党员的基本信息、联系方式。"认真完成门前环境卫生、积极支持村上工作""当好社工，为村民做好社工服务""主动做好监督工作，支持村上建设"……这些公开承诺的内容看上去并不复杂，却非常实在，非常符合群众所需。不搞花架子，正是"三问三亮"的一大特点。

在战旗村每个党员的家门口，都贴有一个红色的旗帜标识牌，上面写有"党员示范户"字样，除此，每个党员的工作单位还都设立了"党员示范岗"。党员冯家辉说，这些标识同样并非形式，而是一种责任和义务。"不仅是年终时，必须接受'群众点评、党员互评、组织总评'，村党总支平时也会不间断地监督、检查。实现承诺是一种责任，获得群众信任和肯定，那就是一份最大的荣誉。这一点，我们每个党员都有了高度一致的认识。"

"你要带头吃苦，自身首先把工作做好，当你把身份亮出来时，群众才会服你。从根本上讲，这是不忘初心。推出'三问三亮六带头'的目的之一，就是强化党员的自觉性。假若一名党员没有为人民服务的起码的责任心和自觉性，那他就是不合格的。'三问三亮六带头'是我们长期以来抓好基层组织建设新的手段，也是我们实现党员'人'的振兴的集中反映。"高德敏说，正因如此，战旗村党总支把"三问三亮六带头"具体化，制定了详细的示范清单和负面清单，使其可操作、可落实、可量化、可考评，也让每个党员心中有数，实实在在地去做。

易奉阳曾告诉笔者，村里着手建设乡村十八坊时，在自筹资金、自主设计、自主修建、自主经营过程中，就是由党员带头，一一付诸实施的。党员牵头建设，既当设计师又当工头。乡村十八坊开街当天，易奉阳在朋友圈晒出5张施工图，并写下"为了它，这一年没有去过一次商场，这一年苦过、累过、伤心过，今天开街了，也算兑现了自己的公开承诺！"的话语，写出了参与这一工程的所有党员的心声。"整整一年零三个月，基本上都是早起晚归，我们村上的党员都是这样干的。"易奉阳说，不单在乡村十八坊建设项目中，在土地整理、项目引进、动员宣传、工程施工、运营管理等各个方面，党员带头、竭诚奉献、不计报酬、不徇私情，早已成了一种自觉。

当然，党员既要体现出自身的先进性，同时也得坚持原则，表现出应有的党性和威信。有一回，村干部与村民开坝坝会，有一个村民竟然冲着村委会主任说，你不要再说了，村里投入这么多资金，才赚回来那么一点钱，你已经没有资格在那儿说什么了，说的全是废话。意欲让正在说话的村委会主任走人。就在这里，村党支部书记立马回应，这是党组织安排主任在这里说话哩。今天主任在这里说话，不是代表他个人，而是代表组织。假如你觉得这个地方没有共产党说话的权利和资格，我们马上走人，让你一个人留在这里。这下子，那个想挑事的村民就不再说了，因为他觉得自己犯了错。这就是党组织的据理力争，也是坚持原则的必要做法。把党和集体的应有权利和地位牢牢把握起来，才能更好地引领群众。

在战旗村采访，不少村民告诉笔者，村党总支悉心维护村民的应有权益，十分重视村民的民主权利，为实现基层协商民主提供有力保障，如在推进农村土地制度改革过程中，该怎样尊重多数人的意愿，又照顾少数人的合理要求？又如集体资产如何处置，集体经营性建设用地是否入市、怎样经营管理？入市的方式、途径、底价如何定夺，入市后土地收益的分配和使用如何安排？等等，都在村党组织统一安排下，由村民代表民主协商，按照全体村民同意的方案执行。"有事多商量，遇事多商量，做事多商量，商量得越多越深入越好"，早已成了战旗村村务工作的基本原则。

"改革在持续深入，乡村在不断振兴，基层民主必须得到保障。这几年来，村两委在发挥好基层党组织领导核心作用的前提下，以村民委员会为执行机构，完善村民自治机制，保证中央各项决策部署落实到'最后一公里'。"战旗村村民委员会副主任杨勇介绍说，村里建立并完善了党务、村务、财务公开栏，村里的大小事项都在这里及时公开，接受村民监督，村两委随时做好反馈和解释工作，"村里的事村民商量着办"已成为基本的工作准则。

随着产业的不断集聚，战旗村不仅面对村民之间的内部关系，而且要应对村子与企业之间的外部关系等，对于这些事务，村党总支同样利用基层协商民主机制，依靠群众，献计献策，瞄准共赢的目标，化解难题。

眼看村集体经济有了收入，如何让老百姓对村"两委"的工作放心服气？为健全监管机制，战旗村党总支严格规定村两委成员只能从公共支出中领取工作绩效,绩效工资与工作考核、村级集体经营性收入直接挂钩。同时通过推行村级小微权力清单制度,通过"清权""晒权""束权",细化明确村(社区)干部权力"边界"及决策程序。

为使党员更好为群众提供各类服务,村党总支还结合实际,制定全年培训计划,举办工作业务、时政政策、法律法规等培训。为了吃得透、跟得紧中央政策,村党总支组织党员干部,围绕乡村振兴中心工作,深入学习土地法、乡村规划、集建入市等法律法规,开展招商引资、企业服务等培训,促进党员干部"有知识、懂业务",真正成为"行家里手"。村里手机信号不好要建基站、困难群众要脱贫奔小康、土地调整群众间有矛盾要解决、村办企业污染重要加强治理、景区创建必须整治乱搭乱建……遇到各类事务,村党总支一概依法办事、依规行事,同时听取村民意见建议,让党员干部带头做出牺牲,使之取信于民,为民谋利。

落地才能生根,根深才能叶茂。"三问三亮六带头"突出了战旗村党总支的先进性和纯洁性建设,坚持从理想信念、党性修养、表率作用等方面"对症下药",着力让党员意识强起来、党员身份亮起来、党员使命担起来、党员模范树起来。改革的动力来自群众,必须紧紧依靠群众推动改革。只有不忘初心、牢记使命,修身律己、担当有为,公道正派,无私奉献,才能确保群众利益,才能充分激发群众的创造力。

"三问"既是初心之问,也是使命之问;"三亮"既是亮出身份,也是亮出责任;"六带头"则是付诸实际行动,力分取得良好效果。战旗村基层党建"三问三亮六带头"工作法,是新时代党建工作的一次良好实践,其价值和意义早已溢出战旗村、唐昌镇、郫都区,而成为农村基层党建工作不可多得的宝贵样本。

何谓"一懂两爱"?这一要求针对的是村务工作者(村干部),包

括村两委，村经合社等集体企业的决策者、管理层，他们无疑是"三农"工作队伍的重要力量。新时代的"三农"工作对村务工作者提出了更高的要求，"一懂两爱"即为这一要求的概括性表述：村务工作者必须是一支懂农业、爱农村、爱农民的"三农"工作队伍。

党的十九大报告明确指出，实施乡村振兴战略，要培养造就一支懂农业、爱农村、爱农民的"三农"工作队伍。2018年12月，习总书记在对做好"三农"工作的重要指示中再次要求"加强懂农业、爱农村、爱农民农村工作队伍建设"；2019年中央一号文件再次强调，"培养懂农业、爱农村、爱农民的'三农'工作队伍"。"一懂两爱"成为以习总书记为核心的党中央对"三农"工作队伍的基本要求。

2019年芒种时节，战旗村党总支带领党小组长、部分党员和村民，利用傍晚下班后的时间，来到村民的田间地头进行劳作，三天时间完成插秧15余亩。高德敏说："这只是开头，以后将成为党员干部为群众服务的一项常规性活动，每个人都要把自己最佳的劳动能力、最大的为农热情发挥出来。只有懂农业、爱农村、爱农民，才能够真正发自内心地为农村谋发展、为农民谋福利，我们就是要培养出这样牢记宗旨、服务群众的'孺子牛'。"

近年来，在战旗村，创意农业、品牌农业的发展模式也愈加成熟，战旗村坚持生态先行，正不断地向绿色、可持续发展产业升级转型，适应新常态发展的新产业不断涌现和发展，这也对村务工作者和党员们提出了新的素质要求、能力要求。对此，战旗村不断拓展人才建设思路，在着力提升"三农"干部队伍能力素质方面大做文章，学理论、学技术，了解实情、发掘能量，着意在实践中锻造出一支"一懂两爱"人才队伍。

笔者采访中，不少党员回忆，2002年，高德敏当选为战旗村村委会主任,当时的他就有意识地寻找村务工作的短板,以"木桶原理"来分析所存在的短板及导致的问题。"木桶原理"告诉我们,短板是决定整个木桶容量大小的关键因素。短板不补,其他木板再长也没有实际意义。党员干部队伍建设同样是这个道理,言行、素质、能力、口碑等各个方面都重要,若在某个方面出现一块短板,不仅将削弱党员的应有作用,无法适应社会发展所需,更会影响党员形象。高德敏据此认为,强化战旗村党的干部队伍建设,首先从补短板开始。

无疑,如今已经有答案了,这些短板的补齐,最有效的方法就是"一懂两爱"。

"懂农业",并不是说战旗村的村干部不懂农业知识,不善稼穑,可以说,不少人还是"资深农民",对传统农耕颇为熟稔,有的还是田野里的"一把好手",然而,面对创意农业、品牌农业的发展形势,面对新理念、新科技所带来的农业发展中的新问题,他们仍然缺乏必要的适应能力、必需的准确判断和前瞻、必备的知识能力,这导致部分村干部和党员遇到新问题时,免不了手忙脚乱,表现出一片茫然。

"这当中,自然有不少客观因素,比如村干部之间的年龄相差比较大,文化层次不平衡,所从事的工作也存在差异,有的对知识能力的要求特别高,有的则相对较低。但村党总支认为,不能因为这些客观因素,而降低对村干部懂农业、懂业务的要求;不能因为有的村干部年龄偏大、文化水平低而放弃对他素质能力的提高。党员干部本身就负有带领全体村民奔小康、实施乡村振兴战略的职责,这支队伍又是一个整体,理应在学理论、学技术等方面走在前列。"高德敏认为,村党总支下定决心,是推进全村党员干部"懂农业"的前提。

这几年来,村党总支倡导党员干部带头,借助党建引领城乡社区发展治理的大势,依托战旗"微党校"(农民夜校),建立了包括13个

区级部门党员干部和技术专家在内的师资库，面对面地教授各类新时代"三农"知识，农民夜校已成为党员干部"充电学习"的好地方。这里教育模式新颖，建立培训需求台账，提供"菜单选学"，党员干部想学什么，就安排什么课程。由于党员干部带头，吸引了不少村民前来听课，农民夜校由此成为战旗人提升素质的最重要平台。

笔者看到，在农民夜校，在设立党性教育、创业技能培训等9个专业教学组的基础上，还开设了"糕点、布鞋、蜀绣"特色产品制作以及"杏鲍菇、草花"种植等培训科目，形成"学、产、销"产业链一体化的学习模式。据不完全统计，如今，战旗村参加农民夜校培训的党员干部达5000余人次，这其中，有相当一部分是普通村民。

战旗村还发挥本村优势，相继建立了布鞋制作、菌业生产、草花种植、特色小吃等4个产业实训基地，分类培养了布鞋匠人、竹编艺人、蜀绣达人等"土专家"、"田秀才"、"农能人"，并纳入"战旗乡土人才库"，形成了强大的本土人才梯队。同时，这里还开辟了舞蹈室、书画国学室、古筝班、手工作坊等教学场地，寓教于乐，极大地丰富了村民精神文化生活。战旗村党群服务中心则开辟了邻里守望、儿童之家等主题空间，为全体村民提供了教育文化服务。

与此同时，战旗村党总支积极补充新鲜血液，从产业带头人、技术能人、优秀青年群体中发展党员，大力吸纳一批年龄结构低、知识文化水平高、懂经营、善管理的人才进入党员干部队伍，使党员干部队伍年龄结构更趋合理，文化层次不断提高。当笔者向高德敏问及典型的创业带头人有哪些时，高德敏直接回答"太多了"，从生态农业到集体企业，从个体经营到产业大户，活跃在第一线的战旗党员干部，已成为公认的能人、"高手"、带头人。

在党员干部内部，"以老带新"引导、帮扶新党员，和年轻党员帮助老党员提升素养和能力,已经成为习惯。眼下,通过运用"党员e家""微党课"等载体,加强党员教育和培训,不断提升干部队伍的眼界和能力;高效落实"三会一课",民主评议、民主生活会等制度、全面提高组织能力;村党总支还适时安排党员外出参观学习,上门取经,取长补短,也十分有效。

"通过学习参观等方式提升班子战斗力,提升党员干部素质,这早已是我们的惯例。看到人家的长处,才能更及时、更准确地发现自己的短处。"高德敏自信地说,如今的村党员干部中,曾有的"思维茫然"、"能力迷惘"已经不复存在。

正是因为"懂农业",才会真正做到"爱农村、爱农民",两者是合而为一、相辅相成的。战旗村党总支认为,一个爱农村、爱农民,愿意为发展现代农业发挥作用的人,必定会自觉地去掌握各类农业生产、经营和管理知识,必然会搭住当今中国乃至世界农业发展的脉搏,必定会成为一名能适应当今农业发展的行家,因此,培养和加强党员干部对土地的感情,对农民的感情,对工作岗位的感情,显得十分重要。

"做好新时代'三农'工作,心中首先要有情怀,这是我们对每位党员干部提出的明确要求。'听得懂农民语言,懂得与农民打交道',这也是我们选用干部的基本要求。村党总支经常提醒,了解实情、办理实事,必须爬坡下田,与农民和土地心贴心地打交道,带着感情去做事。我们通过会议、座谈、谈心等方式,要求党员干部必须带着感情、饱含热情、充满激情去干工作,有时候还要有点痴情。"杨勇真挚地说。

在培养"三农"情怀方面,村党总支以习总书记对"三农"的关心厚爱为实例,引导党员干部自觉做到"爱农村、爱农民"。总书记不管走到哪里,总是深深牵挂着农民群众,总是要求广大党员干部任何时候

都不能忽视农业、忘记农民、淡漠农村，平时要多到农民家里看一看，了解农民诉求和期盼，化解农村社会矛盾，真心实意帮助农民解决生产生活中的实际困难。总书记对国情农情了然于胸，对农民农村念兹在兹，把农民当亲人，为全党上下践行牢记初心、不忘使命的宗旨树立了光辉榜样。的确，如何做到"爱农村、爱农民"，总书记已经做出了最好的表率。

这几年来，战旗村在着手实施"现有干部抓提升，后备干部抓储备"过程中，也把"爱农村、爱农民"列入重要内容，专门设计、安排和开展了诸如"我为战旗发展献一策"演讲活动、"假如我是支部书记（村主任）"论坛等，力图在现场交流活动中发现"一懂两爱"人才，培养"有想法、敢担当"的年轻干部；组织村里经商办企和有一定影响的人员召开座谈会，畅谈乡村振兴，从中发现具备"一懂两爱"素质，有意向、有能力投身战旗村发展事业的合适人选；还通过张贴招聘海报、网上报名初步储备后备干部人选，迄今已觅得30余人。与此同时，村两委还着手研究制定"蹲苗计划""归引计划"，吸引更多大学生、转业军人、能人，以及离退休干部职员回乡参与乡村振兴，积极培育，使之成为村务工作者。

"在我党的一切实际工作中，凡属正确的领导，必须是从群众中来，到群众中去。"这是毛泽东同志曾经的谆谆教诲。"一懂两爱"要求党员干部，在新时代牢记自己的使命，贴近群众，贴近大地，发挥自己的聪明才智，是发挥党员先锋模范作用和基层党组织战斗堡垒作用的极好形式。战旗村在这方面的实践，是基层党建引领乡村振兴战略落地开花的生动写照。有了这支能力强、素质高，深爱这片土地的"三农"工作队伍，踏踏实实去做，撸起袖子加油干，战旗村还将闯出更大的一片天。

第三章 战旗亮出，栉风沐雨

> 君不见昔日蜀天子，化作杜鹃似老乌。寄巢生子不自啄，群鸟至今与哺雏。
>
> ——唐·杜甫《杜鹃行》

> 全大队社员的劳动积极性很高，人心特别齐，互相之间很团结。在有准备的情况下，全大队正劳力能在五到八分钟完成集结；没有准备的情况下，半个小时之内就能做到全体集中，别的生产大队在这方面肯定比不过我们。
>
> ——原先锋人民公社战旗大队党支部书记　罗会金

> 烈火成灾何所惧，战旗地上绘新图。
>
> ——原战旗大队党支部奋斗口号

高扬起战斗的旗帜，始终保持奋进姿态。寓"有一面党的战斗旗帜作指引，带领全村群众不断前进"之意的"战旗"这个词语，成为集体共同的名字，并成为"党建引领，汇聚合力；不畏艰难、勇敢向前；善于创新，共治共享；走在前列，起好示范"的"战旗精神"之基础。在党组织的领导下，战旗人执着地探索、跋涉、寻找，共同闯出了一条社会主义集体经济的发展之路，显现它的个性，拥有它的特点。有双手、有智慧，不怕肩挑背磨，不惧风霜雨雪，就能改变贫穷落后的现实；只要团结协作、勤俭节约，土地就能种出黄金。广大党员干部始终怀有自觉为群众服务的不竭热情，始终寻梦不绝的劲头，积极作为，为战旗今后的发展打下了坚实的基础。

第一节　风雨如磐，造就代代坚毅的人们

　　这是一片神奇的土地，灿烂的古蜀文明至今仍散发出它耀眼的光芒。望丛二帝的精神始终影响着这片土地上的世代民众，敢于改变大自然、勇于追逐文明的智慧，勇气和毅力融入了血液。激情燃烧，热血澎湃，经久不灭，绵亘永久。辛勤劳动之下，丰收的到来、和谐生活的降临，顺理成章。

如果把时光倒流至数百万年乃至更早之前，已形成今貌的四川盆地是一个奇妙的所在。

四川盆地位于世界屋脊青藏高原之东侧，是以青藏高原为中心，珠玑般环绕着这一高原的诸多盆地平原中最耀眼的一环。从地质地理上来考察，青藏高原的隆升，影响了现代地球表面的地理地貌格局，并影响了亚洲及周边地域的人类繁衍和生息，意义非同小可。更值得关注的是，世界上几乎所有大江大河都源出雪山峻岭，使得山前的平原低地得以灌溉，并成为重要的人类文明繁衍之地，中国诸多大江大河即源出青藏高原。其实，自高山流向平原低地的并不仅仅是一条条水流，还有蓄积于丛丛灵山之上的万种精华，它们滋养着山下的广袤土地，惠泽人

类,孳生文明,千里沃野更为钟灵毓秀。作为天府之国的四川盆地无疑正是这样的地方。

四川有很多条重要河流在此流淌。据四川省社会科学院党委书记李后强教授介绍,四川其实是一个天河之省,在四川盆地,流域面积达100平方公里以上的有1409条,流域面积达50平方公里有2683条,流域面积在10平方公里左右的达5877条,在一个省级区域,竟拥有如此繁多而集中的河流,全国任何一个地方难以匹敌,在全世界也是罕见的。

盆地,是一个承接周边各个山体精华、厚积文明和文化底蕴的特殊地理构建,有着独特的山川景观,更是人类繁衍聚居、休养生息的独特宝地,它甚至是人类某个文明的源头。从喜马拉雅山这世界最高峰一路往东,从海拔七八千米下降到两三千米的云贵高原,再下降到海拔仅三百至八百米的四川盆地,山川精华源源不断地汇集到了这个最适合动植物生长的地方。可以想见,数百万年前乃至更久远的时光里,这里该出现过多少各种形态的生命,这里该蓄积起多么丰富繁多的文明和文化!三星堆、金沙遗址、营盘山文化、古羌文明、象形文字……灿烂文化如此众多地聚集在一起,实在令人感叹,而更多的还掩藏在地下和历史中。有人甚至大胆地推测,四川盆地是中华文明的主要源头之一,这方土地在中华文明发展史上的重要地位,远没有被我们真正所认识!

必须说一说长江。长江自青藏高原发源,顺山势而下,尔后穿越道道峡谷,咆哮着进入四川。全长6300多公里的长江,从源头到进入四川之前,其水量并不大,或者说与它那世界第三大河的头衔还没有相对应,但刚进入四川,这条大江的形貌就不一样了,雅砻江、岷江、大渡河、理塘河、沱江、涪江、嘉陵江、赤水河、黑河、白河……几乎布满四川全境,每一条都水量充沛,每一条都能让长江的径流量提升。有人认为,长江只有在四川境内得以充分孳养,才成长为一条真正意义上的世界级河流，才使得下游能尽享长江之利。数据表明，四川全年平均天然河川径流量为2547.5亿立方米，占水资源总量的73%；上游入境水942.2亿立方米，占水资源总量的27%，水资源之丰富毫无疑问地位于全国前列，而这其中，长江及其各条支流的贡献可谓大矣。

正是有了万顷平畴，有了取之不尽、用之不竭的水源，有了汇集于此的万物之精华，这个巨大而神秘的盆地必然会发生翻天覆地的沧桑变化，衍生无数神奇故事。"如今我们在四川境内发掘出来的古代文明遗址，包括三星堆、金沙、营盘山，很多都反映出古代农业文明。太阳神鸟与农业有着密切关系，无数象牙、水稻等谷类的化石……都证实了四川盆地曾是中国古代农业社会的一处繁盛地，辉煌的古蜀文明即是这一历史发展的产物。可以说，郫都这个地方，正是当时古蜀文明的重要发祥地和繁盛地。"李后强教授指出，古蜀文明主要是由古羌族所创造的，古羌族的文明成就不仅大大地推动了四川的历史发展，还在某种程度上推动了中华民族的形成和中华文明的进步。

之所以反复言明四川盆地，尤其是川西的地理地貌、远古历史、人文变迁，是为了说明这片土地的独特和神奇，它在其后的漫长时光中所发生的一切，都不是偶然的。各种有利因素的美妙叠加，使得一切均是一种必然。

甚至是农耕业，比如各种各样的植物和作物，在四川盆地，在川西，在青城山下这片滋润的土地上，都曾有着非同一般的孳生和栽植。

四川盆地位于中国西高东低地貌特征的第二阶梯，周边区域的地势都比盆地高，甚至高达海拔两三千米，而四川盆地的海拔只有300至800米，极其适合动物和植物生长。因此，曾有科学家分析判断，远古时期，地球上的很多原始动植物最初就在四川盆地出现，被聚居在这里的古人培育成功后，又传播到了现今中国乃至世界各地。四川盆地多水，动植物的繁衍拥有得天独厚的条件，品种更多，栽培改良更容易，包括畜牧业在内的农耕业发展迅速，并带动了这里的文明进步。地处成都平原腹心地带的今郫都一带，自古以来即因农耕业发达，而成为重要的文明发源地。

今郫都一带具有川西坝区的典型特点，是岷江冲洪积扇状平原，由西北向东南倾斜，大地构造属新华夏构造体系的第三沉降带。由于古河道的冲击和近代河流的冲刷切割，至今仍可见众多扇形状展开，微地貌呈凸凹状的条堤形地。全区除浅丘台地为老冲击黄泥黏土层，下覆紫色砂岩和砾岩以外，平原地表皆为岷江新冲积灰色水稻土细沙粒泥层，下伏洪积物黄泥层或黄泥夹沙层，适宜各种农作物生长。而今唐昌镇一带又在郫都城区西部，更靠近岷江及多条支流，土地更加滋润，农耕业环境条件之优越无须赘言。

时间前溯4000年，今郫都一带已为长江上游古蜀文明之摇篮。《蜀王本纪》中所记载的望丛二帝的故事，是古蜀国流传最广、最为神奇的故事，它展现了古蜀人倔强、勇敢、任劳任怨、公而忘我乃至牺牲的精神，尤其是呈现了古蜀人敢于改变大自然、勇于追逐文明的智慧、勇气和毅力。

古蜀人在今郫都一带繁衍生息，依靠着汤汤大河和肥沃良田，以捕鱼、农耕为生。杜宇教民务农，并在蜀地首创按农事季节耕种的制度，被后代奉为农神。

北宋徽宗崇宁元年（1102年），唐昌县直接用皇帝年号改称为崇宁县。此时称川西有最富裕的"上五县"，即"温、郫、崇、新、灌"，其中的"崇"即崇宁县，历史上崇宁县曾用过"永昌""唐昌"和"周昌"等县名，县治始终在今唐昌镇。唐昌镇地处今成都市府南河之上游，历史上向来为川西地区各路商贾聚集之地，又位于今绵阳彭州至都

江堰的交通要道，素以历史文化悠久、生态环境优美誉称。中国著名历史学家范文澜先生在其重要著述《中国通史》中，曾记述了唐代唐昌镇的"草市"，可知在唐朝咸通年间（860—873），唐昌县城非但有了集镇的雏形，街巷规整、商贸活跃，手工业发达，文人墨客也常在此驻足，称得上是川西重镇。近年有日本学者还把唐昌与西安一并作为唐朝文化现象的遗存来研究，并非没有道理。

元时，赤鲁不花任崇宁县知县，唐昌正式修筑城墙。到了明初，明太祖朱元璋的孙子朱悦燇被封在崇宁县，成了崇宁王，可见崇宁之重要。因是皇帝嫡孙在此任职，唐昌的城墙均加冠戴帽，街道对正不偏斜，以体现王者大气。

清康熙七年(1668年)，崇宁县被并入郫县，雍正七年(1729年)复置崇宁县。1949年12月，崇宁县、郫县相继解放。1958年9月，拥有1280多年的历史的崇宁县被撤销，大部分并入郫县，从此，郫县（后为郫都区）的境界基本未变。唐昌镇从县治调整为建制镇。今唐昌镇地处郫都、彭州、都江堰三区县接壤中心，扼绵阳彭州至都江堰的交通要冲，素以历史文化悠久、生态环境优美誉称。它不仅属成都市第二经济圈区域，为成都市城镇建设重点镇和成都西部商贸重镇，在生态方面，因位于成都市府南河上游生态保护区，实为成都市府南河上游生态绿色屏障。无论从哪个方面来看，均有着不可忽视的重要地位。

原崇宁县于1949年12月24日和平解放，次年春天，全县设三个区协助县人民政府管理各乡，一区辖君平、灵圣、圆觉三乡，其中灵圣乡公所设于梓潼村（今属战旗村）梓潼宫。今战旗村一带其时属灵圣乡三保。1958年11月，崇宁县撤销，大部分划归郫县，灵圣乡隶属新成立的先锋人民公社管辖，今战旗村一带属金星三社。这当然是后话了。

在叙述今战旗村及周边，近现代发生的诸多波澜壮阔事件，展示其人文底蕴之前，必须先细述一下今战旗村的历史沿革。

前文已对今战旗村的由来略有所述。清光绪十年（1884年），今战旗村一带属崇宁县后一甲（当时崇宁县分为五城九甲。五城即东、南、西、北和小南门；九甲为前一至四甲，后一至五甲），其区域在崇宁县城西地区。民国二年（1912年），崇宁县划分为十区。区（相当于现今的乡）以下设甲（相当于现今的行政村），甲以下设排（相当于现今的村民小组），其时，今战旗村一带属西二区之上梓潼甲、下梓潼甲之一部分。

民国二十二年（1933年），西二区下设乡、闾、邻制。当时的建制125户为乡，25户为闾，5户为邻。其时，今战旗村一带主要属灵圣乡。民国二十四年（1935年），民国四川省政府推行联保甲制。崇宁县被划分为二区十联保。一区先设在县治所在唐昌，后迁安德。战旗属一区灵圣联保灵圣乡。民国二十九年（1940年），改联保为乡保制，恢复乡镇，实行区、乡（镇）、保、甲四级新县制，今战旗村一带属灵圣乡三保。这一建制一直保留到新中国成立初期。

1950年春，全县设三个区协助县人民政府管理各乡。一区辖君平、灵圣、圆觉三乡，区署设君平乡元石村梁家大院，灵圣乡公所设梓潼村梓潼宫。今战旗村一带属灵圣乡三保。同年秋，原来的乡、保、甲编制改编为乡、村、组，乡村一切行政事务，全由农会办理。其时，这一带为灵圣乡集凤村，由农民协会负责协调日常管理。1952年4月，土地改革后，建立新政权，取消保甲制，分区设署。全县分为3区10乡1镇，建立乡人民政府，村建立村政府。此时战旗所在区域为灵圣乡金星村（即原集凤村）二分会。

1952年4月，崇宁县在万寿乡、灵圣乡等乡成立了多个农业互助组，不足两年后，崇宁县第一个初级农业社万寿乡先锋初级农业生产合作社成立，又过了两年，在此基础上成立了崇宁县第一个高级农业社。1958年8月，万寿和灵圣两乡合并为先锋人民公社。

1958年9月5日，国务院下发"议字第61号"文件，批准撤销崇宁县，将原崇宁行政大部分区域划归郫县，11月11日，崇宁县正式并入，今战旗所属区域改称为郫县先锋人民公社金星村第三社。1965年3月，由县"四清工作队"与先锋人民公社党委共同研究，根据相关意见，把先锋人民公社金星生产大队析分为集凤生产大队和向阳生产大队。不久，集凤生产大队改名为战旗生产大队。1966年"文化大革命"开始至1979年，战旗生产大队属先锋人民公社革命委员会，1979年之后属先锋人民公社管理委员会，改称为战旗村后属先锋乡人民政府。1992年10月先锋乡撤销，并入唐昌镇，战旗村也随着先锋乡的撤销并入唐昌镇。

无论是郫县、崇宁，还是唐昌、战旗，在川西这片异常肥沃、充满神异的土地上，怎么可能不发生瑰丽壮美、如歌如泣的故事，怎么可能不涌现彪炳千古、撼动人心的人物？！

难忘的故事与卓越的人物总是纠缠在一起，曾在这里建立功勋和业绩的重要历史人物数不胜数，仅成长于此的历史人物，即有汉代著名的哲学家、文学家、语言学家扬雄，曾主张限田、限奴婢后遭诬陷而自杀的大司空何武；宋代著名诗人张俞，他所作政治讽喻诗《蚕妇》等至今广为传诵；曾在甲午战争中率兵两次大败日本侵略军的清代知名将领罗应旒，累计毙日军千人以上；辛亥革命后，有组织同志军武装举义的杨靖中、张达三，有1927年领导农民开展抗捐斗争的张云卿，有全国著名铁道工程师蓝田，著名化学家、中国科学院学部委员萧伦，著名文学教授殷孟伦，著名书法家、曾任四川省书法家协会副主席的余中英……

膏腴之地，孕育出诸多优秀人物，似乎是顺理成章的事，然地域不大的地区，竟能一茬茬地站起来旷世英才、杰出人士，改变着这片天地，影响着这个世界，那就必定是一份奇迹了。

值得一提的是，这一带的人民凭着不屈的个性、不竭的勇气，在波澜壮阔的历史大潮中，始终高擎战旗，成为先锋。清军将领、民族英雄罗应旒即出生于今战旗村一带。历史上，川西地区发生的多次规模较大的农民起义，如宋代淳化年间的王小波、李顺起义，清代咸丰年间的李永和、蓝朝鼎起义，凡当起义队伍途经这里，总有不少贫苦百姓积极响应，投身义军；辛亥保路运动中，郫、崇二县人民在杨靖中、张达三等同盟会会员的领导下，相继建立保路同志军，拥众数千，历时两个多月，反清的武装斗争开展得轰轰烈烈，他们数度攻占县城，并在土桥、犀浦、太平寺、全家河坝、花石桥等地多次与清军展开激战，牺牲多人，这其中，川西同盟会领导人、革命家杨靖中为今战旗村人氏；军阀割据时期，农民不堪驻军横征暴敛之苦，在袍哥大爷张云卿等率领下，于1927年2月组成农民自卫军，开展了声势浩大的抗粮抗捐斗争。农民军与军阀部队展开激烈战斗，并在毗邻各县民团的支援下包围县城达40余日，迫使驻军接受农民自卫军部分条件。

1926年10月，由广州农民运动讲习所四川的中共党员何运龙（何敢、何长军）经上级委派到崇宁做农运工作。1927年4月，中共成都特别支部委派党员黎静中、石兆祥、王释澄等人来到郫、崇一带发展党员，建立崇宁支部，领导群众开展革命斗争，反抗黑暗势力的群众斗争风起云涌，这一年，中共崇宁县特别支部成立，今属战旗村一带的灵圣庵、梓潼宫成为党组织地下活动重要场所。

灵圣庵始建于明代，寺内曾有柏树一两百株，清时，当地民众曾为保住这批柏树，与法国传教士发生冲突，是为"爱国护树斗争"，最终保住了柏树，民国年间该庵一度被辟为军营。梓潼宫的前身是弥陀庵，曾作过道观，内曾有明代铸造大钟。灵圣庵、梓潼宫两处寺观都是当年战旗村一带的民众聚集地，选择这些地方开展地下活动，能取得大隐于市、出奇制胜的效果。崇宁县第一个农会就在灵圣庵成立，有数百人参加农会。

抗日战争时期，郫、崇二县民工4万多人，在极端艰苦的条件下先后参加了新津、凤凰山、黄田坝、彭山等5个机场的修筑工程，以反击日本帝国主义侵略出力，有近百名民工就来自今战旗村；二县还出征抗日将士数以万计，很多人战死沙场，不少为今战旗村之先辈；为迎接解放，郫、崇二县中共党组织积极开展工作，发动农民建立地下武装组织"岷江纵队"第七支队及四支队二区队，还建立了反政府的"中华三教同盟军"，发动武装起义。

新中国成立后，人民解放军加快进军大西南的步伐，国民政府驻川部队节节败退。12月9日，川军三巨头刘文辉、邓锡侯、潘文华在彭县通电起义。十天之内，人民解放军从东南北三面迅速向成都逼近，迫使驻扎在郫县一带的国民党十五兵团和二十兵团于12月24日同时宣布起义，郫县政府和民众自卫总队随即起义。12月28日，在郫县城外北较场举行了庆祝郫县解放大会。与此同时，12月初，崇宁县中共地下党组织加紧行动，由共产党员李树朴、封玉祥、张存礼等领导的、以当地小学进步教师为主要成员的"崇宁县人民解放工作服务团"在当月23日正式成立，迅速担负起了发动群众、稳定人心、编印崇宁《人民日报》，开展形式多样的宣传活动、阻止反动武装逃进山区、迎接解放等任务。这个组织还在正式成立的前一天，在唐昌西街县衙门口，升起了崇宁县第一面红旗。

1950年2月11日（腊月二十五），各种反动势力发动妄图推翻共产党和人民政府的大暴乱，在崇宁，不少当地党政干部、征粮工作人员、人民解放军官兵献出了生命，为川西地区牺牲人数之首。然而，在党和军队的领导和指挥下，暴乱在人民强大的反击中平息。4月23日，崇宁县各界举行"2.11殉难烈士追悼大会"并镇压了匪特分子，人们迎来了和平和安定。在新中国成立之初那激情燃烧、热血澎湃的岁月，翻身得解放的人们投入了新中国的建设事业之中。20世纪50年代，集凤村一带积极开展征粮剿匪、减租退押、土地改革等运动，巩固了新生政权。

在鲜艳的红旗下，这样的激情依然在燃烧，经久不灭，绵亘永久。

第二节　筚路蓝缕，不会停歇的寻梦之路

　　让贫瘠的土地变得肥沃，让田畴生长出赖以生存的粮食。每一次灾害的来临，几乎都能把脆弱的农业经济摧毁，但勤劳而勇敢的人们从无退却，可歌可泣的故事至今流传。面对大自然的挑战，面对接踵而至的挫折，战旗人明白，唯有合作、唯有互助、唯有集体，才能让土地创造奇迹，才能让自己也变成奇迹的一部分。

如何让自己生存繁衍下去，如何过上富裕的生活，如何让自己久远的梦想化为现实，几千年来，人们一直在执着地探索、跋涉、寻找，当然，其间充满了难以言尽的苦痛。

今战旗村一带，尽管地处自然环境相对优越的川西平原，可大自然也好，风起云涌的时代也罢，总是让希冀在土地上获得生命能量的人们遭受一次又一次、一种又一种的考验。

仅从近几十年来今战旗村一带所经受的自然灾害来看，即可知一次次掠过大地的灾难曾经多么深重。

1923年7月7日，连续三日滂沱大雨，灵圣乡境内的柏条河、柏木河水位大涨，洪水涌上两岸，泛滥成灾。沿岸房屋倒塌，天枢桥也被水冲

毁，旧坟的朽棺残骨散乱一地，被水冲搁的慈竹笼随处可见，深槽、深函触目皆是，财产物资人畜死亡无法统计，而集凤、桂花等村不少农田被冲毁，颗粒无收。

1947年7月，今战旗村及周边连日大雨，河水猛涨，淹没禽畜甚多，损失农作物3200亩，房屋倒塌100余栋，死亡15人，其中战旗村房间倒塌20余间，淹死4人；1948年7月，大雨连续数日不歇，蒲、柏两河沿岸即将成熟的稻谷生生遭损，受灾面积达16601亩，完全不能复耕达372亩，受灾2098户，淹死7人，其中今战旗村区域内仍有35亩土地被泥石淤积，完全不能复耕。

1964年7月21日、22日因连遭暴雨，岷江大涨，今战旗村稻谷悉数被淹；1966年7月，原先锋人民公社水稻遭受黏虫灾害，尤以金星、战旗一带为甚，公社党委不得不动员组织学生和干部，采取人工捕捉和药物等防制措施，尽可能控制虫害；1972年4月19日凌晨，原先锋人民公社突遭大风大雨冰雹袭击，战旗大队的猪场被大风掀开屋顶，连碗口大的树也被连根拔起，田间的小麦、油菜等均被大风吹倒；1972年7月9日，郫县暴雨，因排洪不畅，先锋支渠有数处溃决，战旗村300多亩稻田被淹，造成严重减产；1975年8月22日，先锋人民公社金星、战旗、联合等大队普遍遭受风灾，冰雹灾害；1981年7月12日14时20分至13日20时，战旗村一带降雨达289.3毫米，全村斗渠、支渠全部漫水，1400多亩稻田遭受水淹；1990年8月28日凌晨，战旗及邻近村遭受特大暴雨袭击，稻田被淹，房屋进水，斗渠、支渠有多处决堤；1998年7月5日郫县地区遭受强降雨袭击，雨量达230毫米，战旗村大量农田被淹；2001年9月20日，郫县又遭大暴雨，战旗村农作物受损，凤冠酒厂窖池也是一片汪洋……

1964年4月17日午后5时，今战旗村遭受特大冰雹袭击，伴有狂风，冰雹如鸡蛋大，大小苕种花角纷纷打落，小麦的花粉洒在田里，白白地一大片，有树被打断，房屋屋顶上的房草被吹揭得不知去向；1990年5月9日和1992年5月1日，战旗村相继遭受冰雹之灾，冰雹的最大直径达10厘米，被砸得身上疼、心头痛的农民们无语咽噎；1992年5月中旬，暴雨夹着狂风掠过大地，战旗村保管室的屋面都被掀上半空；2003年4至6月，战旗村一带出现春旱伏旱，连续两个多月未下一滴雨，田地龟裂，正常农业生产无法进行；当然，还有2008年的"5·12"大地震，强烈的地动山摇之后，村庄变了模样，战旗全村房屋不同程度受损，其中倒塌至不能居住的有27户，文化大院活动楼完全倾倒⋯⋯

每一次灾害的来临，几乎都能把脆弱的农业经济摧毁，都能让依凭土地出产赖以生存的农民濒临绝境。"靠天吃饭"的日子尽管已在中国延续了几千年，但人们始终在求温饱的路上蹒跚行进，"能吃饱饭"甚至成了奢望，倘若遭遇莫名人祸，受冻挨饿乃至活活饿死并非罕事。事实上，一部中国农业农村发展史，就是人们向大自然求生存，与大自然抗争，试图改变大自然而未得的奋斗史。

在以往那些连糊口都勉为其难的年代，一代代农民面朝黄土背朝天，只能以原始的工具、落后的手段土里刨食，与土地之间的关系，始终无法取得起码的主动权。中国人有一句很著名的谚语："土吃人叫苦连天，人吃土欢天喜地。"之所以在土地上获得些许粮食就已欢天喜地，是因为土地总是以恩赐的方式给予人们，一旦莫名发怒，甚至小小的为难，都能让人们濒临绝境。

在近半个多世纪中，战旗人不愿囿于土地的桎梏，不愿让自己脆弱地维系在土地吝啬的施舍中，不愿让自己的汗血只换来可怜的收成。他们要与土地平等和谐相处，他们想做土地的主人，他们把根扎在土地里却又不愿为之牵绊。战旗人执着的奋斗可谓可歌可泣，而这样的故事一直延续到现在。

要让土地提供更多的出产，要让农民走上共同富裕的道路，就必须发挥集体的力量，把农民组织起来，对农业实行社会主义改造。针对小农经济存在的诸种弊端和广大农民希望走互助合作之路的要求，1951年9月，党中央制定了《中共中央关于农业生产互助合作社》草案，为农业互助合作指明了方向，土地上的奋争进入了一个新的阶段。

此前，按照人民政府土改法，今战旗村一带已完成了土地革命。土地收归国有，分给农民耕种。然而，农民虽然从地主那儿分得了土地等生产资料，但因由原先的集中变成了眼下的分散，大部分农民缺乏耕牛、农具、资金，若实施"单干"，无法从事正常的生产。比如在灵圣乡二分会（即后来的金星村），其中有共7户人家（中农2户、贫农5户），土改后共分得了山边水田42.5亩，但农具等分散在各户农户手中，每户农户的农具显得很少，其中7户人家仅共有农具28件，耕牛一头、猪4只。

在1952年春耕生产"爱国增产"的号召下，4月，灵圣乡二分会的部分农民根据"自愿互利、等价交换、民主管理"三大原则，自愿组织起来，组成了崇宁县最早的农业互助组之一，这便是灵圣乡的刘本宗农业互助组。随之，在崇宁又相继成立了万寿乡唐思学互助组、灵圣乡童尚元互助组等，灵圣乡集凤村也成了由杨洪发发起成立的星星互助组。

星星互助组成立于1952年7月，是灵圣乡最早的互助组之一。该互助组由周继尧任组长、杨定禄任副组长、杨洪发任指导员、易乃金任记工员。全组计10户人，人口46人，其中劳动力26人，拥有土地98.112亩，另有猪、牛等牲畜，农具主要有拌桶、晒席、犁耙、箩篼等，原先分别有不同农户各自使用，使得原本突出的生产工具不足等问题更为突出，劳动力也显得分散，如10户农户中，周国良、周炳成、江志卿3户明显缺乏劳动力。

互助组成立后，劳动力分散、生产工具不足、生产效率低下等问题逐渐得以解决，县区乡的领导又在资金等方面给予大力扶持，农业生产增收有了可能性。在灵圣乡，如刘本宗农业互助组成立后，春季收菜籽过程中充分使用劳动力，大大节省了人工；秋收时人多手快，及时抢收，谷子也没受到损失，每亩土地的出产明显增加。以往，个别组员靠推车子或做竹椅谋生，常常还糊不了口，但加入了农业互助组之后，依靠田间劳动，生活也得到了较大的改善。资料记载，在原灵圣乡，以往不少农民家中没有余粮，春荒现象普遍，而通过互助形式使农业增产后，在节约的情况下，粮食可吃到大春。到了1953年，不少互助组甚至有了余粮，可以卖给国家。缘此，农民们纷纷要求加入互助组。

在农业增产方面，星星互助组的秘诀是"良种壮秧、少秧密植、合理施肥、及早除虫、合理用水"这二十个字。主要方法包括大片子秧，泥水选种，集体做秧脚田；密植少秧，恰尺行子；秋收后锄完稻田的秧疙瘩，春季时就开始除虫等，施肥、用水等也有一套科学合理的方法。与此同时，积极响应政府多种菜籽少种麦子的号召，以增加收入。

星星农业互助组粮食多了，组员收入增加了，就有余力投入再生产。因为猪饲料不成问题了，组里的绝大部分组员家里都养了猪。添置了晒簟、箩筐、拌桶和犁耙等农具，使得劳动效率进一步提高。生活水平提高了，甚至连文化学习也抓了上去。星星互助组利用冬季农闲时办识字班学文化，为农民订阅报纸，农闲时隔天晚上组织组员听读，农忙时逢十听读，各类文娱活动也开展得很热火。可以说，星星互助组这一常年性的互助组，成为当时集凤村的模范互助组。一年多来，经过不断的改进，互助组贯彻互助合作三大原则，逐步巩固提高，发挥生产积极性，农业生产效益向好，显示了集体组织的优越性。

相信集体的力量，倡导合作精神，在今战旗村，始终是一种坚守不渝的传统，也是嗣后形成的"战旗精神"中"汇聚合力""共治共享"的一部分。

农业互助组经过一年多的生产实践，效益明显体现。然而，由于互助组内还存在着集体劳动与分散经营之间的矛盾，互助协作还不够彻底，尤其是在生产的发展过程中，土地、劳动力的合理使用仍存在限制，因而，广大农民在客观上要求向高一级的互助合作形式——初级农业生产合作社过渡的愿望愈发强烈，这显然是全国性的现象，作为当时的纯农业县，崇宁、郫县一带更为突出。

1954年1月8日，崇宁县第一个初级农业社万寿乡先锋初级农业生产合作社成立。接着，灵圣乡金星初级农业生产合作社和火花初级农业生产合作社相继成立。后两个初级农业生产合作社最初的入社户为73户，入社耕地664亩。其中金星初级农业社是由集凤村肖佑年、杨天模互助组基础上成立的，计有土地400.92亩，计53户。初级农业社一般由社务委员会实行管理。社务委员会是由7人至11人组成。内分正、副主任各1人，会计、保管、妇女、青年、政治教育（一般是社主任兼任）各1人。初级社纷纷成立后，接着便进行土地划区、劳力分队。如灵圣乡8个初级社共划41队，一般以5至8户为原则，如金星初级社则被划分为6个队。

初级农业社的性质是：耕牛，大型农具折价入社；土地按股分红，按劳计酬的分配方法，从而使农民的个体经济转变为半社会主义性质的集体经济，这无疑从体制上有了较大的突破。可想而知，初级农业合作社建立以后，社员生产积极性高涨，大搞农田基本建设，采用先进农业技术，按时栽种，精管细收，当年即1954年就获得了好收成，其中金星初级农业合作社水稻亩产就增收100多斤。

水稻一向为今战旗村一带的重要粮食作物，栽插面积常常占大春粮

食作物的85%，产量约占70%。水稻的丰歉对粮食生产起着举足轻重的作用。1950年前，水稻单产每亩仅在400斤左右。新中国成立后，互助组、初级社等适应当时生产力发展所需的生产组织形式，发挥了不可替代的作用，在水稻栽培技术、品种选择等方面不断改进，体现集体的力量，水稻生产得以迅速发展。

1953年1月25日，经过灵圣乡境内的人工渠道"官渠堰"开始动工兴建，这是新中国成立之后，崇宁县第一个动工兴建的大型水利项目，这是一项大型的农田灌溉工程。其时，通过集体合作劳动，更加深悟"水利乃农业之命脉"意义的农民们纷纷响应，出工出力，其中灵圣乡共出动80余名民工，投身于这场声势颇大的水利建设活动。当然，这项水利工程的效益也是明显的，第一期工程完工后，即能灌溉农田共达23万5千亩。

1953年起，星星互助组等各个互助组还陆续推行好种壮秧，增施肥料，推广云南白香谷、金线糯等米质较好的良种，同时合理密植，如星星互助组的52亩水田全部栽成了9寸至1尺的行距、每窠6—7片，还使2.5亩水田栽成7寸至8寸的行距。为了推广这一栽种技术，灵圣乡还召开了栽秧能手会议，介绍了星星互助组的做法，推荐这一"少秧密植"之法。

而到了初级社乃至以后的几个时期，水稻生产的效益进一步提高。1957年，今战旗村一带的水稻单产，每亩达到了505斤，对于仍基本采用原始耕作方式的农户们来说，这是一个了不起的数字。而到了1972年，通过农田基本建设、改良土质、推广双季稻、进一步改良品种等方法，水稻每亩达到了813斤（其中中稻710斤、晚稻103斤）。1973年达到983斤（其中中稻683斤、晚稻300斤）。到80年代由于生产力的提高，亩产即达到1100斤左右。当然，这都是后话了。

1956年6月30日,第一届全国人民代表大会第三次会议通过了《高级农业生产合作社示范章程》,开始在全国范围内推广高级农业社。推广高级社的原因,主要是由于初级社还保留着土地和其他生产资料的所有权,阻碍了土地和其他生产资料的合理利用和较大规模的农田基本建设;由于存在着土地分红,一定程度影响了社员的劳动积极性。

事实上,在上述这个文件还没有出台,全国性的推行高级社活动尚未开始,1956年2月3日,崇宁县第一个高级农业社万寿乡先锋高级农业生产合作社即已成立,接着,灵圣乡金星高级农业生产合作社、火花高级农业生产合作社也在这一年的年中相继成立。可以说,在农业合作化的道路上,包括今战旗村及周边各村的农户,是走在前面的。

"团结一条心,黄土变成金。"(中国民谚)是不是,他们早已领悟了"合作"两字的深刻含义,意识到了唯有合作、唯有互助、唯有集体,才能让土地创造奇迹,才能让自己也变成奇迹的一部分。

资料表明,在今战旗村一带,成立金星高级合作社之后,扩大了公有制成分,取消了土地分红,按人口和劳力分配粮食,按工分计算报酬,农业生产继续向好,1957年后,粮食总产量比上年增长18.9%,人口平均口粮达到了420斤,温饱问题已基本得以解决。

解决的不仅是温饱,还壮大了集体经济。从星星互助组的8户农户,发展壮大到拥有500多户农户的金星高级社,至1958年人民公社成立之前,集体经济已拥有4万多元的公共积累。互助组成立之初,大部分农户要缺半年口粮,还有不少农户受到高利贷剥削、卖青苗度日,但到了初级社阶段,粮食自给已不成问题。农具的大量增加,使得劳动效率愈见提高,余粮已越来越多。因为连年增产,初级社时,已有不少社外农户要求入社,升转高级社的工作较为顺利,农业生产状态稳定。

1953年10月16日,中共中央政治局讨论通过了《关于实行粮食的计划收购与计划供应的决议》，随即在全国开始实行粮食"统购统销"。统购统销政策包括计划收购、计划供应、市场管理和中央统一管理4部分，其中计划收购指的是在农村向余粮户实行粮食计划收购（简称统购）的政策，并由国家严格控制粮食市场。在广大农村，这项政策连续数年的实行，大大提高了粮食征购任务。1957年灵圣乡征购任务为2749963斤黄谷，1959年征购为4180000斤，折合黄谷5805000斤，统购中必须完成的品种，酒米62700斤、黄豆57500斤。由此可知，仅在灵圣乡，粮食征购任务就比1957年原先的征购上增加了52%！沉重的粮食征购对农民无疑是一个巨大的压力。面对粮食统购统销和自然灾害带来的普遍饥饿，众人齐心协力，努力渡过难关。

1958年3月，毛泽东主席来到四川出席成都会议（注：成都会议是发动"大跃进"过程中的一次重要会议），会议期间，毛泽东主席先后视察了郫县合兴乡红光农业生产合作社、都江堰水利工程、隆昌气矿、重庆钢铁公司等地。16日，在郫县合兴乡红光农业生产合作社视察时，毛泽东主席察看田间生产，了解社员生活，询问农业社的生产以及除"四害"等情况，为在全国范围内建成农村基层政权组织——人民公社做进一步的考察调研。显然，毛泽东主席视察郫县红光农业生产合作社，极大地鼓起了广大农民群众从事社会主义农业生产的热情。

毛泽东主席视察后不久，合兴乡红光高级农业合作社遂更名为红光人民公社。此时，人民公社已在全国各地相继成立，形成热潮。1958年8月29日《中共中央关于在农村建立人民公社的决议》公布后，加之毛泽东主席亲自题写了"人民公社好"之后，人民公社在各地成立的速度更为迅捷。按照《决议》，农村人民公社的性质是政社合一的组织，是我国社会主义社会在农村中的基层单位，又是我国社会主义政权在农村中的基层单位。在实际运作中，人民公社要求每个社员的自留地、家庭副业一律收归公社经营。从1959年1月开始，还在管理上要求"行动军事化、生产战斗化、生活集体化"，实行班、排、连、营的管理制度。

1958年8月，万寿乡和灵圣乡高级社合并为先锋人民公社。实行政社合一和工农商学兵"五位一体"。由社行使乡政府职权，社统一核算。土地无偿平调，收归公社所有，实行供给半工资制。同年11月11日，按照国务院下发"议字第61号"文件，原崇宁县大部分区域划归郫县，今战旗所属区域改称为郫县先锋人民公社金星村第三社（后为先锋人民公社金星生产大队第三生产队）。此时，始于1958年，结束于1961年的"大跃进"已进入如火如荼状态。

然而，从理论上说，农村人民公社是适应生产发展的需要，在高级农业生产合作社的基础上联合组成的。在一个很长的历史时期内，它是社会主义的互助、互利的集体经济组织，所实行各尽所能、按劳分配、多劳多得、不劳动者不得食的原则，也符合经济和社会发展规律。但在实际运作中，由于在政策理解和贯彻、与实际相结合、处理形式与内容，以及急功近利等因素的影响，成立人民公社的原本设想并没有得以实现。相反，由于改变了原来高级社的责任制度，出现的种种弊端破坏了农业高级社时期的发展格局，在农业生产和社会发展方面甚至出现了倒退。

在郫县，在先锋人民公社，与全国各地一样，从1958年底起，全面实行了政社合一，以政治代替经济管理，由公社统一核算；以公社建立民兵、师、团，实行管区制；农业生产上更是一塌糊涂，成立"火箭队"、搞"挂牌""搭棚"生产、开展"大炼钢铁"，都是大搞形式主义的表现，如所谓"搞深耕"，组织农民在土地挖一米深，将生土翻在面上、薰土等，由此一来，不但破坏了土壤结构，还使生产力发展受到极大阻碍。

生产上的瞎指挥，明显地违背了农业生产规律和自然规律。在郫县，不顾本地具体情况，搞脱稻栽种，就是生产上瞎指挥的具体表现之一。按当时的《都江报》对此所作的专门报道："保证晚稻在9月26日前正常扬花的抽穗。金星社抓了以下几项措施：一、田中喷暖气法，在田埂田坎上烧八堆火，每堆火封闭后安一竹管，管子放在田里的架子上使暖气通过竹管送入田中（管子每隔五六尺打洞一个好送出暖气，管子搭在秧苗一半高的地方）；二、用土盆烧农家夫炭，搭架放在坎上，抵抗外来低温；三、收购牛骨头熬油喷射，以促使杆重壮颗粒；四、继续使用牛马粪等热性肥料下田，增加地温，促进晚稻提早抽穗扬花。"仅从文字上就可以看出，如此的"别出心裁""想当然"，或许出于急于求成之心，但罔顾现实、拔苗助长、大搞形式主义的做法，其结果反而造成了粮食的大量减产。

从1958年夏季以来，尤其是人民公社化以后，公共食堂得到了普遍推广，并成为农村生活集体化中的一种重要形式。"吃饭不要钱，努力搞生产"，成为当时各地农村的一句响亮口号。1958年《人民日报》社论《办好公共食堂》发表后，全国农村各地兴办了319.9万个公共食堂，有4.2亿人口在食堂吃饭，占农村总人口的78.8%。同样，在这一时期，仅先锋人民公社金星村就办起了14个公共食堂，金星村第三社（即今战旗村一带）办起了5个公共食堂。在一年多时间里，集体资金被耗尽，经济基础遭受严重破坏。

中央及时发现这一问题，并加以调整。1959年5月，中央提出"积极办好，自愿参加"的方针和"口粮应该分配到户"等原则，并在这些原则的指导下对公共食堂进行了初步的整顿，要求"一般以生产队为单位建立食堂"。1961年3月至6月间，各地开始陆续解散公共食堂。1962年5、6月间，中共中央讨论和修改了《农业六十条（草案）》，规定：

生产队办不办公共食堂，完全由社员决定；口粮应该分配到户，由社员自己支配。1962年9月27日中共中央八届十中全会上正式通过《农村人民公社工作条例（修正草案）》中，将关于"农村公共食堂"的条文删去。公共食堂正式退出历史舞台。

1961年，郫县召开县、公社、大队三级干部会议，贯彻《农村人民公社工作条例（修正草案）》，非但宣布解散所有公共食堂，还按中央精神，确定三级所有（即公社、大队、生产队）、队为基础的生产经营体制，重新给社员划拨了自留地，对生产队实行"三包一奖"（包产、包工、包成本和超产奖励）的生产责任制，同时开放集市贸易，对平调集体和私有财物进行退赔。包括今战旗村在内，先锋人民公社各村均恢复了劳动评工计分制度，恢复了劳动管理、财务管理和物资管理制度，农业生产和农民生活又恢复了应有秩序。

第三节　不惮于跋涉，一张白纸从头画

"战旗"，这一令人热血沸腾的名词，这一铿锵有力的地名，在这个时期正式亮出。从此，战旗从别的生产大队中析分出来，成为一个单独的行政区域。"兴业犹如针挑土，败家犹如水推沙。"面对真正"一穷二白、白手起家"的现状，拥有不竭热情的战旗人投入到艰苦的生产劳动之中，从无懈怠。

时光回溯至1965年前后，"三年困难时期"结束并不多久的年代。蜷缩在川西平原边缘的郫县先锋人民公社金星大队第三生产队，又名集凤生产队，从人口众多的金星大队析分出来，单独组建成一个生产大队。

当时的金星大队，拥有集凤、金星、向阳和祁村共4个生产队，地域广阔，管理起来相对较难；"大跃进"年代"大公社""大生产队"体制经历了"三年自然灾害"的深刻教训，被证明是不适当的，几年前曾经合在一起的"大公社""大生产队"逐步重新析分、缩小；集凤生产队由于在地理位置上相对独立，自成系统，单独建立生产大队有其益处，集凤生产队的社员们也有单设的愿望。这一切，都是这一年集凤得

以独立建队的主要原因。

单设的决定,是由当时的县"四清工作队"(当时"四清"运动尚在进行中)和先锋人民公社党委研究后做出的。划给新组建的集凤大队的,是原金星大队的第11至第17生产小队,这几个小队当时均归第三生产队。在研究决定新组建的生产大队的名称时,有人认为可沿用原先的"集凤",毕竟具有历史感,但刚成立的大队党支部认为,必须新取一个更响亮、更有时代感,且与本队社员的劳动热情、工作作风相契合的名称,来鼓励大家齐心协力,艰苦奋斗,摘掉贫弱落后的帽子,高扬起战斗的旗帜,始终保持农业学大寨期间奋进战斗的姿态,继续成为一个学大寨的先进集体。由此看来,寓"有一面党的战斗旗帜作指引,带领全村群众不断前进"之意的"战旗"这个词语,作为生产大队新名称,是十分合适的。

这一新名称很快得到了大队党员和社员们的一致赞同,也得到了上级的赞许,1966年正式定名为战旗大队。无论是1983年底先锋人民公社又恢复为唐昌镇,生产大队也重新恢复了行政村建制,2017年郫县又撤县设为郫都区,"战旗"这一地名始终未变,且越来越闻名遐迩。

"战旗",这一令人热血沸腾的名词,这一铿锵有力的地名,由此亮出。

刚组建的战旗大队,是个经济上极显贫弱的生产大队,堪称一穷二白。除了土地、人员和赖以栖身的破败屋舍,战旗大队从金星大队分家时所得的集体财产,只有3间猪棚、1个木制文件柜、3把圈椅,同时却分得700元外债。更糟糕的是,分家的第二天,猪棚上的房檩就被外村人偷走了,猪棚只剩下一堆杂草。村委也没有合适的办公场所,时任党支部书记蒋大兴带领大家造起了6间极其简陋的泥巴房,3间作养猪场,3间作为战旗大队党支部和大队部的办公处。

"真正的'一穷二白、白手起家'！不仅办公场所是泥巴房，连屋子里的凳子都是泥巴砌成的，或是土砖弄的。没有钱，没有粮，只有干工作的想法和劲头。"罗会金是战旗大队首任大队长，蒋大兴担任党支部书记至1969年，退下来后由罗会金继任书记一职，"战旗大队单设之后，我们继续发扬以往的'民兵起家'的战斗精神，组织全大队社员进行生产劳动，努力改变贫困落后的面貌。"

当年战旗大队的贫困落后真可谓触目惊心。由于生产力水平低、经济基础薄弱，加之"三年困难时期"刚刚退去，人们的生活仍陷于极贫状态。据当年的过来人回忆，农民风里来雨里去，整天在土里刨食，仍然吃不饱饭，更不要说吃肉了；很多人连一双草鞋都买不起，过新年都买不上新衣服；住的都是茅草房，家徒四壁，茅坑在露天坝坝里，臭气熏天，每临雨天还会污水四溢。整座村庄没有一条像样的路，泥土路一旦下过雨，路面更是稀巴烂，根本没法走……这一切，如今的年轻人绝对无法想象。

但战旗大队敢打敢拼的工作作风越来越强烈地体现出来，成为改变村庄面貌不可忽视的巨大力量。"当时全大队社员的劳动积极性很高，人心特别齐，互相之间很团结。在有准备的情况下，全大队正劳力能在五到八分钟完成集结；没有准备的情况下，半个小时之内就能做到全体集中，别的生产大队在这方面肯定比不过我们。"罗会金感叹，有了这样的团结协作精神，还用得着担心生产效益上不去么？

的确，据村里的老年人回忆，战旗大队单设一两年后，通过全大队社员的艰苦奋斗，至少粮食问题基本上得以解决。在当年，这可是一件了不起的事情。

没过多久，1966年5月起，"文化大革命"开始了，成都是十年浩劫的重灾区之一,与之相距不远的郫县自然也难免殃及。

担心正常的生产劳动受到干扰的大队党支部,首先觉得在这样的形势下,稳定是最最重要的。"文化大革命"初期,先锋人民公社乃至战旗大队有人已经闹起来了,有参加"红卫兵"的,也有参加各种各样的所谓"造反派"组织的,似已有舍弃劳动生产,投入到无谓的政治运动的倾向。

"面对这一局面,我直截了当地对社员们说,你们要知道,我们已经单设生产大队了,一切都要靠自己。不管运动怎么搞,人总是要吃饭穿衣的,首先必须搞生产,这才是真正的干革命。"老支书蒋大兴曾经回忆,在党支部的呼吁和引导下,战旗大队没有人再去主动搞串联、搞武斗,即便一度加入了"造反派"的,也悄悄地退出。尽管1966年12月先锋人民公社召开了"文化大革命"动员大会,战旗大队也成立了"文革"群众组织,即大队革命委员会,利用大字报、大鸣大放、大辩论搞了几场辩论和批斗活动,1969年5月还成立专案组"清理阶级队伍",但正常的劳动生产始终没有被影响,更没有发生"打砸抢"之类的恶性事件。1971年3月,战旗大队党支部恢复活动。

也就是在1966年,一场突如其来的大火,烧毁了战旗大队集体草房,不少社员居住的茅草房也被毁了。这种易燃的简陋草房很会连片燃烧,一旦燃烧就极难扑灭。面对一片焦黑废墟,战旗人没有沮丧,没有退缩。大队党支部提出了一句充满乐观主义和必胜信心的战斗口号:"烈火成灾何所惧,战旗地上绘新图。"组织全大队社员搬来一砖一瓦,重建住房。新的房屋,其坚固耐用超过了原先那些过于简陋的茅草房。

此后,大队党支部又带领干部群众,尽可能改善社员生活,增加集体收入。除了继续搞好农业生产之外,在公社和县有关部门的支持下,办起了商业代销点、屠宰场。

"兴业犹如针挑土,败家犹如水推沙。"这是一句流传于战旗的谚语。战旗人早就知道,有双手、有智慧,不怕肩挑背磨,不惧风霜雨雪,就能改变贫穷落后的现实;只要团结协作、勤俭节约,土地就能种出黄金。可以说,从战旗这一地名出现至今,这一奋斗精神始终未曾淡化,走在前列的劲头始终没有松懈。

1964年,党中央发出"农业学大寨"的号召。1969年,党支部书记罗会金向大队全体社员传达了大寨精神,号召大家开展学大寨活动。经党支部研究,决定实施"沟端路直树成行,条田机械新农庄"的农田基本建设,把高低不平的小丘小田改成标准的农田,使全大队的土地"条田化"。

烂漕田、下湿田,是指处于低洼漕地的低产农田。这些田地的地下水埋藏极浅,许多田面甚至浮有褐红色的锈水膜。由于地下水位高,排水不畅,许多渍水严重的田土被耕翻后不松散,须晾晒到十二月才能播种小麦和油菜,部分渍水严重的泥土往往成为颗粒无收的荒土,由于烂漕田的水、肥、气、热不协调,农作物长势普遍很差,产量很低,许多田地只能种一季大麦,亩产仅几百斤。每年水稻成熟后,因烂漕田的渍水无法排干,农民只能在泥水中劳作,连收获稻谷所使用的拌桶打谷机,下方都要垫上稻草才能移动,当地甚至有"种田不种蒋家湾,终年积水排不干"的民谣。劳动强度大,生产收益低,这是当地农民往往处于饥贫状态的主要原因之一。

至20世纪60年代末,战旗大队拥有的1600多亩农田中,土地品质稍好一点的农田仅有400多亩,近一半属于烂漕田、下湿田。另有旱地300多亩,且田面极不平整,高的地方甚至高于低洼处一两米。所有土地呈不规则形状,有的像月牙形,有的是条形,大的有一亩多,小的只有两三分，大小面积不等，计有三四千块之多，给耕作带来很大困难，社员们要求加以改造的呼声高涨。

此时，战旗大队下设9个生产队，总户数为283户，总人口为1194人，除去半劳力和小孩外，能投入的正劳力仅有560多人。靠这有限的劳力，要完成这体量巨大的农田基本建设任务，需要凭借更坚韧的毅力，付出更艰辛的劳动。"当年，支部书记罗会金、大队长李世炳等大队领导，看问题很准确，分析很到位，因为对战旗的现状太了解了。他们一致认为，要彻底改变低产现状，就必须把烂漕田这个拦路虎搬掉，花多大力气也值得，否则，战旗人就会一直吃这个苦。"高德敏在回溯战旗的这段历史时，对老领导当年的正确决策、执着行动深为钦佩。

那段时间的战旗人，可以说真豁出命了。趁着每年冬春农闲季节，全大队无论男女老少，不管晴天雨天，都在田里出苦力。没有必备的劳动工具，只能靠人力刨挖、肩挑背驮，一点点地"啃"着那些旮旯不平的田地，开掘沟渠。"现在看来，无非是1600多亩田地嘛，动用机械化设备推平、挖沟，用不着花太多时日，但当时完全靠人力，那这个工程可太大了。"1959年入党的村民于昌富向笔者回忆道，"但战旗有战旗自己的做法，即以精壮劳力为主，组成战旗大队民兵连，作为改土改田、搞农田基本建设的主力和排头力，激发全大队社员的劳动热情，这个方法很有用。"

就这样，从1970年至1974年间，通过苦战，战旗大队终于把三四千多块形状不规则、高低不平的田地，改成了800多块方正平坦、每块二亩的标准化农田。与此同时，还修筑了1.5公里长，底子1米、高1.5米的明沟支渠和每条均为1.5公里的5条分斗渠，以提高明沟的排水和灌溉效果。为方便行走，排水沟上修建了人行桥座。显然，在烂漕田上修建人行桥、机耕桥并非易事。由于长年积水，地基已成"弹簧土"，人站在这样的软土上很容易陷落。怎么办？战旗人就用桤木钉成木排，一块块地搁在"弹簧土"上。因木排体积较大，桥体置于木排上，再也不会陷落了。采用此法修建的桥梁安然无恙，至今仍在发挥作用。

烂漕田、下湿田的成功改造，提高了明沟的排水效率。通畅的渠道不仅能排除汇入该渠的地下水和地表水，每年七、八月下大雨时，从四周地表的雨水还能汇入该渠，顺畅流下，确保排洪。由于地下水位明显降低，社员下田收割再也不受泥水困扰。以前不能用拖拉机和耕牛耕种的土地，现在也可以了。在当时全国大部分村庄都采用原始传统的农耕生产方式时，战旗大队又紧抓机遇，提出建立拖拉机站，大大提高了土地的产出效益，提高了粮食生产水平，以前只能种一季的农田能种小麦、大春两季了，麦子、水稻等亩产大大提升，到1975年，战旗大队的公积粮达到了40万斤，社员的经济收入也有了明显增加。"1974年以后，正劳力每人平均能分红21.8元，整个先锋人民公社，战旗大队毫无疑问地名列前茅。"于昌富的记忆十分清晰。

从1965年至1975年这十年间，"自力更生、艰苦奋斗"的精神在战旗大队得到了极大的发扬，组织劳动生产更有章法，农业生产的成果十分丰硕。战旗大队采用"三个一"（即一个时钟、一个口哨、一本劳动考勤簿）的劳动管理方法，提高了广大社员的劳动自觉性和积极性，提高了劳动生产效率，效果相当不错。

20世纪70年代中期，1975年起担任战旗大队党支部书记的李世炳，开始关注社员们的住房。李世炳从大寨大队得到启发，既然改土改田可以通过集体的力量完成，那么我们为什么不能继续努力，建造一处社会主义集体居住区？从大寨大队战旗的土地金贵，通过这一方法把宅基地腾出来，扩大种植面积，岂非美事一桩？回到战旗后，李世炳即召集支委们商量此事，统一认识，决定实施这项新的建设工程。

事实上，这一工程开创了战旗新农村建设之先河，为以后的战旗村连片居住区建设做了极其有益的尝试。

为了让新建的住房上个档次，让社员们不再住在茅草房，且做到形态美观、坚固耐用，李世炳和党支部组织了一群正劳力社员，自带干粮，来到郫县西山凤凰嘴开采了一批石料，作为建房的基石，砖木瓦片之类同时筹置，其中房砖由自己生产。

可想而知，战旗大队建造集体居住区的做法，在全县甚至更大范围内是绝无仅有的，因此"惊动"了县上，甚至省上。不久，省建委、县委、省五七干校等部门纷纷伸来援助之手，甚至送来了制砖机。战旗大队终于在自己的土地上，建起了郫县第一批农民集中居住区，有17户家庭87名社员入住。虽因财力有限，未能容纳全大队人员，此事亦因各种原因不得不中断，但已令四邻八乡的人们艳羡。

如果细究战旗发展史，就会发现民兵组织的作用十分巨大。

今战旗村民兵连的前身，是原灵圣乡武装队的一部分。1951年，当时的灵圣乡计有武装队12个，今战旗村民兵连即由其四分会武装队演变而来。1953年全国普遍实行民兵制，凡是男性青壮年16岁至45岁，均属普遍民兵，其中男性16至30岁，女性16至25岁属于基干民兵，原集凤生产队的男女青壮年也不例外。1959年末，已由灵圣乡改制的先锋人民公社成立了民兵团，集凤生产队的民兵组织归属其管理，至1965年战旗大队单设，战旗大队民兵连也得以设立。

1973年实行民兵整组。战旗大队民兵连原有9个排，37个班、民兵总数480人（占全大队总人口的37.7%）。整组后编为9个排、36个班，民兵总数为490人（占总人口38.4%），武器配备有全新五六式全自动步枪15支，半自动步枪15支，五六式冲锋枪3支，五六式吊盘机枪3挺。其实，无论是战旗大队还是以往归属各个乡、村和公社、大队之时，这群民兵早已褒有军队品质,"一切行动听指挥","从无畏惧、绝不屈服、英勇战斗"的作风始终保持和发扬。

村支部对当时劳动力现状作了细致估算,作为精壮劳力的民兵无疑是主力军。"按照部队的组织特点,一个队就是一个排,一个村就是一个连,所有劳力都投入到了农业生产劳动的第一线。"老支书罗会金回忆,当年,在温江军分区负责同志关心下,村党支部狠抓民兵组织建设工作,大力倡导发挥民兵作用,"还在战旗大队改土改田之前,邻近的黎明大队实施支渠、斗渠改造,先锋人民公社民兵团统一抽调力量,要求战旗大队派出人员支援。战旗大队民兵连顾全大局,一共抽调了79人,前往黎明大队挖渠。战旗大队民兵连还成建制地参加了先锋渠的开挖修建。反正当时什么地方有困难、要支援,战旗大队民兵连的人马就会出现那里。"

1973年6月,战旗大队民兵连出席了四川省军区民兵工作会议,会上专门印发了郫县县委撰写的《战旗大队党支部是怎样在三大革命运动中加强民兵建设的》调查报告,《四川日报》还刊登了这篇调查报告的全文。渐渐地,战旗大队民兵连在参加农业生产劳动方面挑重担、打头阵、练思想、练作风的事迹,在全县乃至全省出了名。1970年至1974年间,大队支书罗会金带领民兵,对大队的下湿田、漕田400多亩,进行了艰苦的改造,做到了"沟端路直树成行",实现了条田化体系。1975至1976年间,郫县组织人员改造沱江河、清水河,其中最艰巨的任务交给了战旗大队民兵连。战旗民兵们抗风雪、战严寒、斗泥石、排积水,工程进度和质量上都取得了第一名,受到县工程建设指挥部的表彰。

除此,战旗大队民兵连还向来重视各项民兵工作,"三落实工作"(组织落实、政治落实、军事落实)出色。据载,1975年大队组织了一场现场演练,分散在四五华里范围、9个生产队的战旗民兵,仅用了

10分钟就集合完毕。1977年4月，在县武装部举行的民兵实弹射击比武中，战旗大队民兵只打了3个及格。对此，由大队两委主持研究，决定让当年4月从部队退役的民兵副连长李世立负责对民兵进行射击训练，尽快提高成绩。经过一个月左右的艰苦训练，在6月举行的全县民兵实弹射击比武中，战旗大队民兵成绩优秀者有80多人，占打靶人数的90%以上。1978年在省军区组织的基干民兵工作专项检查中，对战旗民兵连的投弹、射击、队列、刺杀四大技术和紧急集合进行了考核，结果满意。

民兵连的先进事迹，带动了战旗大队的其他各项工作。如1977年，战旗大队的粮食产量创造了历史最高纪录，小麦、油菜也都取得了全面丰收，民兵功不可没。大搞农田基本建设、广积肥料、集体居住区建设等方面，民兵也是中坚力量。1979年12月，在县武装部的引导、支持下，战旗大队利用逐年积累的粮食储备变卖款，投资购买了机器，又把本大队的良田调换了相邻的园艺大队山地，开办了战旗大队历史上第一家集体企业——郫县先锋第一机砖厂（又称郫县先锋乡民兵机砖厂），年产值达60万元，纯利润13万至15万，有23名民兵参加民兵机砖厂工作。后来又相继参与办起了酒厂、机面厂、铸造厂、塑脂厂等大小15家村办企业。

1974年6月和7月，战旗大队民兵连副连长蒋志珍以女民兵身份，先后出席了温江地区和四川省召开的妇女代表大会。也是在这一年，省军区副司令员陈之植到郫县检查工作时，专门考核了战旗大队民兵连组织的射击、刺杀和紧急集合等项目。是年冬，省军区政委鲁加萍、副司令员孔诚视察了先锋公社战旗大队民兵连，充分肯定了战旗民兵连的工作。战旗民兵连顿时声名远扬，此期间，有来自邻近县、公社、大队的430名各级民兵干部来到战旗办学习班，听战旗大队党支部书记讲述党支部是如何在学大寨活动中重视民兵工作的。1978年5月，郫县武装部赵守俭、战旗大队支部书记、民兵连指导员杨正忠，公社敬老院唐登厚（热爱民兵工作，有民兵妈妈之称）出席了四川省召开民兵工作会议，会上由四川省军区授予战旗大队民兵连"三落实"（指政治、政治、军事三落实）标兵连的称号。

战旗民兵堪称不凡的业绩还有不少。1994至1997年，战旗村连续4年被成都市评为军民共建先进单位。1997年8月，战旗村被中宣部、中国人民解放军总政治部评为"军民双拥共建社会主义精神文明先进单位"。当然，这些都已是后话了。

向来出色的战旗民兵，其优良的工作作风一直保持至今。通过回溯我们也已有了深刻感悟，战旗村之所以能有如今的发达、美丽、和谐，是因为一茬又一茬的战旗民兵始终怀有自觉为群众服务的不竭热情，始终以筚路蓝缕、寻梦不绝的劲头，积极作为，这无疑为战旗今后的发展打下了坚实的基础。

1976年10月，"四人帮"被一举粉碎，延续了10年之久的"文化大革命"随之结束。1978年5月10日，中央党校内部刊物《理论动态》发表了经时任中共中央组织部部长胡耀邦审阅定稿的《实践是检验真理的唯一标准》一文。5月11日，这篇文章以特约评论员的名义在《光明日报》发表。随着这篇文章在全国各地的报纸上陆续转载，一场真理标准大讨论在全国范围内广泛深入地展开。这场大讨论成了实现新中国成立以来党的历史上具有深远意义的伟大转折的思想先导。

1978年12月18日，党中央召开了具有伟大历史意义的十一届三中全会，果断停止使用"阶级斗争为纲"这个不适于社会主义的口号，做出了把全党工作重点转移到社会主义建设上来的战略决策。尔后，党中央做出了《关于加快农业发展若干问题的决定》，并对加强和完善农业生产责任制做出了一系列具体的规定。一个改革开放的新时代正在拉开帷幕。

解放思想，实事求是。从十一届三中全会的精神中获得了加快发展的启示和动力，战旗大队认真学习《关于加快农业发展若干问题的决定》和《关于进一步加强和完善农业生产责任制的几个问题》这两个中央发展农业的重要文件，开始实行分组作业、联产计酬的农业经营方式，此为联产承包制之前奏。1979年10月，战旗大队就即将实行"联产承包责任制"向县上做了汇报，汇报中还提出贯彻联产责任制应是进步而不应是倒退。"劳动致富"是无上光荣，党员应当走在致富前列等鲜明观点。

资料表明，尝试实行分组作业、联产计酬的经营方式的1979年，战旗大队取得了历史上最好的收成，这无疑让战旗人精神一振。战旗人向往新的发展的愿望愈见强烈。

1980年，战旗大队全面实行了联产承包责任制，即在坚持土地等基本生产资料公有的同时，允许私人占有部分生产资料。大队对农户坚持"土地公有，两权分离（土地所有权归队，经营权归户）"实行"合同结算"（交够国家税金，余归私人）即第一轮土地承包。这一轮的承包在某种程度上解放了生产力，农业生产的效益再次增长，也让农民尝试到了新的经营方式的利弊得失。

必须提及的是，也就从1979年起，根据中共中央（1979）5号文件精神，在上级部门的统一部署下，战旗大队的所有"地、富、反、坏分子"均作了摘帽处理，对在历次运动中受冤枉和迫害的人员，如在整风"反右"中、"四清运动"中、"文革"中受到冤屈的社员予以平反，恢复名誉，让他们在各自的岗位上发挥才能。由于落实了党中央政策，化消极因素为积极因素。

事实上，"四人帮"粉碎后，在大队党支部的带领下，战旗大队在

"兴修水利""改造下湿田、漕田"的基础上，继续发挥集体的力量，粮食产量大大提高，企业发展已经起步，农民的生活水平正在不断提高。战旗大队根据"标兵工分自报公议"的劳动管理办法，形成了后来的"圈圈工"（即按政治、劳动态度自报公议工分，按工分分钱，自报评议口粮）；通过近十年的艰苦奋斗，投工数十万个，对战旗大队的渠系、条田进行了改造，为农业丰产高产奠定了良好基础。这些都是充分发挥集体力量的结果。1978年前后，战旗大队还多次被郫县政府和成都市政府等上级部门评为先进典型，称其为发展集体经济的示范。

正因如此，战旗人向来对集体的力量充满感情。时间来到1982年，尽管已经实行了包产到户，战旗人却没有忘了集体的作用。在绝大多数战旗人的心目中，不论生产经营方式如何变化，集体永远不能消失也不会消失。

在包产到户时期，很多村民们认为，土地由各家各户经营，但联产承包责任制作为第一轮土地承包，土地等基本生产资料仍然是公有的，大队对农户也一向坚持"土地公有，两权分离（土地所有权归队，经营权归户）"，实行"合同结算"（交够国家税金，余归私人）的经营方式，集体的作用依然在发挥。而当进入1997年至今的第二轮土地承包期后，战旗人通过创办村企、通过产权治理和开发土地资源，集体的力量不仅没有减弱，反而更为强大。

第四章 战旗鲜艳，用心浇灌

产业兴旺、生态宜居、乡风文明、治理有效、生活富裕。

——党的十九大报告提出的实施乡村振兴战略总要求

新型社区的建设，除了满足战旗人对居住的环境的更高要求，为村民们提供一个舒适的居住环境，还将从根本上改变村民的生活品质，这才是我们建设战旗新型社区的宗旨和理念。

——唐昌镇战旗村原党支部书记 李世立

事之当革，若畏惧而不为，则失时为害。

——北宋理学家、教育家 程颐

在历届村党组织带领下，战旗人在壮大集体经济的路子上不歇跋涉，创下了一个又一个奇迹。原本小小的土砖窑成了机砖窑，不断扩大的村办企业为今后发展掘得了第一桶金；企业转制是一次不无疼痛的嬗变，但为村级集体经济插上新的腾飞翅膀；发挥生态农业优势，建立农业产业化模式，使同样的一块土地创造了更多财富；全面盘活沉睡的资产，再次创下了乡村振兴的灼人辉煌。随着统筹城乡发展和综合配套改革的全面推进，通过"拆院并院"，建造起了各方面设施远胜于城市小区的新型社区。这不是一个单纯的改善居住环境的项目，而是一次综合性、全方位、深层次的改变，战旗人不仅拥有了华厦美舍的物质享受，更拥有了无尽的精神享有。

第一节　发展集体经济，从三台制砖机起步

几乎从零起步，渴望勤劳致富的战旗人在党组织带领下，团结一心、无畏困难，在发展集体经济、提高农民收入方面一步一个脚印地跋涉前行。依靠三台制砖机起步，战旗人渐渐拥有厚实的家底；开展企业产权治理，理顺了集体与个人的关系；依托统筹城乡发展和综合配套改革试验区建设，生态农业成为强有力的经济增长点。

新中国成立之前，今战旗村一带的佃耕户均以种田为生，只有极个别的匠人，利用农闲时节搞一些竹椅和晒簟制作等竹木加工，还有个别农户兼做烧房烤酒，均属零散经营。唐昌布鞋等手工艺产品虽然历史悠久，但从事布鞋制作的人员屈指可数。铁器业只能加工锄头、镰刀等小器具，大多是由"红炉"打造，工艺落后，只因匠人手艺较好，注重质量，打造的刨锄、剪刀等在川西坝子颇有名气。但以上副业规模均不大，基本上以满足当地所需为主。当年生产经济落后，农村购买力极低，难以形成兴旺发达的手工业。

自1965年从金星大队单独分离出来，组建成战旗大队后，十多年来，在党组织的领导下，由于积极发挥集体的力量，开展了声势浩大的

"农业学大寨"农田基本建设，实行科学种田，战旗大队的耕作水平得以提高，粮食连年丰收，如1977年，战旗大队的粮食产量创造了历史最高水平，小麦、油菜都取得了全面丰收，粮食储备也有了可观的积累，这为战旗进一步发展集体经济、提高农民收入提供了可能。

前文已有所述，在战旗大队，集体经济发展过程中，作为主劳力的民兵功不可没，大搞农田基本建设、广积肥料、集体居住区建设等方面，民兵均为中坚力量。战旗大队民兵"三落实"工作多次获得省、市有关部门的高度评价。郫县武装部还把战旗大队作为民兵工作的重点扶持单位。

必须记上一笔的是，战旗大队的集体企业最先也是由民兵为主，发展起来的。1976年初，在县武装部的支持下，战旗大队开始筹建历史上第一家集体企业——"郫县先锋第一机砖厂"（又称"郫县先锋公社民兵机砖厂"）。

据年长的村民回忆，该机砖厂是由原来的小土窑渐渐发展起来的。从金星大队单独分离出来时，战旗大队没有办公场所，只能将分到的两间草房作为办公室，条件简陋，不敷所需。因此，约莫在1974年前后，时任大队党支部书记罗会金提议，利用一部分集体资金，由大队组织农户出工出力，修建一座大礼堂，以用作日常办公和群众娱乐的场所。这个提议得到了大队领导和群众的响应，在那个经常组织集体活动的年代，大队确实太需要一处能集中全大队男女老少，开展各类活动的地方了。

由于当时的经济条件所限，经大队领导研究，通过自己烧砖来解决大礼堂建造用砖问题，以降低建造成本。战旗大队的第一座小砖窑就这样建立起来，且很快投入生产。起初的砖窑厂完全是手工操作，取土、炼泥、制坯、干燥、焙烧等流程无一不借助于纯粹的体力，土砖的质量也免不了参差不齐，但绝大部分土砖还是可以用的。

受大寨大队启发新任战旗大队党支部书记的李世炳动起了在战旗大队建造社会主义集体居住区的念头。就这样，战旗人的第一批农民集中居住区建设拉开了帷幕。

在集中居住区建设过程中，县里、省里的不少单位和部门都纷纷伸出援助之手，送来的各种物资中，还有成都军区后勤部支援的3台制砖机。在当时的条件下，机制砖生产是一项很先进的技术。为了让这3台制砖机有个临时的家，战旗人扩建了那座破旧的小土窑，土窑外还搭了临时的茅草棚，作为砖块和砖坯存放周转的地方。当然，令战旗人更为兴奋的，是制砖机的高效，3台制砖机每天可以出砖1万到2万块，在当时看来，这简直是个天文数字！负责生产的战旗民兵们很快掌握了机制砖技术，逐渐满负荷生产机砖。

原本小小的土砖窑成了机砖窑，且机制砖在市面上极其畅销。不久后，在保证集中居住区建设所需的前提下，战旗大队把剩余的机制砖售卖给邻近的公社和大队，收入归大队集体所有。由此，战旗大队还在改革开放尚未展开时，即已在悄悄地尝试着走上集体经济建设之路。

从1976年初开始，以这3台制砖机"打底"，战旗大队开始筹建真正意义上的机砖厂。他们利用逐年积累的粮食储备变卖款，投资购买了一些配套机器设备，并把本大队的良田调换了相邻的园艺大队的坡地，在园艺大队建厂。"为什么把战旗的良田拿出去，把兄弟大队的坡地换回来？当时有很多人不理解，但道理其实很简单。一方面，掘了良田的土去制砖，谁舍得？哪怕换给兄弟大队也行啊，至少没有把良田给毁了；另一方面，园艺大队的那片坡地，土质黏性强、杂质少，是制造房砖等建材的优质原料。"李世炳每当说起机砖厂的筹建经过，总能如数家珍，毕竟它的开办，对战旗发展意义重大。

"建起这家机砖厂，对于当时的战旗人来说，绝对是一件大事！那年的我24岁，已是个正劳力，也投身于机砖厂建造的劳动之中。"1952年出生的李世立回忆，"为了筹集多方资源，尽快建好村里的第一家集体企业，大队负责去银行贷款，各个生产队筹集材料，村民们出工出劳，一共奋战了120天，硬是把机砖厂给造了起来。那个时候，大家的心特别齐。"

1977年底，"郫县先锋第一机砖厂"正式投产。当时的生产主力是战旗民兵，故这家企业又称"郫县先锋公社民兵机砖厂"。没错，它的名称中没有"战旗"两字，却有"先锋乡"的冠名，这说明尽管这家集体企业虽然完完全全辖属于战旗，但它当时的规模着实不小，已经到了"公社"的级别，也说明先锋公社乃至郫县各个部门对这家企业的重视，它的重要性、影响力，不是一个小小的战旗大队可以涵盖的了。

"郫县先锋第一机砖厂"厂区占地20余亩，建筑面积约350平方米。整个厂区全建在原园艺大队的那片坡地上。鼎盛时期，厂内设有制坯车间、干燥车间、焙烧车间（轮窑），生产设备有750东方红履带推土机一台，450L0292-6制砖机、350制砖机各一台，东风汽车EQ140一辆，汽车、拖车、丰田汽车各一辆，变电及配电线路、汽轮机若干台，总固定资产达30万元，企业设计生产能力为年产标准砖1000万块。按当年国家建设部的部颁标准，该厂生产的机制砖，抗压强度为150kg/㎡，抗折强度40°，可谓优质。资料显示，1985年"郫县先锋第一机砖厂"年总收入约为30万元，纯利润约7.5万元，向国家交税3万元。该厂存续期间，先后有181名本村农民在厂内各个岗位劳动，有效地安排了本村部分劳动力，其中有23名民兵参加了该厂的劳动和管理。

毫无疑问，"郫县先锋第一机砖厂"的成功创办和经营，大大鼓励了战旗人继续创办集体企业，扩大集体经济规模。

党的十一届三中全会之后，以经济建设为中心成为中国特色社会主义初级阶段基本路线的中心，战旗村在发展集体经济之路上跑得更快。1981年，战旗村利用结余利润，又办起了"郫县先锋酿造厂"，后来又发现周边地区没有专门生产当地群众喜食的郫县豆瓣的企业，遂又把酿造厂改建成豆瓣厂，这就是如今依旧存在的"四川先锋生态园调味品有限公司"的前身，主要生产经营以郫县豆瓣为主的调味品。接着，战旗村以滚雪球的方式，又陆续办起了战旗酒厂、预制厂、机面厂、铸造厂、塑脂厂、凤冠酒厂、宁昌商贸公司、会富豆腐厂、五七一九工厂战旗分厂（与飞机发动机修理厂联办）、鹃城复合肥料厂、迎龙山庄等大小村办企业，数量最多的时候共达12家。

一家又一家集体企业办起来了，但并非只求多，不求精，不少企业在当年还是很有效益的，成为昔日的"明星企业"。

如村办的复合肥厂，全称为"成都郫县复合肥厂"，还是一家化工高科技企业，1991年兴办。鼎盛时期，该企业占地6000余平方米，固定资产800多万元，在企业工作的本村村民和外来人员达42人，所生产的"望丛"牌系列复合肥料产品是根据我国不同地域、不同土质、不同作物的需求，以及不同作物生长点的需要，采用优质原料，科学配方研制而成的各种高、中、低浓度复合肥料和各种专用肥料，适用于水稻、小麦、油菜、玉米、棉花、果树、西瓜、花生、烟草、茶树等20多种农作物种植，且能为改良土壤、服务生态农业和绿色农业研制发挥一定作用，曾连续15年统检合格，并荣膺"成都市无公害农产品生产施用肥料"等称号。

诚然，在开办企业、发展集体经济的过程中，由于经济形势的变化、生产技术的更新换代、自身体制固有性质、村办企业相对较弱的市场竞争力等因素，战旗村的众多村办企业在产品开发、技术革新、产品销路等方面，也遇到了不少难题，有的甚至较为严峻。20世纪90年代中期，先后有5家集体企业因各种原因相继倒闭，个别企业一直无法扩大规模。对此，战旗人没有气馁，他们继续大胆尝试，迈出艰难的一步又一步。

"从1975年到现在，快45年时间了，在开办和经营集体企业方面，中间遇上过多少挫折和磨难啊，三天三夜也说不完，但无论遭遇多大的困难，战旗人从来没有放弃过大力发展集体经济这项中心工作。我们依靠集体的力量挺过了难关，打开了一片新天地。"高德敏说，如今，战旗村的集体企业已成为村里的经济支柱，发展速度很快，后劲很足，这真的要感谢这个伟大的时代，感谢数十年来众多战旗人的共同努力，感谢一届又一届的战旗村带头人。

事实上，从20世纪90年代起，战旗人已经感觉到了集体经济发展必然会遇到瓶颈，对村办企业实施必要的经营方式和调整体制改革已十分迫切。

"当时，战旗村的集体经济发展，确实与附近不少村相比，已经有了明显的优势，但在经营这些村办企业的过程中，不少缺陷也暴露了出来，有的还十分突出。"战旗村第五任党支部书记易奉先把这些缺点主要归纳成两点：一是经营管理经验不足，尤其是在企业数量不断增加，市场销售却遇到滞缓的情况时，企业经济效益的下滑似乎就是难以避免的事；二是村办企业产权意识模糊，导致企业资产流失，个别企业经营者有意无意地模糊了所有权与经营权之间的区别，把企业视作个人财产，而不少村民则也开始麻木地认为集体企业已是经营者的个人财产，不可能再收归集体，从而忽视了自己的应得利益。显然，产权逻辑的错位已在制约集体经济的发展。

1994年，战旗村被列为郫县村集体企业股份制改革试点村。为避免

村企分散经营、规模偏小、竞争力不强的弊端，战旗村首先把本村经济效益较好的5家企业，即先锋第一机砖厂、先锋酿造厂、会富豆瓣厂、先锋面粉加工厂、郫县复合肥厂改制为股份合作制企业，并组建成立了"成都市集凤实业总公司"，总公司成立董事会，并由总公司董事会负责协调企业的经营管理。这轮改制是在县、镇两级相关部门指导、监督下进行的，有关要求也是上级统一制定的。

通过改制的企业运行正常，但到了1997年，由于这轮改制并不彻底，企业负责人在经营管理也多有失误，战旗村的不少企业又开始出现了经济效益下滑，企业资产不断流失，使得战旗村的集体经济发展再度陷入困境。

"改制后，村里的企业出现了多种所有制并存的状况，有股份制的，有集体承包制的，有其他形式的租赁制的，还有家庭经营制的，有的企业还介于两种或几种所有制之间，这种'四不像'局面，无疑使得企业在运行管理中往往变得无所适从。除此之外，有的企业虽然已经改制，但没有严格按照股份制方式经营，家长制作风比较严重，有些企业的厂长甚至还想悄悄地把集体企业变成私有企业。"战旗村第六任党支部书记高玉春是1996年起上任的，在当时的他看来，产权不明晰，是这轮改制最大的问题。这样的局面必须及时改变，否则，村集体经济非但得不到进一步发展，而且还会导致后退。

在村党支部的部署和带领下，战旗村决定对村办企业进行重新改制。此项工作起初由时任党支部书记高玉春负责牵头，后来便由2002年起任村党支部书记的李世立和村委会主任高德敏负责。

"村两委经过多次调查研究，觉得如果让这些企业继续这样经营下去，就会出大问题了。我甚至预计不出三年，企业的流动资产就有可能完全流失。这些流动资产，包括成品、半成品、原材料等，如果可以流动的资产流失为零，只剩下固定资产，那么企业必然垮掉，战旗村的经济也将遭受灭顶之灾。要挽救这些企业，维护集体和村民的利益，村党支部几经研究，下决心要把这个问题解决好，不能再让战旗村企业资产出现流失，保住企业，保住集体利益。"李世立向笔者回忆这一过程时，忍不住有些激动。

经过对每一家企业的财务情况进行严密、细致、深入的调查，李世立、高德敏等村领导发现，不少企业的账目的确存在不少较为严重的问题，公私不分、损公肥私等现象令人吃惊。第二轮企业改制确实已经到了非改不可的地步。

"当时我们果断地决定，就从各个企业的财务入手，在全面清查账目的前提下，踩住刹车，收回各个企业的产权，并严格按照股份合作制的规章制度执行，方能跑得更快。"高德敏坦言，这个几乎"推倒重来"的第二轮改制方法过于大胆，不可避免地遭到了不少企业经营者的反对，阻力之巨大可想而知。同时，很多村民也因第一轮改制不尽如人意，而对第二轮改制心存疑虑，怕是"越改越糟"。但村党支部一班人主意已定，认定哪怕步履艰难，也会坚持这样做下去。

似乎有点儿"壮士断腕"的悲壮之感，但事实很快证明，此举触到了痛处，找到了关节点，使得村办企业的发展局面为之一变。

当然不能盲目行事。为了稳妥推进这一轮改制，尤其是让企业经营者和广大村民明白，企业经营者与所有者之间的关系，战旗村两委想了很多办法，办法之一，就是给企业经营者和广大村民"补课"。2002年初开始，西南财经大学金融、管理等方面的专家被邀至战旗村，请他们以通俗易懂的内容，给大家讲解何谓企业所有权和经营者，何谓股份合作制，正常的股份制企业是怎样运作的，怎样才能不使集体资产流失，等等，不仅让广大村民"开了窍"，也使企业经营者明白，自己的理念误区在哪里，自己的经营行为错在哪里，错误的经营行为损失的不只是集体还包括自己。专家的讲课为企业经营者和村民廓清了不少模糊认识，明白了有关经营企业和明晰产权等方面的道理。

不过，事情往往没这么简单。当企业经营者被明确无误地告知，正在辛苦经营的企业并非属于个人所有，从某种意义上说，自己只是个打工者，手中的企业还得重新"交"回去，自己甚至还得重新"竞争"一回，再按相关规定重新"签约"一次时，心里不免产生抱怨、不满乃至抵触情绪。

"对此，除了做好企业经营者的思想工作，讲好大道理，稳定他们的情绪，我们又想了很多办法，比如对主动交出企业的经营者给予适当的物质和精神奖励，同时又动用村集体资金，收购部分小股东的股份，使村委会成为企业的最大股东，来迫使企业经营者逐步接受村两委提出的改制方案。"李世立向笔者回忆，不轻易动用行政手段，而是尽量采用符合市场经济规律的方法去实施这个改制方案，是当时开展这项工作的特点之一。

僵局是从"先锋第一机砖厂"打开的。

经过反复研究，村党支部拍板决定，先从砖厂进行改制试点，根据试点情况再全面推开。为使试点工作更稳妥些，特别是尽可能解除企业经营者和村民的顾虑，李世立代表村两委，专门向镇政府反映这一情况，报告了试点准备工作，得到了上级的认可和支持。体制试点工作随即启动。

可在试点工作启动后，当时的砖厂经营者依然不愿让村里获得集体企业的改制主动权。试点具体过程中，该经营者竟然动员本企业职工拒绝把手中的股份卖给村委会，其目的是为了与村委会竞购股份，从而使村委会无法成为最大的股东。

村党支部很快从村民口中得知了此事，于第一时间找了砖厂经营者。村两委并没有简单地加以阻止，而是与之耐心谈判，晓之以理，动之以情。经过一番商谈，砖厂经营者最终承诺让本企业职工把手中的股份卖给村委会，并把砖厂交还给村集体，而村委会将从砖厂拿出30万元，作为砖厂经营者这几年经营管理的奖励。试点工作由此继续推进。

"虽然奖励了砖厂厂长30万，数额也不算小了，但如果一直拖着，在那时的情况下，砖厂的流动资产还将不断流失，损失的就不只是这30万了，用不了3年，说不定该企业连这30万都拿不出，这些村办集体企业都会垮掉。所以，趁早该奖励的奖励，该给的就给，反而是最合算的……"李世立说，尽可能不让集体资产流失，在当时的战旗已迫在眉睫，过多的犹豫、拖延，到头来损失的还是集体和村民。

转制过程中，还发生了一些企业经营者不愿配合，致使第二轮转制工作出现滞缓的现象。对此，李世立、高德敏等村领导均从这些企业的财务账目入手，清查其资金流走向，在确保集体资产不被流失的前提下推进工作。

有一名企业经营者，个性比较固执，对第二轮改制一直不甚理解和配合。当村委会一再要求各家企业应马上回收企业外账之时，他始终不肯配合，无论村两委怎么做工作，仍假称有10万元外账没有收回，意欲隐匿。不得已，村两委想尽各种办法，终于找到了那名购货方，查到了对方已经付款的票据。接着，在反复劝说无效的情况下，村两委决定以村委会的名义，准备以法律诉讼的手段，收回这笔10万元资产，使得该企业经营者不得不妥协，交出了这笔资产。不久后，村委会完成了对该企业的改制。

第二轮改制中，由于坚持严格按照相关规定进行企业改制，影响了个别人员的既得利益，村领导还遇到了不少意想不到的麻烦。时任村委

会主任的李世立因为此事"得罪"了不少人，2001年在村委会换届选举时，个别企业经营者从中作梗，使得李世立落选。然而李世立并没因此而改变自己的原则和做法。

2002年，战旗村工作遭遇了困境后，李世立又临危受命，担任起村第七任党支部书记。当时，高德敏已经担任了村委会主任，两人密切配合，全力推进第二轮集体企业转制工作，这无疑又使得有些人产生强烈不满。个别人开始捕风捉影、罗织罪名，向上级政府控告李世立贪污受贿，企图以泼脏水的方式阻止李世立。还有人甚至上门对李世立撂下狠话："再不收手，把你家的人放倒两个！"对此，李世立镇定自如，并始终保持冷静克制，手头上的工作却没有停止。

"不能让村民们辛辛苦苦创下的家业，在我们手中改没了。我工作的目的，就是为了保住村里的这点家底，没有私心。如果得罪了少数人，却有利于全村人，我也值得！"正是因为李世立等村干部的坚持，第二轮企业改制得以不断推进，矛盾深、阻力大的现象也得以逐渐消除。

至2002年末，通过有力有效的措施，战旗村两委采取以点及面的方式，与股东们签订股份转让合同，由村集体将个人股全部收购。至此，企业再次成为村集体的独资企业，通过清产核资，财产清理后，把企业的固定资产和无形资产租赁给经营者，把流动资产出售给经营者，逐步完成了对村集体企业的第二轮改制。这一过程中，村集体共收回资金420余万元，稳稳地保住了集体经济的"家底"。

"事之当革，若畏惧而不为，则失时为害。"（宋·程颐《程颐文集》）第二轮村级集体企业改制无疑是成功的，这可以从以下这组令人激动的数字得到印证：

2002年第二轮改制后，村集体每年收入比过去增加10万余元，达到

40万元以上。至2004年，通过进一步盘活集体财产，战旗村集体企业产值达7000万，实现利税470万，解决劳动力500余人，务工收入600余万。至2011年，战旗村有集体企业7家，个体企业5家。集体资产达1280万元，其中固定资产820万，货币资金460万，集体经济年收入60万元，村级集体收入365万元，人均收入12320元。这一阶段村集体经济的壮大，为战旗村的发展奠定了坚实基础。

在此，必须详细地说一说"成都市集凤投资管理有限公司"这家新型经济组织了，它是战旗村发展集体经济的有效形式，也是战旗人逐步熟稔集体经济资产管理和运营的产物之一。

说是新型经济组织，其实它建立于1995年，也是有些年头了。前文已经提及，1994年，在第一轮集体企业转制时，针对当时村企分散经营、规模偏小、竞争力不强的弊端，战旗村首先把本村经济效益较好的5家企业改制为股份合作制企业，并成立组建了"成都市集凤实业总公司"，总公司成立董事会，并由总公司董事会负责协调企业的经营管理。

本来是一个创新之举，理应发挥作用，但由于经营理念、管理体制、日常监督等方面的因素，董事会未能严格按照股份制企业的规律予以运作，显得随意、无序，甚至一定程度上的失控，致使大量集体资产不断流失，所管理的5家企业连年亏损。不仅是企业经营者，连普通村民都对此颇为不满。没错，第一轮集体企业转制之所以失败，与这个总公司和董事会没有起到正面作用，有着密切的关联。

当然不能再继续下去。2002年末，当第二轮企业转制工作渐告段落，村两委已在着手考虑对"成都市集凤实业总公司"进行改制改组，具体说来，在把原先的5家企业重新恢复为村级集体所有制企业之后，非经营性资产由村集体资产管理委员会直接管理，经营性资产由"成都市集凤实业总公司"进行经营管理。

"经第二轮集体企业改制后,集凤实业总公司对所有村属企业实行租赁经营,实施统一的规范化管理。从此以后,村集体经济年收入稳步提高,效益不断体现出来。"高德敏说。

2012年,"成都市集凤实业总公司"改名为"成都市集凤投资管理有限公司",其投资和资产经营的性质更为凸显。集凤投资管理有限公司还制定了完善的企业管理制度,协调各村级集体企业扩大业务范围,投资与资产经营管理服务(不含金融、证券、期货信息)、土地整理服务、基础设施建设服务、农产品销售、房屋租赁等均成为该公司的主要业务领域,村级集体企业重点经营豆瓣及调味品加工、机械加工、复合肥和家具制造、室内装修、面粉加工等产业,集体经济发展形势不断向好。

集体富裕了,村民们也得到了实惠。从2005年起,村集体每年为村民发放人均40元的以工补农款,全村村民的农村新型合作医疗保险也由村集体承担。与此同时,村集体每年向60岁以上的老人发放160元的养老补助,给入托儿童人均补助60元,且村民的福利待遇每年都在提高。

进入21世纪第二个10年之后,战旗村的集体经济发展又进入了一个新的阶段。

2010年,高德敏从老书记李世立手中接过"接力棒",开始担任战旗村党支部书记。上任伊始,高德敏最关心的便是如何发展村集体经济,如何能发展得更快更好一些。

在高德敏看来,农村基层工作,千条针、万条线,最根本的还是村级集体经济。抓好村级集体经济这项中心工作,正是基层党组织凝聚力和战斗力的重要体现。集体经济上去了,乡村振兴和各项事业发展就有了"动力泵",才能从根本上为群众谋福祉,实现小康梦,也才能让群众信你、服你。

不再是以往那种单纯由第一产业占主导的模式，而是顺应时代变化，尤其在生态环保、农产品深加工、智慧产业诸领域，加快新技术、新模式的推广应用，重点发展高端种植业、有机农业、"智慧农业"、休闲农业，推进农业供给侧结构性改革，抢占农产品高端市场，借助互联网、物联网等平台，深化农产品加工包装和营销。依托川西林盘和良好生态环境，积极打造涵盖生态农业、休闲旅游、田园居住等复合功能的田园综合体，实现农商文旅融合发展，产业振兴示范效应逐步显现。

与此同时，依托统筹城乡发展和综合配套改革试验区的相关政策，在村党支部（后改为党总支）带领下，战旗人深入推进农村产权制度改革，探索农村宅基地流转形式，大力发展农业产业化经营，开始走上了"村、企、农三者合一，互动发展"，经济、政治、文化、社会建设四位一体的新农村建设道路。由此，战旗村的村级集体经济揭开了全新的、更加波澜壮阔的发展篇章。

第二节　把沉睡的资产盘活，让优势辐射周边

发挥集体的力量，通过不断探索农业产业化模式，唤醒土地创造更多财富。而全面盘活沉睡资产，着力推动农村资源入市，激发转型发展的动力，独特的战旗模式成为现代农业和农村发展的一大样板。跳出农业搞农业，"三农"这盘棋已在战旗彻底走活。

战旗村共有耕地2000余亩，从20世纪80年代初起，一直是分户承包经营，大多经济效益偏低。战旗人对于农业产业化的大胆探索，是从20世纪90年代逐渐形成"公司+农户"和"村—企—农"两种模式开始的。

1995年前后，时任战旗村党支部书记的高玉春，在外调研时，偶然发现重庆的涪陵榨菜卖得很好，产销两旺，名声响亮，当地农民由此增加了不少收入。通过对榨菜项目的深入了解，高玉春知悉了涪陵榨菜成功的"秘诀"，那就是产销一体化：农民种植榨菜，收获后按协议直接卖给当地的榨菜加工公司，这样一来，原本价格低廉的榨菜大大增加了产品附加值，农民们种植榨菜的积极性十分高涨，并能自觉保证、努力提高榨菜的品种质量。高玉春对这一"公司+农户"产销一体化的模式

特别感兴趣,甚至有茅塞顿开之感。

从重庆涪陵返回战旗村之前,高玉春特意自己花钱,购买了一批榨菜种子。

但回到村里后,高玉春并没有动用行政命令,要求村民大面积种植榨菜,而是把榨菜种子免费送给村民,是否种植由村民自行决定,但他郑重承诺,一旦种植了榨菜,他负责按照市场价收购,村民们不必过虑。

村民们对种植榨菜响应热烈。因为战旗村每年有两季农作物种植,而榨菜种植的一大优点,是从种下到起获的时间较短,正好是在收割水稻与种植油菜之间,以往一般农家都把这段时间的土地荒废了。那一年,听了高玉春的话语,种植了榨菜的农户普遍收成不错,平均每户增加了800元左右的收入。可想而知,有了第一年的增收,第二年种植榨菜的农户更多。渐渐地,榨菜种植成了战旗村的主要农作物之一。后来,利用村里的豆瓣厂,村里所出产的榨菜不再由高玉春收购,而是由豆瓣厂直接收购,进行加工销售,"公司+农户"产销一体化农业产业模式由此在战旗村初现。

值得一提的是,战旗村的榨菜种植还带动了周边四五个村子,那些村子引进了战旗的"公司+农户"产销一体化模式,同样实现了增收致富。如今,战旗村由于大力发展农业观光和农业旅游业,推进"农商文体旅"融合发展,还搞了土地集中,发展了农业产业园,农作物种植的总体面积相对减少,但周边村庄对包括榨菜在内的农作物种植依然热火,上万亩的种植面积还是有的。

在"公司+农户"产销一体化模式基本成熟后,从2003年开始,"村—企—农"这一农业产业化模式也开始逐步形成。

说起来也是有故事的。2003年,战旗村一班人在村党支部书记李世

立带领下，来到河南省南街村、江苏省华西村这两个全国农业产业化先进村考察学习，发现这两个村的土地都没有搞包产到户，而是集中在一起，由村委会进行管理。这样做的结果是，这两个村的集体经济都得到了极大的发展，集体组织的优越性得以充分体现。

这一活生生的现实让战旗人极其关注。是否需要大胆引进这一模式，成了这次考察学习归来途中，众人热议的话题。

"事实上，直到大家回到了村里，这个话题依旧被我们热议着，不同意见都摆出来交流讨论。要知道2003年时，在国家这个层面还没有像现在这样鼓励农户进行土地流转经营，你想把已经包产到户的土地重新集中起来，既是破了现行政策界限，又没有实践经验，是个大胆得有点儿冒险的做法。产生不同意见当然是难免的。"李世立回忆，为了征求众人意见，也为了统一思想，村两委专门召集全体村干部坐下来开会讨论，还征求普通村民的建议。

意见渐渐趋向一致，那就是学习那两个先进村的做法，搞土地集中，探索一条属于战旗人自己的集体经济发展之路，土地集中便是其中最主要的改革举措。

"战旗人一向相信集体的力量，这是一种传统。其实，当初推行包产到户时，村里的不少干部和农户还很有不同想法，觉得不能轻易各搞各，还要求上级在我们村推迟实行包产到户。所以，如今村干部们又想搞土地集中管理和经营，村民们还是很支持的。我们村就有这个民意基础。"李世立坦言。

"大凡实际接触过科学研究的人都知道，不肯超越事实的人很少会有成就。"这是英国著名博物学家、教育家赫胥黎所言。科学研究如此，发展经济同样如此。战旗人渴望有所成就，渴望找到自己的路径，他们不惮于超越当下现实，打破条条框框。

为了稳扎稳打，这回搞土地集中，起初先进行了一番试验。当年8至9月，村两委在所属9个社（生产队）进行了广泛宣传，强化了"农业要发展必须实行规模经营"的理念，率先在5社、7社搞试点，以社为单位，把土地集中起来实行租赁经营。方法是，每家每户先各自划出3分地交村委会。划地采取自愿原则，不愿参与的农户也不强求。农户们划出的这3分地，完全由村委会管理和经营，农户不用管村委会究竟做什么用，但村委会保证农户们"只赚不亏"。

"由这3分地来抵扣农户的税费——当时农民还是有农业税等需要交的，如果还有多余的收入，就直接充入集体账户。因为可以充抵税费，农户们不用再交什么税了，愿意划地给村委会的农户还是不少。"李世立介绍，事实上，这由各家农户划出一部分土地，交由村委会管理，由村委会主持组建经营性公司的做法，即为延续至今的"村—企—农"这一农业产业化模式的先导和前奏。

可是，这一模式在推行之初，并不是谁都会立即响应，农民与土地之间的天然情感无法割舍，这让他们在把自己正在耕种土地划出来时，产生不解和犹豫。

村民刘述怀是个种田好手，把自己的承包地伺弄得很好，出产也不错。村里动员把部分土地划给集体管理时，他不愿意这样做，依旧埋头耕种，对村里的动员不予响应。李世立找了刘述怀，与之交心。

李世立问："是不是自己种地有搞头？"

刘述怀回答："是的，我可以自己搞。"

李世立又问："那么，如果把更多的土地集中起来，交给你这样的种田能手，会不会更有搞头？"

刘述怀兴奋地说："那当然，那就搞大了！"

李世立笑着解释："老刘，村里现在就在做这样的事，难道你还想

再一个人单干，只搞这么一点地么？"

刘述怀忽有一种顿悟之感。经过又一番利弊得失的细致分析，刘述怀终于明白了，不久后也划出了部分承包地。

有了集中起来的土地，具体该做些什么呢？这是战旗村两委必须认真思考和运作的事。与相关企业合作，引入与农业有关的项目，包括高端种植业、农产品加工、观光农业、休闲农业等，成了战旗人重点引进和发展的项目，如今的"妈妈农庄""榕珍菌业"就是在那个时候开始引入的。

"当然不能再简单地搞种植业了，要让土地产出更大的经济效益，就必须跳出农业搞农业。在寻求与我们合作的相关企业时，我们特意选择了擅长农业产业化、现代化，符合生态农业发展要求的企业，共同合理开发利用这些土地，立足长远，绝不让非农业产业化项目入驻，也绝不以牺牲生态环境来发展经济。"李世立说，在"村—企—农"这一模式中，三者各自扮演的角色是，农户拿出土地，村委会像中间人一样负责管理，进行土地规划和项目招商，企业则是具体经营，三者各自任务清晰，分工明确，各得其所。

好机遇再次来临。2005年，成都市开展城乡统筹，鼓励和倡导工业向园区集中、土地向规模经营集中、农民向城镇集中。趁此形势，战旗村两委一方面认为，这几年的土地集中试验确实是做对了，必须坚持，另一方面认为必须加大力度，推进土地统筹，加快推行"村—企—农"这一农业产业化模式。村委会通过唐昌镇提出申请，要求把战旗村列入成都市统筹城乡发展和综合配套改革试验区。

幸运的是，这一申请得到了批准。就这样，更加深入、完善、有效的土地统筹工作在战旗村全面展开。

战旗村成为市级统筹城乡发展和综合配套改革试验区之后，2006年起,在上级有关指导下,村土地流转工作全面铺开。同年8月,战旗村两委决定,采取引导农户在自愿有偿的原则下,以土地承包经营权入股(每亩土地按720元折价入股)、村集体企业注入资金50万元的方式,组建成立"战旗村农业股份合作社"(后注册时更名为"战旗蔬菜专业合作社"),这是战旗村又一个基层农业经济组织,是战旗人开展集体经济活动的主要平台。

战旗村农业股份合作社成立后,再以村里的9个生产队为单位,成立了9个社。农户均以土地承包经营权为股份,与所在社集体签订土地经营权有偿流转委托书,再由社长代表本社农户与村集体签订委托书。

"刚成立的时候,合作社总股数为了1145股,其中村集体695股,农户450股。合作社下设理事会和监事会,各由5名村民担任。当然还有完备的合作社章程。"李世立回忆,从这时起,不仅是每家农户划出3分地了,全村所有的土地,包括宅基地、建设用地、农耕地、园林地等在内,均由农业股份合作社经营和分红。

土地集中后,合作社对这些土地实行租赁经营,建立了500亩无公害优质蔬菜生产基地。为了确保农户的利益,激发众人的土地流转积极性,合作社还特意采取了"农户入股保底,收入两次分成"的分配方式,让农户与合作社实行利润对半分红。同时,村民又可以在合作社上班,全村有200多名村民成为农业工人,这不仅大大增加了农户的年收入,还壮大了村集体经济实力。

农业股份合作社的成立,还使得"村—企—农"这一农业产业化模式变成了"村—企—社"模式,完成了村级农业产业化体系的三次更迭。"村—企—社"模式的逐步完善,让村级组织与企业间建立起有组织、经常性、紧密型的利益共同体,实现了以企带村、以工补农,村、企良性互动的循环经济发展路子。

当然，战旗村集中管理和经营土地的故事还没有完，新的一场"土地革命"仍在向纵深处推进。

2007年，为进一步实现土地经营规模化，战旗村在组建战旗现代农业股份合作社的基础上，充分利用这一经济组织，按照依法、自愿、有偿的原则，跨出战旗村，联合附近几个村庄及农户，推进更大规模的土地集中和经营，并建立了规划10000亩的战旗现代农业产业园区，并有效解决了当地劳动力500余人。

这一现代农业产业园区主要为种植区和蔬菜初加工区，通过项目招商、企业招商，共引进了5家企业(业主)入驻，通过龙头企业引领，合作社建基地，带领农户走农业产业化发展的路子。目前，战旗村已形成了龙头企业带动绿色蔬菜生产以及农副产品产、加、销为一体的现代农业产业化发展模式，为新农村建设提供强有力的产业支撑。同时加强安德中国川菜产业园区企业合作，实行订单生产，延长了产业链，促进蔬菜产业持续发展。

与此同时，战旗村利用农村集体产权改革成果，融资150万元注入合作社，打造了创意农业观光园，修建了蔬菜种植大棚20亩，建立了蔬菜育苗中心，并引进了澳洲无土栽培技术试种蔬菜十余亩，获得较好试验效果后，在园区及附近各村推广。

值得一提的是，有了这个合作社，实行了土地流转集中管理和经营，农户们从土地上解放了出来，并可获得稳定的"三金"收入，这是中国农业农村发展史上开天辟地的新事物！

在战旗村，所谓农民的"三金"收入，一是获得土地流转租金，每年每亩保底收入720元；二是在坚持"多积累，少分红"原则的前提下，对高出保底租金部分的50%用于持股农户再分红，实现农户第二次分利。余下的50%新增收益用于扩大合作社生产经营；三是农户可进入园区成为农业工人，获得稳定的务工收入。这样一来，村民的收入由以往的种田收入为主，逐步向务工收入或从事其他经营项目收入为主转变，实现了农民收入构成多元化。

数字是最好的证明之一。通过土地集中管理和经营，2008年，战旗村农民人均纯收入达7133元。而到了2011年。全年村级集体收入达365万元，农民人均收入达12320元。

第三节　响亮地敲下农村集体用地入市"第一槌"

"成交！"槌音落定，战旗村一宗闲置集体经营性建设用地成功出让使用权，这是四川省首宗集体经营性建设用地的使用权出让，它使村集体经济大大增加了收益，并在战旗村实现了资源变资产、资金变股金、农民变股东的蝶变。

"东方风来满眼春。"

党的十八大以来，战旗村党支部吃透习近平总书记关于"改革开放只有进行时，没有完成时"的教导，对土地流转集中管理和经营、城乡统筹理念等再次进行了全面梳理，全面深化改革，激发内生动力，农村土地制度改革成为新的发展突破口。

2011年，高德敏开始"操刀"集体经济股份制量化改革，目的就是把过去存在的"糊涂账"算清楚，清楚到每家企业、每笔资产、每个农户。"如何锁定集体经济人的范围、物的范围？确权颁证怎么操作？如何壮大村集体经济？只有把账算得清清楚楚，才有可能知道眼下的发展是否最科学、合理，今后的发展该走什么路子。"会计出身赋予高德敏一身"算账"本领，他能从一团乱麻般的数字中发现端倪，找出理顺各种关系的头绪来。

高德敏在村里主持制定了《集体经济组织成员认定办法》，认定全村1704人为集体经济组织成员，对土地进行权属调整，完成土地确权颁证，开展资源、资产、资金"三资"摸排清理，使集体资产股份量化到每名成员，并形成长久不变的决议，实现了集体经济组织成员和集体资产股权的"双固化"。由此，谁是村农业股份合作社无可置疑的成员，谁能享有村集体经济的权利并承担相应义务，已经搞得十分清晰。不要小看这一招，它为战旗村下一步农村集体经济资产的经营和改革，创造了先决条件。

2012年以后，绿色发展理念深入人心。绿色发展是以效率、和谐、持续为目标的经济增长和社会发展方式，在当今世界，绿色发展已经成为一个重要趋势。顺应这一趋势，战旗村两委也把产业发展与生态环境保护紧密结合起来，开始以构建产业生态圈、创新生态链的理念开展经济工作。在高德敏提议并主持下，战旗村从2014年下半年起，忍痛关闭了先锋第一机砖厂、郫县复合肥厂、战旗预制厂等一批高污染、高耗能、已不再适应发展形势的村级集体企业，把原先的企业用地腾了出来，同时又拆除村委会老办公楼，腾出其原有用地，获得了新的发展空间。

2015年初，全国人大常委会授权全国33个县(市、区)开展农村土地制度改革三项试点工作，郫县承担了集体经营性建设用地入市改革任务，难得的机会倏然降临。

"听到郫县被确定为集体经营性建设用地入市改革试点县这个消息，村两委干部们觉得这个好机会非抓住不可。可是，入市主体的资格如何认定？收益如何分配？什么是集体经营性建设用地？怎么样的操作才具有合法性？如何取得村民支持？"高德敏回忆，当时，对于村干部们来说，这一切都得从头学起，一点点弄通。然而，改革往往就意味着摸石头过河，凭着敢于尝试、勇于探索、乐于接受新鲜事物的干劲和智慧，高德敏和村干部们一一解决了摆在眼前的这"九九八十一难"。

"成交！"2015年9月7日10时40分，郫县公共资源交易服务中心，槌音落定，战旗村新成立的资产管理有限公司一宗面积为13.447亩的闲置集体经营性建设用地，以每亩52.5万元的价格，由四川迈高旅游资源开发有限公司竞得。这是四川省首宗集体经营性建设用地使用权的成功出让。

"'第一槌'出让的这宗土地，大部分是原来属于村集体所办的原复合肥厂、预制厂和村委会老办公楼的用地，这些村办集体企业历经改制，但土地等集体资产一直掌握在村集体手中，产权十分清晰，村集体做得了主，拿得出手。之前，这块地租给一些业主使用，每年租金仅几万元。迈高旅游公司拍走这一地块后，获得了这块土地40年的使用权，在此打造集美食体验、农业观光、休闲度假于一体的乡村旅游综合体项目，它就是现在已经开业的第5季·香境旅游商业街。"高德敏说，但当时，由于陈旧观念作祟，很多人觉得迈出这一步还得慎重，毕竟整个四川省还没有一个村敢这样改革，但村党支部经过反复讨论，最后果断拍了板。

改革是必须看准时机的，机不可失，敢于先行，才能吃到头口水。这一地块的所获出让金，除了缴纳相关费用外，全部返还给了村资产管理有限公司，按比例作为村公益金、公积金、风险金，与村民共同分配。它的成功出让，使战旗村收益超过705.9675万元，村集体资产突破2000万元。

有了这笔收入，村民享受现金分红20%，每位村民（股东）分得520元现金，集体"三资"留存80%。其中留存部分的50%作为公积金交由资产管理公司统一运营,用于集体股权增值、经营性项目再投入等,30%的公益金用于为股东购买新农合医疗保险、养老保险以及老人补助。这一创新之举,实现了"资源变资产、资金变股金、农民变股东"的蝶变,使村民多了一份固定收入,确保了村民的长远生计。

当年,为了发展集体经济,战旗村先后兴办过砖厂、酒厂、复合肥厂等多家企业,也曾获得过一定的经济效益,尤其是在20世纪六七十年代,这种"顶风而上"的大胆行为,是非常了不起的。进入新世纪以来,粗放型的作坊式企业风光不再,加之受到政策、环保、企业经营不规范等因素的影响,这类产业很难再发展壮大,村集体资产也无法发挥出更大效益。当时,被关停的企业留下来的最大资产便是土地,若未进入集体经营性建设用地入市环节,这些闲置的土地只能继续闲置。"少则一两年,多达五六年。而且闲置的土地还需请人看守,多了成本,却没有收入。"高德敏回忆,对此,村里也想过不少办法,却因种种原因未能见效。

土地是农村和农民最大的资源和最大的资产。战旗村发展最初的一步,也是最重要的一步,是创新土地经营,充分发掘土地价值。成功敲响"第一槌"之后,战旗村一鼓作气,继续动手清理集体建设用地和闲置土地,至2018年底,全村共清理出集体建设用地208亩,同时整理置换出土地440.8亩。将这些土地挂钩到县城城区使用,利用其预期收益向成都市小城投公司融资9800万元,用于土地整治以及新型社区建设,实现了土地收益1.3亿元,归还了融资公司的本息还有多余。

集体经营性建设用地入市改革盘活了沉睡的土地资源,释放出巨大改革红利。截至目前,全村90%以上的农户加入合作社,95%以上的农户承包地进行了流转,95%以上的流转土地实现了集中经营。

"在这一过程中,村党支部通过多种形式,向村民阐清诸如'土

地从哪里来''土地由谁所有''土地怎么科学利用''谁来畅通土地入市渠道''谁有资格取得土地增值收益''土地收益如何合理分配''集体资产怎么管理'等关键性问题，消除村民疑虑，提高村民推动集体经济发展的积极性和主动性。与此同时，村集体经济组织成员和集体资产股权均已实现了'双固化'，集体经济的市场化、专业化程度不断提升。"高德敏的介绍十分详细。

然而，本村的土地资源毕竟是有限的，要让村民获得更为长久、更为可观和可靠的收入，还需要进一步开拓经济发展路子，寻求新的发展门径。

土地入市后，战旗村没有把留存部分的50%公积金作简单化的分配。通过与村民讨论，村两委反复酝酿，决定把它全部投入到产业发展之中，让其进入"鸡生蛋，蛋生鸡"的良性发展轨道之中。为此，战旗村创新成立了战旗集体资产管理公司作为市场主体，由其具体运作集体资产的保值增值。被整理出来的土地除了用于村民集中新居建设，其余土地通过入股经营、自主开发、直接挂牌等方式，陆续建起了榕珍菌业、妈妈农庄、战旗乡村振兴培训学院、乡村十八坊等项目，集体经济发展由此进入了良性循环，战旗村集体经济从此风生水起。

"我们打造的'第5季·香境'项目是依托'妈妈农庄'而建成的集餐饮、旅游、酒店、文化于一体的特色商业街，是正在精心打造的国家级万亩4A级'花样战旗'旅游景区的核心项目之一。"四川迈高旅游开发有限公司总经理曾贤勇介绍，这个项目的推出，将大大提升战旗村的文商旅服务能力，提升和改善"花样战旗"旅游景区整体格局。

"其实早在土地入市之前，我就在思考该如何才能让村民获得最大的红利，让村集体经济有更大的发展。"高德敏说，构思是前提，而土地入市带来的资金给构思插上了起飞的翅膀，能让构思化为现实。毫无疑问，作为战旗村乡村旅游业发展的另一个重量级动作——乡村十八坊的建设和开业，同样是发展和壮大集体经济的重要步骤。

在乡村十八坊，按每个商铺需要两人经营来计算，大约能解决100人以上的就业。那么，再加上壹里小吃商业街、妈妈农庄、第5季·香境和战旗乡村振兴培训学院，以及村里众多的乡村旅游和生态农业企业，战旗村村民的就业问题早已得到解决。

此后，战旗村党组织又抓住新农村建设、城乡统筹发展等政策机遇，村两委推出一系列改革措施，推进农村产权制度和村级公共服务制度改革，创新基层治理体系等，在整合土地资源的基础上整合产业。同时，又依托农村产权制度改革和"三块地"（城镇规划区内建设用地、农村耕地和乡村建设用地）改革，村集体和村民通过资源入股、合伙共建等方式，与社会资本合作建设生态多个农业项目，进一步推动资本变资金，实现生态资源资产保值增值。

"土地的集体所有权是发展集体经济的本钱。过去只强调农民对土地的承包权和经营权，忽略了土地的集体所有权。一些外出的农户宁肯让土地荒着，也不给集体使用。事实上，农民的土地经营权要服从村集体的规划。"战旗乡村振兴研究院院长伍波认为，土地适度集中和成立集体公司，是为了能以集体名义引进社会资本和项目。外来投资企业不便与农户单独谈判和签协议。目前，战旗村已成立5家集体公司，各有分工，其功能都是集体资产的管理和运作。

这几年来，战旗村不断探索集体经济发展新模式，不断完善资产管理运行的机制和方法，既让村民们充分知悉集产资产的管理和运作情况，同时也让他们以各种方式参与管理。2011年进行了土地确权，遵循依法、自愿、有偿原则，村集体出资50万元折股量化、农户以土地承包权入股。组建"村、企、农三合一"农村土地股份合作社。合作社将土地集中流转。通过对外招商或自主开发等方式发展现代农业。实现土地规模化、集约化经营。

"习总书记所提出的'要坚持一切从实际出发，按照客观规律办事，一张蓝图抓到底，抓好打基础利长远的工作'的重要指示，对我们村两委干部启发很大。土地向规模经营集中、农民向新型社区集中，依然是我们下一步实施乡村振兴战略的重中之重。"高德敏对笔者说，战旗村的问题核心依然是解放生产力，调整生产关系，"抓基础利长远"。

"坚持以构建产业生态圈、创新生态链的理念组织经济工作，大力推动农业转型升级、创新发展，夯实乡村振兴物质基础。同时，以农村改革为突破口，全面盘活沉睡资产，着力推动农村资源入市、城市资本下乡，激发转型发展的动力。所有工作的出发点，就是实现产业得发展、农村得治理、农民得利益这一实实在在的目标。"高德敏告诉笔者，全面实施乡村振兴战略以来，村党支部及时制定了明确的重点发展方向和农村工作重心，发展壮大村集体经济、提高村民收入作为首要任务，以总量带增量、以集体带个体，积极拓宽增收渠道、精准施策帮扶，实现全体村民增收致富，这条路子会一直走下去。如今的战旗村，按照建设践行新发展理念的公园城市示范区要求，坚持农商文旅体融合发展，已经跳出传统的乡村理念，正由新农村向美丽乡村转型。

迄今，郫都区已完成了泛战旗村片区土地利用总体规划修编，《"花样战旗"乡村旅游区总体规划》已通过旅游专家初评。这个总体规划创造性地扩大了"战旗"这个地理概念，把以战旗村为核心，联合横山村、火花村、西北村、金星村等周边村庄，共计2.6平方公里的区域称之为"泛战旗五村连片区"，在此规划建设人文休闲核心区、浅丘运动康养片区、田园之翼、林盘之翼等"一核一片两翼"泛战旗景区，打造形成集考察研学、参观游览、休闲娱乐、商务会议、文化体验为一体的城市近郊休闲目的地、全国乡村振兴引领示范点,"战旗"作为乡村振兴先进典型的示范作用得以充分发挥。这无疑是个大手笔。

2020年,在全省村级建制优化调整的整体部署下,战旗村与邻近的金星村实现了合并,面积从过去的2.06平方公里,扩大到5.36平方公里,大大增加了战旗村进一步发展的空间,辖区人口从过去的1704人增加到了4493人。两村合并后,战旗村优化调整了村党组织班子构架,村党委下设6个支部,并成立了村党委领导下的"六大办",即综合办、产业办、景区办、环境办、社事办、财务办,把支部建在生产链上,把办公室设在项目里,促进村级工作的专业化和精细化。

既然是美丽乡村,既然是公园城市,景区自然是少不了的。如今,沿着沙西线公路行驶,进入战旗村时,村口的一大片水稻秧田形成了"战旗飘飘"的大地景观,成行的三角梅组成了一条迎宾大道,一下子把你吸引过去,这是泛战旗片区核心区所实施的大田景观提升工程的一部分。这一景观提升工程落成后,将推出一批由专业运营公司运行的乡村旅游项目,各种观光体验能让人身心愉悦,乐而忘返。这其中,大田景观观光升空气球项目十分令人注目,因为,从空中欣赏战旗,俯瞰泛战旗片区,如画的大地锦绣尽收眼底,游客将毫无疑问地为战旗之美、川西之美所倾倒。

而按照郫都区"绿色战旗·幸福安唐"乡村振兴博览园概念性策划和规划方案,以及已经确定的"战旗引领、三轴串联、环廊聚集、四区联动、多点共生"的发展策略,成都市首个乡村振兴博览园将以战旗村为圆心得以建设,以探索中国城乡一体融合发展的"郫都模式"。该乡村振兴博览园将依托巴蜀农耕文化,结合"天府锦田"区域品牌定位,构建九土生态产业圈,形成"1314"总体结构,打造"五大消费场景博览"。

根据规划,乡村振兴博览园核心落地区块,是以战旗村为引领的五村连片示范区,包括战旗村、火花村、西北村、金星村(现已并入战旗村)、横山村。区域总体目标是建成全国乡村振兴多村连片发展示范区,其功能定位为现代农业生产与研发示范村、乡村振兴教育基地、公园城市的乡村样板区。

在空间布局上,乡村振兴博览园将优化形成"九水三林三田"的生态格局;构建"T型"发展轴,实现与四镇的联动发展;形成"一核、两轴、一环、六点"的空间结构;最大限度保护并延续川西林盘肌理;总体布局实现一环串六林、两路联六片、九水润五村、百院缀三田。

在产业结构上,将构建农商文旅一体化发展的产业体系,培育核心功能,实现产业振兴,汇聚新技术与人才,保障人才活动空间,实现人才振兴,维育修复生态本底,延续川西林盘肌理,实现生态振兴;传承发扬天府农耕文化,树立现代精神风貌,实现文化振兴,强化基层党组织核心,完善乡村治理体系,实现组织振兴。

可以说,这是一次全域探索、全面创新的尝试。郫都区将通过对乡村振兴博览园中试点村、镇的打造,以点及面,全系统、大纵深探索乡村振兴策略与路径,创造乡村振兴可推广、可复制、可进化的"郫都经验""郫都模式",为成都乃至全国提供具有普遍指导意义的理论与经验。

毋庸置疑,在未来,在乡村振兴的探索和实践中,战旗村将担纲更为重要的角色。

乡村振兴博览园规划出炉后,建设随之启动。迄今,乡村振兴博览园已优先启动8个村的基础配套建设;全面摸排博览园示范环线,重点梳理出40余个重点项目,总投资约290亿元。目前,作为农业观光、乡村旅游、休闲度假的重头戏,泛战旗五村连片景区正在加紧建设,这其中,川西林盘保护开发是重要内容之一,已对原金星村的吕家院子等5个林盘进行了保护性开发,其中4个林盘还列入了成都市年度整治建设计划。

实施全域景区规划建设,积极创建战旗AAAA级旅游景区,已成为泛战旗片区近几年实施乡村振兴战略的最重要一环。

而在泛战旗片区核心区,乡村十八坊、香境旅游服务综合体、壹里小吃特色商业街、精彩战旗展示馆、党建馆和村史馆、天府农耕文化博物馆、郫县豆瓣博物馆、1000亩五季花田景区、400亩有机蓝莓观光园、柏条河生态绿道……已相继落成启用,一批餐饮、宾馆、文化传媒等旅游配套项目不断引进,村里还有10多户村民利用闲置房屋发展民宿、特色餐饮、特色小吃、茶馆等产业。"两线一团精彩连连"乡村振兴体验游精品线路雏形初现。

在坚持以构建产业生态圈、创新生态链的理念组织经济工作方面,战旗村大力推进农业供给侧改革,以消费需求为导向,做大做强天府水源地公共品牌,运用大数据、物联网等新技术,实现线上线下精准营销。

以农村改革为突破口,全面盘活沉睡资产,着力推动农村资源入市、城市资本下乡,激发转型发展的动力。组建并完善战旗村土地股份合作社和战旗现代农业股份合作社,对全村土地继续予以经清理,进一步发挥整理出来的集体建设用地的作用。结合云桥圆根萝卜、唐昌布鞋等地方品牌,积极采取"资源+资本"方式吸引社会资本通过入股经营、自主开发、直接挂牌等发展特色产业。

如今,战旗村已建成了战旗现代农业产业园,建立绿色有机蔬菜基地800余亩,培育出榕珍菌业等著名商标,同时积极发展农民专业合作

社、家庭农场，实现适度规模化经营全覆盖。引进培育加工企业、农商文旅融合项目，广泛吸引社会资本。

与知名品牌营销公司合作，对"云桥"圆根萝卜、唐元韭黄、新民场生菜等绿色有机农产品予以精心包装设计和精准营销，"云桥"圆根萝卜卖到了北京盒马鲜生超市，并与日本BFP株式会社签约，成功出口到了日本；利用"京东云创"平台，对先锋萝卜干、即食香菇等系列产品进行"梳妆打扮"，按众筹方式，利用大数据为消费者"画像"，根据消费者需求进行精准生产、精准投放，同时倒逼建立食品质量安全追溯体系。

紧邻妈妈农庄，集蓝莓种植采摘、销售加工、科研于一体，占地163亩的战旗蓝莓观光园，已按景区标准完成园区改造提升，1200m^2保鲜冷藏库已经落成，正积极扩建种植基地。妈妈农庄完成提档升级，景区接待游客能力得以提升、旅游收入大幅度增加。

为做响做亮"战旗"品牌，战旗村集体资产管理公司与中粮海优合作搭建统一销售平台，签订农副产品配送协议；与苏宁易购签订农副产品销售协议，与国航合作，向国航西南分公司提供即食食品……品牌战略的相继实施，使"战旗"知名度持续上升。

大力推进农村金融服务改革。建立健全村级"农贷通"金融服务平台，有效畅通农户、企业、银行对接渠道。与成都农商银行、区惠农担保公司等金融机构建立合作关系，拓展了创业融资渠道，利用"天使投资引导基金""创业投资引导基金""乡村振兴公益基金""抵押融资风险基金"等系列基金，搭建起村级"农贷通"金融服务平台，破解融资难、融资贵难题，在战旗的创业创新者拍手称赞。

跳出农业搞农业，"三农"这盘棋已在战旗村走活。"国弈不废旧谱，而不执旧谱；国医不泥古方，而不离古方。"（清·纪昀《阅微草堂笔记·滦阳消夏录三》）是的，凡事既要有勇于创新的勇气，也要善于继承前人有益的经验。在继承中不忘创新，在创新中有所突破，在突破中谋取发展，战旗村的天地河川由此美不胜收⋯⋯

第四节　漂亮的新型社区是怎样建起来的

统一规划，统一设计，统一管理，统一标准进行建设，保证50年不落后，战旗村新型社区不仅达到了城市社区标准，甚至还高于城市。而通过"拆院并院"，腾出宝贵发展空间，并借鉴经营城市理念来经营农村的探索，又使战旗成为统筹城乡发展的极佳样板。

一座布局合理、宽敞明亮、配套完善、幽雅怡人的新型社区出现在我们面前。

无论你来自城市，还是同样来自乡村，居住条件也相当不错，可你来到这里，仍然会被眼前景致所吸摄：幢幢青瓦白墙的两层别墅式小楼，沿着村里的主干道呈扇叶状发散排列；房前的花坛里，鲜红的茶花与白色的豌豆花一起开放，金黄的油菜花与粉色的杜鹃花相映成趣，君子兰的叶片墨绿泛光；而因为周边没有企业厂房、繁忙公路，听不见任何机器的轰鸣声、汽车呼啸声，所以这里特别安静，听得见鸟鸣，甚至风摆杨柳、花瓣落地的声音……这里便是居住着1561位村民的战旗新型社区（另有121位村民居住在唐昌镇场镇附近）。

当你对此发出由衷感叹之时，战旗村民会不无骄傲地告诉你，是的，有了这么舒适美观的居住环境，我们哪里都不会再去，这里就是我最美的家园！

那么，这座美丽的农村新型社区是怎么建起来的？与别的新农村集中居住区相比，它的特色有哪些？具有哪些示范意义？它落成启用以来的10多年间，对战旗村的发展起到了什么作用？一切都让我们好奇。

没错，集中居住区建设，在战旗村并非第一次。前文已有所述，在20世纪70年代中期，时任战旗大队党支部书记的李世炳，在参观了山西省昔阳县大寨大队集体统一建造的窑洞后，颇受启发，回来后即在村支委们的支持下，组织一群正劳力社员，在战旗大队的土地上建造了郫县第一批农民集中居住区，有17户家庭87名社员入住。尽管由于财力等原因，这次的集中居住区建设没能持续下去，但毕竟积累了这方面的建设经验，也在郫县这一带开创了村镇集中居住区建设的先河。

时隔30年，战旗村又在考虑建设集中居住区这件事。这一回，集中居住区即农村新型社区建设的动因、背景、条件、目的，与以往的那一次自然大有不同，各种有利因素汇聚在一起，可谓天时地利人和。新型社区的建设已是一件水到渠成的事。

2005年，成都市全面铺开城乡统筹工作，工业向园区集中、土地向规模经营集中、农民向城镇集中，成为这项工作的基本原则。

"当时村企改革还没有完全结束，需要解决的事务还有很多，但我们认为，在贯彻'农民向城镇集中'这一条上，战旗也不能落后。不是要把所有战旗人都往城里迁，而是就地建造战旗村农村新型社区，把农民的住房造得比城里的还要漂亮、舒适，从某种意义上说，这便彻底实现了让农民生活在城镇里的目标。"李世立说，当时村干部们的意见非常集中，光是土地集中，还不能解决战旗村的发展问题，把集中居住问题解决了，才会为进一步发展再添一份动力。

"搞集中居住，确实符合战旗村的实际。"高德敏也对此回忆道，"因为那时，战旗村的大部分村民都在村企工作，对土地的依赖性在减弱，传统耕种的积极性并不高，这无疑也是有利因素。"

既然已被列入成都市统筹城乡发展和综合配套改革试验区，谋求统筹发展自然需要规划跟进。在有关方面专家的帮助下，从2006年起，战旗村制订了郫县第一个新农村建设规划，涉及编制项目定位的总体规划、产业发展规划、新型社区建设规划及土地综合整理规划，这其中，将修建在距唐昌镇场镇2公里左右的战旗新型社区，成为成都市首批启动实施的新农村建设示范点，也是郫县惠农投资建设有限公司组建后，所获得的成都市小城镇投资公司投资建设示范项目。

所谓示范项目，毫无疑问具有样本意义。"对于我们公司来说，为什么会首先选择战旗村进行新型社区建设，就是看中它已经具备的作为示范样本的基本条件，这可以从以下这组数字来说明：2006年，战旗村已拥有较具规模的7家集体企业，集体资产达1280万元；除此，还有私营企业5家，多数为农产品加工企业，全村土地规模经营流转率达到40%左右，2006年人均纯收入5424元。相当不错的经济发展状况，使战旗村有能力、有必要加快新型社区建设，我们公司的投资便是一种有力的推动。"成都市小城镇投资有限公司董事长张正红认为，农村新型社区不是一个房地产概念，也不是一个单纯的改善居住环境的项目，对于乡村来说，它是一次综合性、全方位、深层次的改变，为村民带来的变化绝对不限于搬进了新家、住进了新房子，在"统筹城乡发展和综合配套改革"方面，农村新型社区建设只是第一步，当然是重要的一步。

"对没有产业支撑的村落，我们不会进行新型社区建设。要说标准，简单说首先必须是有产业支撑，能解决集中居住后，'田由谁来种、人往哪里去、钱从哪里来'这些问题；其次是村民对新型社区建设非常支持，农民集中度能达到50％以上。"成都市小城镇投资有限公司总经理赵杰胜的解释更为直接、简洁，他认为，农村新型社区与以往农村集中居住区最大的不同之处，就在于后者将达到城市社区的标准，它的某些标准，诸如人均居住面积、人均绿化面积等，甚至还高于城市社区，而这，也是农村新型社区的一大魅力。

"这次的集中居住区即新型社区的建设，除了满足战旗人对居住的环境的更高要求，还从根本上改变村民的生活品质，这才是我们建设战旗新型社区的宗旨和理念。"李世立不无自豪地说，这一宗旨和理念显然与统筹城乡发展和综合配套改革的思路，与成都市城乡规划和战旗村新农村建设规划的思路是一致的，"所以，我们不是简单地把人聚集起来，而是按照一座小城镇的标准，配备必需的道路、医院、学校、幼儿园、商店等一系列的基础设施，城镇的下水道、电网、通讯网，甚至天然气管网都会纳入考虑。新型小区内光纤、自来水、天然气等清洁能源等一应俱全，享受到幼儿园、市场、超市等完善的公共服务配套设施。"

统一规划，统一设计，统一管理，统一标准进行建设，这是战旗村新型社区的规划设计和建设的基本要求，这个要求是富有时代感和前瞻性的，按村干部的话说，是"要保证50年不落后"。也就是说，作为道路、住宅、整体环境及配套设施来说，都要按照当前最好的建造标准和配置来实施，即便在接下来的50年中，人们对居住和环境又有了新的需求，各方面的配套设施标准又提高了，只需对原有的社区环境和住宅建筑进行必要的微调和改善，就能跟上时代，满足人们所需。这一规划设计理念显然是领先的。

有关"保证50年不落后"，高德敏回忆，起初时还有若干值得一说的小故事。新型社区规划设计之初，已先定下了新型社区的建筑档次为

"中等偏上，上等偏下"，即既要让村民住得起，也要让村民不落后形势。然而，在具体设计时，要不要把所有的别墅都配上车库，出现了截然不同的两种意见：有的人认为既然是别墅，当然要建车库；有的人则认为建车库太奢侈，有车的村民可以停在院子里，没车的更不需要车库了。总而言之，农村社区无须建车库，省下一笔钱可以节省建房成本。

"但李世立书记始终坚持，战旗新型社区的每幢别墅式住宅必须配有车库。他说，有车的肯定要有车库，停在院子里像什么样子？没车的以后也会有车子，到时想要有车库时就麻烦了，何况还没有车子时，车库里可以放放杂物，不会浪费的。在他的坚持下，后来大家都接受了，所有的别墅式住宅都配建了车库。"高德敏回忆，除此，每套别墅式住宅内还都配有不少于3间的卫生间，其中所有主卧室都配有独立卫生间，此举也彻底改变了战旗村长久以来卫生间不入屋的传统习俗。

完善而富有前瞻性的规划，不仅能保证新型社区的建设有档次，还能保证战旗村的发展始终有一个明确的定位，保障有序发展，便于长效管理。在制订战旗村新农村建设规划时，为了充分发挥战旗村的辐射带动作用，有意识地打破行政界限，将周边的原金星村、火花村、平乐村等一并纳入规划区范围，统一考虑产业发展和农民集中居住。这一大胆举措，至少明确了战旗村规划建设的主要定位，那就是泛战旗村的诞生：依托战旗，辐射周边，实现3000人的集中居住区，形成2万亩的现代农业产业园。将战旗村一带打造成为郫县新农村建设示范点、现代农业产业样板区、沙西线生态旅游带的重要节点。显然，这一定位已经跳出了原先局限于战旗一个行政村的格局，战旗村的辐射带动作用得以彰显，泛战旗片区新格局的形成也成为新型社区建设的新样板，其意义可谓大矣。

村民易春长出生于1953年，曾经参加过战旗村1975年的那次集中居住区建设,且记忆犹新,所以对时隔30年的新一轮新型社区建设特别关注,也颇有感慨。"先前那次集中居住区建设,虽然也搞了规划,也造了好几条路,路的两边修起了两排房子,本来说还要造楼房的,可后来就没了下文。这么多年过去了,都以为不会再建集中居住区了,谁知这次修的规格特别高,完全按的是别墅式住宅,面积也特别大,住得当然特别舒服。当然,这回的建房方法也与以前不同,每家农户都建得起。"

"十里西畴熟稻香,槿花篱落竹丝长,垂垂山果挂青黄。"(宋·范成大《浣溪沙·江村道中》)居住在如此条件优越、幽雅舒适、美轮美奂,且仍能看见麦子黄、闻到稻花香的新型村庄里,夫复何求?!

在战旗村,当即将建造新型社区的消息一传开,至少超过一半的村民举双手赞成、全力支持,还有不少村民在经过初步的动员后,也纷纷表示积极响应。可以说,战旗村的村民们对建设新型社区的支持度、配合度都非常高。

然而,这次的新型社区建设毕竟彻底改变了战旗人原有的居住环境格局,甚至还会影响到个别村民的既有利益,比如村民已经习惯于原先的居住环境和居住方式,千百年来形成的农居文化不容易打破,哪怕有的习俗习惯已经完全跟不上形势;比如分散居住在60多个场院里边的村民都将实行社区化集中,原有的场院将被拆除,而有的场院的建造年代并不太久,村民难免有惜拆心理;又比如除了少数村民,全村各组的村民都将集中居住在一起,这就涉及房屋分配、区位确定、相关配套设施是否便捷等问题,这些都与观念、习俗、利益调整等有关。战旗村党支部敏锐地意识到,要把好事做好、实事做实,在新型社区项目正式实施之前,首先就必须来一场观念嬗变,并以此达到居住传统和生活理念的革新。

2006年5月,为改变村民的生活习惯,开阔视野,接触现代文明,调动广大村民参与新型社区建设的积极性,同时也是为了宣传战旗村的村情村貌,组织大学生参与推进城乡一体化建设社会活动,在上级党委政府部门的协调下,在成都多所高校的帮助支持下,战旗村积极承办了"高校+支部+农户"的大学生进农家活动。

"五一"长假的5天时间里,由西华大学、四川师范大学成都学院、四川农业大学水产学院和四川科技职业学院的360名大学生,走进战旗村的180户农户,与村民同吃同住同劳动,组织了多项文体活动,尤其是开展了以"讲文明更重要还是发家致富更重要"为主题的辩论赛。显然,这项活动对于村民逐步养成城市文明习惯、先进的生活和生产理念,发挥了特殊作用。

"大学生进农家活动"被评为当年度全国十大政府创新典型,得到了各级政府部门及领导的高度重视和肯定,战旗村的知名度也得以进一步扩大。更重要的是,通过"大学生进农家活动",极大地增强了村民的城市文明习惯和先进的思想理念,从而在思想上对新型社区建设取得了一致。

除了这项活动,战旗村始终坚持公正、公平、公开、自愿的原则,还通过开展创建"平安战旗"、"送法进农家"、文艺表演等活动,以及逐户发放宣传单等多种形式,围绕新型社区建设,对村民进行了广泛深入的"热身"。同时配合唐昌镇"拆院并院"工作组,深入各户农户家中进行宣传发动,还通过村里的老党员、老干部、村民代表、村民议事小组组长进村入户,进行深入细致的调查摸底,倾听民意,收集意见,做好耐心细致的思想工作。

"难道我们以后还要散落在各个场院里,本来可以聚居在一起的,非得四处分散居住？难道我们以后还得走在阡陌小道上回家、走亲戚，弄得晴天一身灰，雨天一身泥？建起了集中居住的新型社区，这样的烦恼都不会再有了。"通俗易懂、契合实情的动员宣传，使得村民们入脑入心，渐渐开窍。

在这一过程中，居住在当地镇、村的县、镇人大代表、政协委员，在群众中有威望的致富带头人、企业业主等社会力量，也纷纷投身其中，积极配合做好群众的思想工作。广泛宣传、发扬民主，不留"死角"、行之有效的工作，使得战旗村项目区95%以上农户，愿意向新型社区集中居住，这一难题由此得以解决。

"拆院并院"，腾出宝贵发展空间。

为把好事做细做实，在项目准备和实施过程中，战旗村反复重申必须严把三关：一是严把设计关。先是选出若干家技术力量强、有实力的单位，拿出初步规划设计方案后，反复征求专家和农户的意见。谁都可以发表意见，谁的意见都会得到重视。把这些意见汇总整理后，再定夺哪个规划设计方案，交由规划设计单位修改完善；二是严把招投标关。战旗村严格按照招投标有关规定，尽可能广泛地吸引实力强、信誉高的施工单位参与投标，选择价格合理、质量可靠的企业参与"统建"，确定项目管理公司和监理单位；三是建立完善的质量监督体系。对施工过程中的每个环节严格把关。期间，战旗村村民业主委员会和村民代表定期对工地进行巡查，并及时与管理公司、监理公司互通情况，了解工程进度，以确保房屋功能配套齐备、造价合理、质量优异，安全有保障，让农民住得放心、住得满意。

毋庸置疑，这次建设并非上一次的简单延续，而是重新规划、重新设计、重新建设。而且，建造的方法也与以前有了很大不同，不再是一味地让村民们出工出力，上山凿石，自制房砖，而是采用市场的方式，

在统一设计的前提下，利用城市建设用地增减挂钩的方法，引进业主投资新建。根据统一安排，战旗新型社区首期拟建农民新居工程8.3万平方米，入住人口1670人。项目估算投资为9896万元。由成都市小城镇建设投资公司全额投资。项目业主为成都市惠农投资建设有限责任公司（国有独资）。

"新型社区的建设和安置模式，主要有两种，一是'统建'，一是'自建'。从节约土地出发，我们要求'统建'为5层，'自建'为两层，主要的户型为80-120平方米，'自建'即由农户按照规划设计，由符合资质的施工队伍承担建设，同时必须接受统一监理。而居住区的水电气、商业、幼儿园、医疗、养老、治安等配套设施都将采取'统建'的方式完成建设，以确保质量。"李世立介绍，让村民自愿选择"统建"还是"自建"，这也是给予村民更多自主权，确保其利益的一种方式。

"三个明确"就是为了保障村民利益，制定出来的切合实际的配套政策。"三个明确"即为：一是明确安置方式，按照相关规定，进入集中居住区安置的村民，人均居住面积为35平方米，采取"统规自建"房安置为主、"统规统建"房安置为辅相结合的方式；二是明确拆迁标准，对农户的拆迁补偿标准，按照县政府〔2005〕45号文件执行；三是明确购房及补贴标准，对选择自建房的农户，按80元/平方米的风貌建设资金予以补贴，对选择统建房的农户，则按设计户型的建筑面积计算，以300元/平方米的最优惠价格购买新居。新型社区内部的基础配套设施一律由政府统一规划建设，农户不再另行缴费。

显然，"三个明确"的配套政策大大缓解了农户的经济压力，减轻了农户负担，也得到了农户的广泛认同。

值得一提的是，建设战旗新型社区是做好城乡统筹工作的一部分，

"工业向园区集中、土地向规模经营集中、农民向城镇集中"这一原则为其要津,这其中,"土地向规模经营集中"这一原则,言明了新型社区建设同时必须考虑土地的集约化使用,考虑由此获得发展空间的拓展。

"众所周知,战旗村的土地是紧缺的,随着社会经济的进一步发展,土地资源的愈发宝贵,这是必然的,对此,村两委班子有着高度认识。因此,我们在宣传动员阶段,就给广大村民说清楚,建设新型社区也是为了充分利用有限的土地资源,让原先分散居住的农户实现社区化集中居住,实现土地的集约化利用。你一户人家占着那么大的一个场院,还东一户西一户,这土地的利用率就低了,价值也低了,对发展集体经济不利,反过来也影响全体村民的利益。"李世立回忆,在新型社区建设全面启动之前,在村党支部主持下,村里拿出了发展规划和"拆院并院"方案,让村民们明白这一举措的意义所在,把利弊得失说得清清楚楚。

"拆院并院"的含义十分清晰,即把原先分散在各处的村民居住场院拆去,把它们并在一起,另建集中居住的场院,即农村新型社区。通过"拆院并院"整理出来的土地,一是用作安置村民及建设基础设施,改善农村生产生活环境,包括建设新型社区;二是予以复垦,以推动土地规模经营,使农业生产依托现代农业产业园区建设,全力打造现代农业、观光农业和生态休闲农业,为战旗村腾出宝贵的发展空间。

千万不要小看"拆院并院"之举。通过这一方法整理出来的土地,总体数量或许不算太大,但因运作科学合理,加之战旗村得天独厚的地理优势和发展潜能,其土地价值着实不可小觑。仅这回因新型社区建设而开展的"拆院并院",就整合节约出208亩建设用地,将其挂钩到县城城区使用,利用其预期收益融资9800万元人民币,用于土地整治以及新型社区建设，实现了土地收益1.3亿元人民币。

而此前的2003年、2006年两次土地整理集中，共整理置换出土地440.8亩。三次土地整理集中和"拆院并院"所整理置换出来的土地，减去用于安置村民及基础设施215亩后，仍节约出近300亩宅基地复垦还耕。从这些土地上获得的收益，再加上获得城市建设用地出让收益的补偿，每户农户平均只需再添1.4万元就能建起新型社区的新居。

由此可知，这"拆院并院"会是多么的成功！

2007年8月21日，战旗新型社区正式奠基动工，计划共投资9500余万元。入驻人口可达1655人。新型社区共修建低层别墅式楼房401套，建筑面积7.45万平方米，修建公寓式多层楼房171套，建筑面积1.45万平方米，修建幼教、商业、管理等功能配套房0.24万平方米。2008年4月，整个项目竣工。

"新型社区建成后，这个社区也基本具备了小城镇的格局，并且蕴藏着非凡的发展潜力。"易奉阳是新型社区建设的见证者，他不无骄傲地对笔者回忆，从根本意义上说，当年的新型社区建设，除去改变了村民的居住条件，乃至提高了村民的生活品质，它还成了战旗村重要的历史转折点，从此以后，战旗村的社会经济全面进步进入了一个新阶段。

"芳草鲜美，落英缤纷。""土地平旷，屋舍俨然，有良田美池桑竹之属……"（晋·陶渊明《桃花源记》）古人极尽笔墨所描述的美好桃花源，千百年来只是存在于浪漫的文字中，从未化为现实。而现在，战旗人实现了这一久远的梦想，而且，无论从屋舍的舒适、设施的完善、环境的优美、人际关系的和谐，都远胜于古人笔下的那个桃花源。这便是战旗人值得欣慰、值得自豪的一大杰作！

新型社区建成后，按照规划，整个战旗村除了已经居住在场镇附近的121位居民之外，其余的1561位村民都将入住这个新型社区。

"因为大多数别墅式小楼都是以'统建'形式完成建造的,所以就存在一个如何分配房子的问题。对此,村两委高度重视,对住宅的分配做出了公平、透明,科学、合理,又有利于生产的几种分配方案。"李世立坦言,看到村里果真建起了这么漂亮的房子,村民们自然兴奋不已,对分配到满意的住宅有着强烈的渴望。"这份渴望,在漂亮房子活生生地摆在他们面前时,达到了顶峰。为了让绝大多数村民满意,我们先把方案公之于众,在村民们的意见基本一致时实施,这就保证了整个分房过程十分顺畅、十分和谐。"

战旗新型社区住宅的分配方案,主要有三种:第一种,由生产队一起分,这样原来的生产队分房后依然住在一起;第二种,由几家几户一起分,相互来往密切、关系好的住在一起;第三种,所有人一起抓阄决定。最终,经过全村村民的商讨,选择了以第三种方案为主来分配新房。在分房过程中,村两委还专门请来了公证处的工作人员进行公证,确保整个选房过程的公正、公开、透明。

当然,如同前文所言,建设战旗新型社区,并不仅仅是改变了村民的居住条件,提高了村民的生活品质,更重要的是,它的建成和入住,将大大促进战旗村的社会经济全面进步,是战旗村进入新的发展阶段的历史转折点。"村民集中到新型社区居住,能有效增强战旗村的经济辐射能力,增加就业机会,使当地村民的收入得到一定的提高,在服务和管理上达到城市社区标准。"高德敏指出,解决"田由谁来种、人往哪里去、钱从哪里来"这三个至关重要的问题,说到底,都与新型社区建设相关,"因为有了新型社区,等于筑成了一个温暖的巢,而有了暖巢,就不怕喜鹊飞走,也不必担心没有凤鸟前来栖息。"

的确,战旗村新型社区依托沙西线休闲旅游产业带建设和临近柏条河的优势,立足战旗村现有农业基地和企业基地,倘若有针对性地配套发展产业支撑，培育壮大集体经济，形成以战旗村为核心的放大新型社区，将其打造成沙西线休闲旅游产业带西端的一个重点节点，并非妄想。

结合成都市统筹城乡发展和综合配套改革试验区相关建设和发展要求，战旗村的发展定位为城乡融合、农商文旅融合发展的示范村。其时，根据战旗村的产业现状，提出了产业发展定位，即：完善一产业，激活二产业，引导三产业，从而实现战旗村一、二、三产业互动发展，促使农民多渠道增收。也就是说，从2007年前后开始，战旗村未来较长一段时间内的发展趋向已经明朗。

按照这个定位和趋向，在接下来的一段时间里，战旗村工作重点主要有：一是推动土地规模经营。农业生产主要依托现代农业产业园区建设，全力打造现代农业、观光农业和生态休闲农业。二是改善农村生产生活环境。"拆院并院"项目的实施后，社区将彻底改变脏、乱、差的状况，有效改善农村形象，形成功能分区明确、布局合理、设施配套、环境优美的新型农民集中居住示范社区。三是推动农民增收。项目实施后，将依托"中国川菜产业化基地"原辅料生产基地，计划土地总流转面积达到2000亩，土地流转率达到78%；四是实现项目投资收益回报。通过项目实施共整理出农用宅基地427亩，集中居住占地164亩，其中33亩用于解决企业用地，新增集体建设用地指标为230亩，通过县上统筹安排"挂钩"拍卖，可实现投资回收和项目再建设。

从这个定位和趋向中可以得知，在这一轮城乡统筹的进程中，战旗村充分利用了国家对成都综合配套改革试验的倾斜政策，夯实了战旗下一步发展的基础，比如完善基本公共服务功能，提高村民的社会保障水平；制定并完善战旗和泛战旗发展规划，推进生产力合理布局和区域协调发展；统筹新农村建设，促进现代农业发展和农村基础设施改善；统筹城乡劳动就业，大力推动农村富余劳动力就地转移，切实提高村民经济收入。当然还有特别重要的一条，那就是在战旗建成一个现代化农业产业园，逐步形成农副产品生产和加工的产业链。

在这一轮发展中，由于逐渐获得了二三产业的有力支撑，村民相继进入新型的农业产业园区，逐步转化为农业产业工人，这既解决了就业问题，提高了村民收入，更使得整个村的现代农业进入良性发展的轨道。

由此，"田由谁来种、人往哪里去、钱从哪里来"这三个至关重要的问题，已经有了清晰的答案。

党的十八大以来，尤其是中共中央、国务院发布关于大力实施乡村振兴战略后，作为国家乡村振兴试点先行区，郫都区又已明确提出以打造乡村振兴博览园为载体，探索中国城乡一体融合发展的"郫都模式"。"绿色战旗·幸福安唐"乡村振兴博览园规划方案隆重推出，"战旗引领、三轴串联、环廊聚集、四区联动、多点共生"的发展策略已经确定。无疑，在新的加速发展期，战旗村将担纲更为重要的角色。

为了让新区循环有序的发展，2009年4月，战旗村还制定并施行了新型社区管理办法，这也是成都市乃至四川省第一部农民集中居住的农村新型社区管理办法，在全国显然也是少见的。

这部新型社区管理办法，主要针对社区内村容村貌方面的管理，涉及道路、建筑物、户外广告和店招、园林绿地、环境卫生、综合治理和社区消防管理等多个方面，管理办法出台的主要依据是《中共中央国务院关于推进社会主义新农村建设的若干意见》《村民委员会组织法》《成都市市容村貌管理暂行规定》和《郫县镇容村貌管理暂行办法》等政策法规，还结合了战旗新型社区的实际情况。

这部新型社区管理办法条文细致且明晰，比如在道路管理方面，规定不得擅自在新型社区、聚居点的道路旁随意停车,车辆应停放在经批准设置的临时停放点,且有序停放,停放点应规范标牌和标线;严禁占用社区道路、广场及其他公共场所进行棋牌、演唱、咨询宣传及其他经营活动,确需临时占用的,须经村民委员会同意,且不得影响村民的正常工作和生活;在社区道路及本村其他人口密集区域内行驶的车辆,速度不得超过40公里/小时等,这些都是村民以往不太注意,随意为之的事,却又是城市社区管理中必须做到的。

"新型社区建成启用之前,不仅是车辆的停放、村道的占用、村内道路的行车速度等,包括社区绿化及维护、清洁卫生、噪音治理等方面都极其随意,乡里乡亲的,哪怕隔壁有人做出了一些妨碍公共利益的事,往往也是眼开眼闭,在观念上甚至还觉得这一切理所当然。但搬入新型社区之后,生活上原先的坏毛病都得改掉,说到底,这也是统筹城乡发展的一部分。"高德敏认为,让村民们尽快适应新型社区的现代生活,通过日常生活中每个细节的身体力行,变得更加文明、有序、和谐,无疑是一种极好的方式。

不过,要让曾经长期生活在农耕社会的村民接受不逊于城市的现代生活,需要有个过程,光靠这部新型社区管理办法显然是不够的,还必须跟进日常的管理监督。为此,新村刚启用后的一段时间,村里还专门安排人员实施监督,发现问题及苗头,及时阻止并处理,有时甚至做得"毫不留情"。

比如村里要求,临街的阳台,临街的商铺,不得擅自安装、设置遮阳(雨)篷,不得吊挂、晾晒或摆放有碍观瞻的物品;屋顶不得乱搭乱建鸽棚、鸡舍及其他建筑物;行道树、护栏、路牌、电杆、路灯杆等设施上严禁吊挂、晾晒衣物及其他有碍观瞻的物品等,起初时,有的村民就觉得,连这种小事也要管,实在管得太琐碎了,让人活得不自在,但后来,经过严格管理监督,整个环境确实变好了,村民们就觉得这套制度,以及严格的管理,的确是有必要的,而且对维护居住环境也变得自觉起来。事实上,看到如此整洁优美的环境,就不忍心、不舍得再乱扔垃圾,再破坏景观,而是自觉维护、细心呵护,这几乎是所有村民搬入新型社区形成的新习惯、新风尚。

"人,诗意地栖居",这是德国19世纪浪漫派诗人荷尔德林一首诗中的句子,后经德国哲学家马丁·海德格尔的阐发,提出的"诗意地栖居在大地上",成为几乎所有人的向往。此言主张最理想的人居环境并不限于华厦美舍等的物质享受,更在乎精神上的享有。

中国传统文化追求诗性、寻求心灵的轻盈和与山水的天然融合,这些愿望突出表现在人居环境的追求和打造之中,所谓"看得见山,望得见水,记得住乡愁",即为人们栖息心灵的理想人居。而如今的战旗村新型社区,在进一步完善相关配套的同时,无疑正在向这一目标努力。

善于创新,共治共享。如今的战旗村新型社区,营造和谐文明社会环境已成为一大主题。如积极弘扬社会主义核心价值观,实施乡风文明"十破十树"行动,定期开展"晒家风、晒家训、晒家规"等活动,使社区成为市级家风示范基地;探索"村+社会组织+社工+志愿者"模式,形成友善公益、守望相助、开放包容的战旗新风尚;实施全民艺术素养提升和"送文化下乡"行动,深化与高校结对共建,丰富村民文化生活;坚持共建共治共享,将法治及传统文化纳入村规民约,并入选全省100条最佳乡规民约,推行村民投工投劳义工制度"百姓纠纷大家评"模式等,社会保持和谐稳定。多年来,社区无一起"两抢一盗"和"黄赌毒"案件发生。

与此同时,坚持全域景区理念,社区内家家房前屋后配套了花园绿地,试点推行农村垃圾分类,实施大地景观化、艺术化改造工程,景区

化、景观化格局基本形成。坚持以城市公共服务理念完善乡村公共服务，实施公共服务优质均衡工程，社区内及其周边已配套区第二人民医院、小学、幼儿园等功能性设施，探索"互联网+政务服务"，推行政务"微服务"，实行"养老保险年审"等民生事项网上办理，实现居民办事"足不出户"。设立了战旗便民服务中心，社保等事项可实现"一门式办理"，提供"一站式服务"。探索开展"点对点"居家养老、托幼托老等个性化服务，配套了卫生站、文化活动室、农民夜校、农家书屋、警务室、便民超市等，构建形成15分钟公共服务圈。

需要补充一笔的是，为了让战旗全村人民共享发展成果，从2005年起，村集体每年每人平均发放40元的以工补农款，大力支持农业发展。全村村民的农村新型合作医疗保险也由村集体承担，60岁以上的老人每年发给160元的养老补助，给入托儿童人均补助60元，村民的福利待遇仍在逐步提高中。

"桃花流水窅然去，别有天地非人间。"（唐·李白《山中问答》）桃花飘落溪水，随之远远流去。此处别有天地，真如仙境一般。生活在温馨和谐的天堂里，尽享这美好的日子，这便是人间最大的幸福！

第五章 战旗招展，堡垒永固

"自己入党为了什么？自己作为党员做了什么？自己作为合格党员示范带动了什么？"

"亮身份、亮承诺、亮实绩。"

——战旗村共产党员"三问""三亮"活动主题

胸怀满腔战旗梦，想方设法找出路。

——郫都区唐昌镇战旗村党委书记 高德敏

雪霜自兹始，草木当更新。严冬不肃杀，何以见阳春。

——唐·吕温《孟冬蒲津关河亭作》

"党建立得住，关键要看党支部；支部强不强，主要还看'领头羊'"。党的基层组织处于党的工作最前沿，是实施乡村振兴战略的主心骨。战旗村党组织书记们始终把"坚持党对一切工作的领导"落到支部工作中，贯穿于党建工作的全过程。他们一任接着一任干，始终以不忘初心、敢为人先的精神传承，不屈不挠、战天斗地的艰苦奋斗，不畏艰难、勇于创新的工作作风，带领全村村民，抓机遇、学先进、建新村、壮实力、谋发展、得富裕，使曾经"一穷二白"的战旗村成为全国闻名的乡村振兴示范村。每一任书记都立下人民服务的赫赫功绩，都有着诸多感人肺腑的故事，都留下基层党建、发展乡村经济和村庄治理的宝贵经验。

第一节　从艰难中走出的带路人

战旗村能有今天的发展成果,与党正确的方针政策分不开,与一代代战旗人的热血奋斗分不开,也与一任又一任带头人分不开。尤其是在事业开创阶段,高举战旗,带领众人无畏艰辛、披荆斩棘、励精图治的历任党支部书记,是战旗人的杰出代表,功勋卓著,青史不忘。

蒋大兴,典型的川西汉子,个子不高,却浑身是劲,跌宕的岁月、艰辛的劳作,磨砺出他吃苦耐劳、沉着坚毅的禀性。凭借共产党员的本色,带领村民改变一穷二白的面貌,是他最大的心愿,也是他成为一村之长之后的头等大事。战旗村始创的见证者和参与者,扛起猎猎战旗的第一人,让他在战旗村辉煌历史上留下不可忽略的名字。

1915年出生的他,在新中国成立之前是个普通佃农,还在地主家做过长工,属于那个年代的赤贫阶层,因而对穷困、饥饿、屈辱、灾祸……有着切肤之痛,为了摆脱这些久远的梦魇,他付出了包括自己体力在内的全部力量,但在浩茫的苦难面前,一己之力又有何用？新中国的成立让天地更新,也赋予他新的生命和施展才能的新契机。

1952年4月之后，土地改革结束后，与全国各地一样，取消保甲制，分区设署，新政权逐步建立，建立于新中国初期的乡农民协会、村农民协会小组依然存在，协助人民政府参与行政管理机构，特别是在组织农民团结起来斗争，开展农民思想启蒙和宣传教育，协调各方关系、缓和矛盾，推广经验、共同发展等方面发挥作用，为革命的最终胜利奠定基础。此时，只读过两年左右私塾的蒋大兴，已在开始参与和组织崇宁县灵圣乡集凤村（即后来的金星大队）的农民协会工作。

不要小看了这两年左右的私塾，在当年，文盲占绝大多数的川西农民群体中，这已经算是一个"知识分子"了，何况蒋大兴工作积极、办事积极，为了集体的事务甘愿牺牲自己的应得利益，如是，他更多地介入了乡村事务，并赢得了众人的信任。1953年，蒋大兴加入了中国共产党。

1953年起，在落实国家统购统销任务完成的过程中，他开始担任集凤村的村主任和嗣后的农业生产合作社主任，尤其是在1954年大搞"互助组"期间，为了进一步强化集体组织的力量，蒋大兴耗费极大精力，广泛发动农户，尽可能把分散的力量黏合在一起，显得更加忙碌。集凤村的互助组工作成果显著，无疑有他的功劳。然而在随之而来的"新三反"运动（即"反官僚主义、反命令主义、反违法乱纪"运动）中，有人检举他有贪腐行为，蒋大兴一度成了清查对象，但组织上很快查实此检举为子虚乌有，蒋大兴遂得以"平反"。

1956年，蒋大兴当选为由集凤村改组而成的金星村负责人。至1965年3月，已改为金星大队的原金星村（时由集凤、金星、向阳和祁村共4个生产队组成），又被划分为金星大队、向阳大队和战旗大队，其中战旗大队由原金星大队的第11至第17生产小队组成。经党员群众公开选举，蒋大兴当选为战旗大队（即尔后的战旗村）第一任党支部书记。

成为扛起猎猎奋斗大旗的第一人,并不仅仅是荣誉,更是一种辛劳,一种责任。

战旗大队刚刚独立出来时,用"一穷二白"这四个字来描述,真是太准确不过了。3间猪棚、1个木制文件柜、3把圈椅,还有700元外债。700元,在当年可不是一个小数,而是一笔巨款!更要命的是,刚刚独立出来的第二天,那间猪棚上的房檩竟被外村人偷走!或许,这几根房檩是整个大队最值钱的东西……如此一贫如洗,却丝毫没有击溃蒋大兴和他身边党员群众的信心。他们没有因此而垂头丧气,没有破罐子破摔,而是在党支部领导下,振作精神,群策群力,在这张白纸上开始画下最新最美的图画。

在战旗村最初的营建、发展过程中,蒋大兴毫无疑问是全体战旗人的主心骨。率领众人筚路蓝缕、白手起家,是他义不容辞承担起的光荣职责,他把自己融入了这场聚合起集体的力量,让旧貌换新颜、实现富裕梦想的艰苦奋斗之中。

当选为村党支部书记的第一天,蒋大兴便组织群众,选举产生了由五名村民组成的战旗大队委员会,从事村里日常的行政管理工作。尔后,他带领大家,自力更生,就地取材,造起了6间极其简陋的泥巴房,其中3间作为养猪场,养猪毕竟是集体生产的一部分,另3间则成了战旗大队党支部和大队部的办公处。

战旗村刚刚独立之时,百废待兴,想要取得一些成果,往往就得付出较大代价。"我们最大的财产,就是自己的一双手,所有财富都得靠这双手去向大地要,去向老天爷要。"每当回忆起那段峥嵘岁月,感慨万千的蒋大兴不由得双眼湿润。面对严峻考验,蒋大兴和战旗大队党支部竭尽全力,一方面激励党员,充分发挥他们的先锋模范作用,一方面鼓动群众,自觉献出自己的勇气和智慧。

那一年的雨季，柏条河涨了大水，生长正旺的菜籽田面临被淹的危险。蒋大兴急了，他马上发动党员群众，冒雨在柏条河岸上打桩，疏通河道，保护河岸不至垮堤。流量巨大的柏条河终于顺着疏通了的河道哗哗流淌，战旗村所有菜籽田都安然无恙。

值得一记的是，作为首任党支部书记，蒋大兴对"战旗"这一村名的确立，也有不可忽略的贡献。

柏条河支流上的原本有一座集凤桥，据传建于清道光年间（1821-1850），由本地拔贡易象乾题写桥名，名曰"集凤"。集凤原本的意思是"凤停于树"，南朝诗人陈贺循曾有《赋得夹池修竹诗》："来风韵晚径，集凤动春枝。"比喻此地为聚集贤才之地。唐朝诗人杜甫《夔府书怀四十韵》一诗中，也有"议堂犹集凤，贞观是元龟"之句，当为吉言。"集凤"遂成为这一带的地名。可惜，20世纪50年代，由于道路变迁，集凤村已圮，现不复存在。

原本，从金星大队析出，单独成立大队时，先是定名为"集凤"两字，毕竟战旗大队的相当一部分区域与原集凤村相同，还能保留一些历史感，但就在这时，蒋大兴想起在同一个郫县，原三道堰公社刚改名为"战旗公社"，觉得这个新地名特别豪迈、特别富有时代感，很想把这一地名也用在这新成立的大队上。

"当时一想到这个地名，就感到与我们大队特别贴切，战旗，战旗，就是战斗的旗帜。这个名字还含着'有一面党的战斗旗帜作指引，带领全村群众不断前进'的意思，还与我们党支部的战斗堡垒作用非常巨大、非常突出有关。在支部会上，我反复说，他们能用，我们也可以用。我的这个提议得到了大队党支部全体委员的同意，会上就定下来了，报上级党委批准。"蒋大兴事后回忆，很快，经郫县"四清工作队"（其时，"四清"运动尚在进行中）和先锋人民公社党委研究后，同意把"战旗"作为这一新设立生产大队的新名称。

"为什么战旗美如画？英雄的鲜血染红了它。为什么大地春常在？英雄的生命开鲜花……"这几句著名的歌词，来自电影《英雄儿女》的主题歌《英雄赞歌》，这是一部反映抗美援朝中，志愿军战士英勇无畏精神的电影，曾映遍大江南北，这首主题歌亦传唱至今。"战旗"这个名词，高亢响亮，寓意深刻，对在红旗中成长起来的新中国一代人，无疑有着特殊的情感，并从中获取不竭的精神激励。

1969年底，已近六旬的蒋大兴从党支部书记这一岗位上退下来，调至集体所有的企业，从事管理工作。在这一岗位上，他又干了十年，直至退休，颐养天年。

"乘骐骥以驰骋兮，来吾导夫先路。"（屈原《离骚》）乘上千里马纵横驰骋吧，来呀，我在前方引导开路。这是何等壮美的图景、何等豪迈的气概！是的，富有开创意义的事业殊为不易，蒋大兴和当年的战旗人功不可没。

从1970年初起，罗会金担任战旗大队党支部书记。作为第二任书记，在已有基础上，他承担起带领全体战旗人向新的目标进发的重任。是的，依凭集体的力量，发挥每个党员、每个群众的优势，依然是罗会金和党支部开展各项工作的主要方法。

事实上，罗会金并不是从担任党支部书记起，才开始从事战旗村的日常管理工作的。在蒋大兴担任书记期间，他已经是战旗大队的生产大队长了，属于行政负责人。毕竟是从战旗村一穷二白的日子一步步走过来的，他太清楚战旗大队的实情，太了解战旗人的需求了，既缺钱又缺粮的境遇让他痛感埋头苦干、发展经济的重要性。

甫一上任，罗会金就推出并强化了"勤俭持家、一切以勤俭办事"的作风，能省则省，能简即简，尽最大可能降低村级集体办事成本，尤其是日常的办公成本。其目的一是减轻群众负担，二是集中有限的资金，"把钢用在刀刃上"。比如他一上任，就带着几名党员群众把两间猪圈修整了一下，用少量的土砖砌筑了已经垮坍的部分墙体，再打扫干净，就成了大队党支部的办公场所。与蒋大兴一样，他担任着支部书记，却不拿额外的工分和补贴。无私地为大家做事，这已成了一种自觉。

还是在担任大队长期间，从1968年起，罗会金就在大队班子的支持下，带领群众，对战旗大队的土地进行了规划和整理。在实地参观了山西省昔阳县大寨大队后，罗会金更加觉得土地规划整理的必要性。他提出了"沟端路直树成行，条田机耕新农庄"的设想，并着手实施。在当时的发展条件下，这一设想和行为无疑是超前的。

这便是战旗大队第一次大规模的土地整理，第一轮持续了三年多，罗会金担任党支部书记更来劲了。事实上，在战旗村搞土地整理并非易事，上文已有所言，虽然这里绝大部分区域为平原河网地带，但因地势不平、河流切割、洼地众多，部分地块还有小丘小坡，若要让它变得像地毯般平伏、棋盘般规整，不下一番大功夫是无法做到的。

"记得那个时候，一到农闲季节，大队里就组织农民搞土地整理，下大雨、过大年时也没停下来。只要符合整理条件的田地，比如有一定面积的，都进行了细致的规整，每条田塍、每条沟渠都整理得笔直，条块分明。记得当时我们大队的田地，得到整理的至少在百分之九十左右。"村民易春长当时也参加了土地整理劳动，至今还留有深刻印象。

连续三年的土地整理，使得整个战旗大队的土地呈现出了不同的面貌，可以用"焕然一新"来形容。其时，周边各公社各大队还从未开展过类似的土地整理，战旗大队的这一招便异常惹眼，不少公社和大队的干部专门前来参观，赞叹不已。

没想到的是，罗会金和大队班子并没有满足于这三年奋斗带来的成果，从1971年起，新一轮的调田改土，或曰农田基本建设开始。这一轮农田基本建设干得更像绣花般精细。"所有高低不平、大小不一的田地都被改造成方方正正的标准农田，沟渠路相通，灌排方便合理，均达到良田标准，真正实现了'沟端路直树成行，条田机耕新农庄'，把战旗大队建成了集体化时期的模范村。"回忆起当年花大力气改造土地，罗会金不无自豪。

当然，罗会金自豪的还有一个原因，就是这项持续长久、投入不小的农业基础工程，所使用的工具颇为原始，夸张点说，最主要的工具还是农民们的两只手。"蒋大兴担任书记的时期，曾说'我们最大的财产，就是自己的一双手'，到了20世纪70年代，我们最大的财富还是这个，当然还有战旗人的信心和决心！"可以说，凭借着勇气和激情再次改造低产田，是战旗人这一时期的重大行动和主要成果。那股勇气和激情，也是日后铸成"战旗精神"的重要来源。

正是因为大力进行农田基本建设，低产田变成了良田，从20世纪60年代末至70年代初开始，战旗大队集体粮食生产非但实现了自给，每年还有结余，大队由此获得了"郫县粮食生产模范"的称号，受到了当时的县委、县政府的表彰。有了成果，罗会金干劲更足了，遂提出在大队建立拖拉机站（后改为"农机站"）的设想，很快得到了大队领导班子和群众的支持。

"一方面是为了进一步提高农业生产效率，另一方面也不想让大家过于辛苦，依靠两只手，依靠原始传统的耕作方式在土里刨食，这番辛苦可想而知，而且这样干，毕竟不是长远之计。"罗会金说，当时，整个郫县使用拖拉机等农机具进行生产的，还是凤毛麟角，这方面，战旗大队又走在了前面，"大家的支持，是因为看到了不断提高农业生产效率的希望，也是信任我。要知道，当时要获得一台拖拉机，我们不知要拉走多少车的粮食！"

1972年前后，战旗大队的拖拉机站成立，首台国产拖拉机购入。为了尽早让农民学会开拖拉机，罗会金又专门选派人员，去先锋人民公社拖拉机站培训学习。战旗大队拥有了自己的拖拉机和拖拉机站，再次让四邻八乡的人们艳羡。是的，成立拖拉机站、建造大队大礼堂等举措，是战旗人对社会经济发展富有前瞻性的体现，而这也是罗会金当年工作的一大特色。

需要一提的是，罗会金担任书记的这一届党支部班子，不单是他一个人强，而是整个班子强，配合得也非常默契。罗会金有很强的实干精神，讲求以身作则，身体又棒，还是劳动的一把好手。当时，让众人服你，首先必须会干农活，乃至很会干。罗会金讲党性，有冲劲，甘愿奉献，为公家谋利益，大家都很服他。当时担任大队长的，是1978年以后担任村支部书记的杨正忠，他的风格也是说干就干，注重党员干部带头。而那时的支部副书记是李世炳，他初中毕业，有文化，点子多，能说会写。大队里有接待任务，开大会要讲话，要做群众的鼓动工作，都由李世炳出面。

由于李世炳能力强、工作出色，当时的温江军分区曾想调他。罗会金自然不舍得这位难得的搭档，当军分区来人时，就反问"李世炳走了，那战旗大队还要不要？"执拗地把李世炳留下了。罗会金从大队党支部书记岗位上退下来后，李世炳继任。不过，1979年，李世炳还是被上级抽调，走上了更高的工作岗位。

可以想象，接任罗会金的李世炳，其工作方式方法，与前任一脉相承。

同样土生土长的李世炳，对战旗的情况极为熟知。1957年初中毕业

后，他一度当过教师，从1965年起，他就开始参与大队管理工作，担任大队会计，1971年起又成为大队党支部副书记，1975年当选为支部书记，直至1979年底上调至新民场镇，担任镇党委书记。不消说，20世纪50年代的初中毕业生，知识基础是极扎实的，加之他习惯于观察思考，使得他在协调各项事务时，始终以发展的眼光看问题，从全面的角度找答案，又不缺从容稳妥的作风和前瞻之心，他的领导能力和工作业绩，向来被人们所认可。

20世纪70年代中期，对于中国是个颇为微妙的年代。"文革"已到后期，局势几经变化，究竟是政治挂帅，还是以经济工作为中心，自上而下都在疑惑，都在探索。一直在揣摩大队社会经济发展路向的李世炳，经过反复而深入的思考，认定无论风云如何变幻，学习大寨大队发扬自力更生、艰苦奋斗的精神，战天斗地、治山治水、改变落后面貌这方面的做法总是正确的。于是，李世炳带领党员群众，在已有基础上，开始在战旗村有选择地学习、"仿效"。

在大寨参观时，李世炳特别留意的是那儿的农居，是集中在一起居住的排排窑洞，据介绍是由集体统一建造，整齐划一，气势不凡，而最让李世炳关注的，则是这样的造法能大大节约土地。战旗大队虽处平原，但土地同样金贵，采取集中居住好处多多，值得学习。回到战旗后，李世炳即与支委们商量此事，决定实施这项新的建设工程。而全大队社员闻此讯，也都热烈响应。

"可以这么说，群众的响应和支持，是因为他们心中始终怀有对新生活的强烈向往，毕竟当时还有不少社员还居住在茅草房里。他们愿以一己之力改变战旗面貌、建设美好家园，这份发自内心深处的愿望由来已久，令人感动，大队党支部理应顺应这一愿望，组织大队全体社员，投身这一工程。"李世炳回忆，当时，凡是抽调到工地上进行义务劳动的社员，无一拒绝，无一不全身心投入。

有关1975年战旗人自力更生建造集中居住区的具体过程，前文已有所述。为了让新建的住宅形态美观、坚固耐用，也为了节省费用，李世炳和大队党支部组织起一群以民兵为主的正劳力社员，自带干粮，来到郫县西山凤凰嘴（后改为向阳大队）开采了一批石料，作为建房的基石。开采石料时的艰辛一言难尽。

"雪霜自兹始，草木当更新。严冬不肃杀，何以见阳春。"（唐·吕温《孟冬蒲津关河亭作》）战旗人战天斗地，凭借双手建造集体居住区的行动，在当年的郫县以及周边县市是一桩十足的新鲜事，县委、县政府以及省建委、省五七干校等相关部门的同志们也深深为之感动，纷纷主动伸出援助之手，提供了各种物资设备。"在筹置房砖时，县科研所的同志曾把一台他们正在使用的制砖机搬到了建房工地上，帮我们筑窑制砖，机器制砖的效率要比人工制砖高出很多倍，而且质量极其可靠，把我们都看呆了。县科研所这唯一的一台当然不能送给我们，战旗大队民兵连便联系上了成都军区后勤部，由他们支援了三台制砖机。"李世炳回忆。

这三台制砖机作用着实不小，非但为这一次的集中居住区建设提供了大量房砖，由这三台制砖机起步，战旗大队的村办集体企业亦由此起步。

除了三台制砖机，省五七干校和县建委还捐助了几吨钢材。在制作预制板时，省五七干校的工人在下班后，还放弃休息来到建房工地，加班加点帮助生产预制板。各相关部门各种方式的支援一时无法道尽。

因财力有限，加上当时"单枪匹马"式的集中居住区建设经验不足，这一工程最终未能全部完成，只建成了三栋新住宅，安排当时的四队和八队部分社员入住，计17户家庭87名社员。"不过这三栋新住宅已

在四邻八乡中轰动了,大家对能住在里面的社员十分羡慕。新住宅很宽敞,每家每户都能住得很舒服,屋前还有一个小花园,每家还配建了一处养猪养鸡的地方,基本设施都很齐全。"李世炳认为,从某种角度上说,这已建成的三栋新住宅,其样板意义还超过了实用意义。

没错,由于种种客观原因,尽管这一设想只得到了小部分的实现,甚至可以说只是一次尝试,但作为历史上郫县第一批农民集中居住区,它开创了战旗新农村建设之先河,为以后的战旗村连片居住区建设做了极其有益的尝试。

1980年,李世炳被组织提拔调任至新民场镇担任党委书记。离开战旗大队时,他十分留恋,因为他很想与社员们一起,继续发扬艰苦奋斗的作风,不断改变战旗面貌。发挥集体作用,敢为人先,为提高群众的生活质量殚精竭虑,他的功绩始终被人们所记取。

到了1978年下半年,战旗大队(1983年10月后改为战旗村)支委已需换届。由于李世炳已经明确即将提拔调任,战旗大队需要一位新的书记。就这样,比李世炳年长9岁的杨正忠进入了人们关注的视野。他顺利地当选为战旗大队第四任书记。

杨正忠向来是个热心人。尚未担任支部书记之时,只要得知社员有困难,他就会主动及时地提供力所能及的帮助,慷慨解囊、耐心细致,大家都把他当成自己人。

"他的最大特点,是凡事首先想到的不是自身,而是对方,而是群众,先公后私、无怨无悔是他为人处事的最大特点。在我印象中,担任支部书记后,他更加严格地要求自己,重视民生事业,把为百姓办实事放在首位,那种诚心实意的态度给我留下了深刻印象,甚至大大影响了我。"高德敏向笔者回忆,杨正忠书记留给他的最深刻印象,就是从不讲大道理,不摆花架子,解决问题的最大"利器"往往就是以身作则。

杨正忠担任支部书记15年,恰遇推行家庭联产承包责任制、提高农业生产效率、探索集体企业发展之路等多个关键时期,任务繁重,有些活儿还是不易化解的难题。杨正忠的文化程度不高,据说当年蒋大兴退下来时,原本是想让杨正忠接任的,但杨正忠觉得自己的文化水平不行,认为罗会金比自己更合适。后来罗会金退下来了,杨正忠依然觉得李世炳的文化水平和办事能力都比自己强,再次提议让李世炳继任。所以,当他后来接替李世炳担任村党支部书记时,年龄反比前面几位大。

不太善于讲大道理,凭的是踏实勤恳地做事,并充分利用村两委班子的集体力量,由此来攻克一个又一个难关,这便是杨正忠办事的诀窍。他极其注重班子内部的团结,讲求民主集中制。当年曾与他同在一个班子里的村干部回忆,在日常工作中,一遇到较大事项,杨正忠就会主动向村干部们征求意见建议,重大事项则还会告知全体村民,集思广益,交流探讨,寻求最合理最可取的破解之道。由于始终保持思想统一,战旗村的决策执行力都十分强有力。在他时间较长的"执掌期",村里几乎没有发生一起村务工作的纠纷。这在容易产生诸种矛盾的改革发展关键期,是极其难能可贵的。

家庭联产承包责任制是中国农民的伟大创造,是社会主义集体经济的生产责任制之一,1982年后开始在全国推行。它是农民以家庭为单位,向集体经济组织(主要是村、组)承包土地等生产资料和生产任务的农业生产责任制形式。农户按照合同规定,自主进行生产和经营,其经营收入除按合同规定上缴一小部分给集体及缴纳国家税金外,全部归于农户。集体除进行必要的协调管理和经营某些工副业外,主要是为农户提供生产服务。显然,这一新的农村基本经济制度,突破了"一大二公""大锅饭"的旧体制,极大地促进了农民生产的积极性,解放了农村生产力。

杨正忠根据县委的指示,与大队班子一起,有序推进这项工作。他一方面组织全体党员干部,学习有关家庭联产承包责任制的有关文件精神,要党员干部吃透其精神实质,同时要求党员干部务必带好头;另一方面请党员干部主动做好自己家里、身边群众的思想工作,凡思想一时扭不过弯来,抵触情绪比较大的社员,则由他自己登门解释、劝说。这个过程免不了耗精费神,甚至不无"痛苦",但杨正忠不怕,也从无埋怨。1982年底,战旗大队完成了农村家庭联产承包责任制的签约工作。

"战旗人从1976年起办起了机砖厂,对发展集体经济已经有过尝试,也有了不少体会。发展集体经济确实能给战旗带来巨变,这一点,大家的观点是一致的,但该怎样进一步发展?杨正忠书记当时的思路是,要在集体企业的数量、规模上作出努力。在当年的经济发展背景下,这一思路有着它的正确性、合理性。"高德敏不无感慨地说,杨正忠书记带着大家大力兴办集体企业,打下了战旗村集体经济有序发展的扎实基础,功不可没。

从20世纪80年代起,杨正忠与村两委班子一起,以经济建设为不可动摇的中心,全力兴办各类集体企业。在杨正忠的二女儿杨明群的印象中,那段时间的父亲每晚都忙得很迟,晚上十一二点钟回家是常事,家里的任何事情都管不了,但每天一大早,总是急急起床,绕着村庄一圈圈走,看庄稼,看村道,看企业,看房子,好像怎么也看不厌。其实,他是在思考该从哪里入手办厂搞经济,让村庄发达起来。

战旗人采取滚雪球的形式,即利用现有集体企业的收益,兴办新的集体企业,让其产生新的收益,再汇集这些收益,兴办更多的集体企业。就这样,至1993年杨正忠书记从支部书记岗位退下来,战旗村已兴办起战旗酒厂、预制板厂、机面厂、铸造厂、塑脂厂、凤冠酒厂、宁昌商贸公司、会富豆腐厂、五七一九工厂战旗分厂（与飞机发动机修理厂联办）、鹃城复合肥料厂、迎龙山庄等大小村办企业，数量最多的时候共达12家。作为村级集体，在周边各乡各村，这一企业规模无疑是最大的，经济效益也着实可观。

能办起12家集体企业，在当时的条件下，对于缺乏各类资源的战旗村来说，绝非易事，个中辛苦一时难以言表。

"推动杨正忠全力以赴发展村办集体企业的最大动力，就是为群众着想，让大家的日子过得滋润些。他想抓住这个难得的发展机会，利用当时的各种优惠政策，尽可能跑得快一些，获得先发优势。"高德敏感叹，尽管当时政策是放开了，但兴办企业之艰难人所共知。迅速扩大集体经济的盘子，一下子拥有了这么多企业，解决各种困难、处理各类矛盾的工作之繁重也毋庸置疑。从不埋怨、喊累的杨正忠书记并不张扬自己所承受的酸甜苦辣，但他面临的堪称巨大的压力可想而知。

让人敬佩的是，杨正忠担任支书的15年中，虽然发展村级集体经济的任务很重，他的很大一部分精力也不得不投入其中，但他并未淡忘了其他各项工作，尤为民生事业，重视教育便是其一。

当年战旗村的小学校舍年久失修，设施落后，这一状况是历史遗留问题。杨正忠目睹此状，极为关切，多次在村民大会上表示，战旗村要想有更好的明天，首先得抓好孩子的教育，否则，即便眼前获得了富裕和繁荣，也是不长久的。除了大声疾呼，当然还有实质性举措。在任期间，他曾多次筹集资金翻修村灵圣小学（曾改名为"先锋一小""林盛小学"等）校舍，对于经济条件较差的家庭，还给予学费减免，以免孩子失学。关心和支持教育事业，也是杨正忠书记放眼未来、富有前瞻的工作作风的具体表现。

1997年10月,从村支部书记岗位退下来仅4年,杨正忠因病去世,殁年67岁,殊为可惜。正如不少村民所言,杨书记虽然不在了,但那勤勤恳恳、踏实办事、大力发展集体经济的为民书记形象,却长留在战旗人的心中,不会消逝。

第二节　奔向新农村建设的引领者

春风吹拂,迎来了发展新时机。战旗村党组织结合本地实际,发挥集体力量,组织全体战旗人,投身于波澜壮阔的改革洪流之中。大搞农业经济、兴办集体企业、探索和形成新型产业经营模式、土地集中规模经营、建设农村新型社区……每一任党支部书记都有自己的绝招、自己的奉献、自己的业绩亮点。

在几位年龄较长的战旗村前党支部书记中,易奉先是学历最高的一位。1945年出生在本乡本土的他是一名中专毕业生,毕业后曾被分配到郫县人民医院,成为一名医生,但由于他对药品气味过敏,无法适应工作。不多久,适逢1965年农业学大寨运动高潮,村里需要各类人才,被动员回乡的易奉先便离开县城,回到战旗大队,重又成了一名农民,三年后担任了生产队长。"村里人对我很信任,在他们眼里,我毕竟有知识,'见过一些世面',会出点子,能跟得上社会发展。"易奉先说,从此他在战旗大队安心劳动、生活,一直到现在。

的确,易奉先虽是学医的,但触类旁通,对农机、种子等种植技术和多种经营也很快熟稔。担任生产队长后,他组织起本队社员,探索发展养殖业、种植业在内的多种经营之路，颇有起色。1973年，他当选为战旗大队党支部副书记，分管全村的经济工作，手脚更加放开，农技应用更加广泛而深入。

"当时虽然还没有进入改革开放阶段，但人们对发展经济的渴望已十分强烈，发展多种经营的积极性也十分高涨。当时的我和大队班子顺应这一渴望和需求，组织社员大力发展农业经济。我本人的很大一部分精力都扑在了这里，比如育粮、制种、培育样种等工作，都自己来做，或参与其中。"易奉先回忆，其时，战旗人所推出的每项农业发展措施，都符合本地特点，也都取得了较好的经济效益。

战旗大队尽管地处柏条河畔，不愁水源，但农田灌溉的沟渠等设施不够完善，部分田地得不到有效灌溉。在大队班子统一意见下，从1976年起，易奉先带领全大队社员，由大队集体出资，利用冬季农闲时节，开挖了两条沟渠，解决了这一问题。在开挖沟渠的同时，还依渠拓宽了一条长达6公里的村级道路，使拖拉机等农用机械能更顺畅地进入战旗大队各个区域。在当时，对一个生产大队来说，这是一件了不起的事。

"还在1976年前后，战旗大队的拖拉机站已经有了7台国产拖拉机，战旗大队利用这些拖拉机耕田之外，还利用它们搞运输，为周边的各个大队、公社提供服务，每年的收入达7万多元，这在当年是个很大的数目。"20世纪70年代中期战旗人大搞经济建设的情景，给高德敏留下深刻印象。大搞经济的做法还进一步激发了战旗人的经济意识。战旗村在改革开放后之所以能在发展经济方面屡创佳绩，显然与由来已久、根深蒂固的经济意识、发展愿望直接相关。

1977年起，易奉先担任了战旗大队（后改为战旗村）的大队长（即后来的村委会主任），他在位置上一共干了12年，直至1989年被选为村党支部书记。担任村主任后的易奉先遇到了改革开放的好时代，他可以彻底放开手脚干了。

党的十一届三中全会之后,战旗人以经济建设为中心,彻底转变经济发展思路,集中精力壮大集体经济。尽管家庭联产承包责任制等以激发农民个体生产积极性的经济体制不断推行,战旗大队也落实了这些制度,但集体的向心力依然巨大,尤其是在创办队办(村办)企业方面,大家还是希望发挥集体的智慧和能量,由集体出面来创办和经营。

顺应这一意愿,易奉先和大队班子在开展这项工作时,始终以"让集体富,再让群众富"的思路,发挥集体经济既有基础的作用,以集体投资、集体经营、集体分配的方式,创办一家家队办(村办)企业。显然,这也是改革开放初期特有背景下,发展经济的最好方式之一。

还在杨正忠担任支部书记期间,作为村委会主任的易奉先,主持或参与创办了多家集体企业。1980年,易奉先等班子成员敏锐地发现,郫县豆瓣全国闻名,川内川外乃至海外有不少人为了能吃到一口正宗的郫县豆瓣,四处求索而不得,可这一产品的现有生产规模较小,无法满足消费者日益增长的需求,比如作为原产地的郫县,包括邻近的村庄,都没有开办豆瓣厂,虽然民间制作传统豆瓣始终未绝。

战旗一带制作的豆瓣,瓣子酥脆、酱脂香浓郁、红褐油润、辣而不燥、回味醇厚,堪称精品。易奉先断定,只要质量过硬、口味纯正、经营得法,这一产品的销路不会成问题。就这样,1981年,利用集体结余利润,"郫县先锋酿造厂"得以创办,后又调整产品结构,专制豆瓣,名称索性也从酿造厂改为豆瓣厂,这就是如今依旧存在的"四川先锋生态园调味品有限公司"的前身。虽已经历改制,迄今这家企业仍以生产经营郫县豆瓣为主。

"因为先前有了兴办机砖厂的经验,加上战旗人的经济意识相对较强,所以酿造厂的创办和经营比较顺利,也积累了一些资产。有了成

功，也便有了信心。接着，我们又相继创办了战旗酒厂、凤冠酒厂、预制板厂等，效益大多不错，大家发展集体经济的劲头一直很大。"易奉先的回忆十分清晰，"这个时候，我们的经营也越来越有经验了，比如1987年前后，当发现先锋酒厂的经济效益不够理想的时候，我们当机立断，把这家企业改办成铸钢厂。接着又根据市场所需，又办起了鹃城复合肥厂、面粉厂等，当年的效益都还不错。"资料显示，易奉先担任村委会主任、村党支部书记期间，共主持和参与创办了11家集体企业，每年村集体纯收入达数十万元，可谓战旗村集体经济发展史上的又一个辉煌期。

改革开放事业不断发展中。1994年，易奉先参加了由成都市委组织的赴深圳党校的学习活动，在改革开放的最前沿亲身感受时代脉搏的跳动，特别是学习了股份制改革的做法和经验，深感其优点。回到战旗村之后，他与村两委班子反复商量后，主持筹办并成立了集凤实业总公司，又对村里的所有企业资产进行整理后，陆续挂在集凤实业总公司名下，并按村集体占51%、村民占49%的比例占有股份。如是，全村村民都成了股民，各个企业所得利润也都能以分红的形式，由村民和企业员工分享。

仅从这一点来看，在战旗村全面实行现代企业管理制度方面，老书记易奉先是最初的探索者和坚定的推动者。

"我担任村干部时间很长，担任村党支部书记只有一届，总觉得很多事情还没有做完，好在我后面的几任村支书，都能一如既往地高举起战旗这面大旗，把战旗的改革开放和中国特色社会主义事业不断向前推进。现任的高德敏书记站得高、看得远，工作思路清晰，落实乡村振兴各项工作任务不遗余力，我充分相信战旗的未来会更美好。"易奉先说。

如今的易奉先虽已年老，却壮志不已，依然在为战旗村的发展献计献策。"战旗的农业观光公园建起来了，游客们从四面八方来到这里休闲娱乐，这是以前无法想象的。战旗人的钱袋也越来越鼓了。我建议，以后的战旗村能增加养老项目，如建造养老院等设施，一方面能让战旗村的老人们老有所乐，另一方面也能让周边的乃至全省全国各地的老人来此享受，因为战旗的生态环境、人居环境实在太好了！"说到这里，易奉先老书记露出了愉悦的笑容。

1951年出生的高玉春是战旗村的第六任村党支部书记。在任期间，他最突出的成绩是进一步推进村级集体经济发展，为民造福。

高玉春曾是一名军人。初中毕业后应征入伍，成了一名空降兵。有人说，高玉春书记在工作中极具胆魄、极富韧劲，敢作敢为，这与他在部队的空降兵生涯直接有关。事实上，1973年从部队退伍后，回到家乡的他起初是在外面创办企业，事业看好。然而到了1992年，唐昌镇党委刘书记找到了他，告诉他战旗村即将换届，需要一名年富力强的党支部书记，尤其是需要一名懂经济、善经营，又极其了解战旗村实情的村民，带领战旗人走上更快的发展路子。

"刘书记找我谈的时候，我哪有不犹豫的？毕竟自己创办的企业效益非常好。我把精力倾注在了党务工作中，个人损失肯定是巨大的。"高玉春坦言，当时的他正满心希望自己的企业，趁改革发展的大好时机，实实在在地壮大起来，自己对此也很有把握，可他又不能辜负刘书记的期望，辜负村民们的期盼。

"我是个退伍军人，是一名共产党员，听从号令、服从组织，是我必须做到的。"最后，高玉春接受了镇党委的委派，选择了集体，选择了奉献。

高玉春刚上任时，面临的是较为严峻的局面，较为繁重的任务。经

过前几年的发展，以及发展中难以避免的起伏，加之经济形势的变幻莫测，其时战旗村的贷款竟已达几十万元，压力颇大。面对这一现状，高玉春认为，无论集体经济发展过程中遇到什么困难，群众的基本生活水平还是必须保证的。"温饱问题是基础问题，温饱无虞才能谋得发展。"这是他一向坚守的观点，朴实而正确。

在他的主持下，村集体经济被分成了几个类型，有的干脆关停，有的调整改革，有的则加快发展。他利用自己的信息等资源，在村里又兴办了豆乳厂、豆瓣厂、养猪场等，吸纳了100多名村民就业，使得一部分村民既有土地上的收益，又能获得务工收入，生活质量得以保证。

经过一番努力，一些村办集体企业也扭亏为盈，逐渐还清了债务，陆续减轻了集体经济因贷款所产生的压力。嗣后日积月累的集体企业积余资金，也为战旗村下一步的发展提供了必要的基础。与此同时，他还眼光放远，在战旗村主持引进迎龙山庄，占地20余亩，设施完善。迎龙山庄的引进和开业，为战旗村日后开展乡村旅游、发展生态观光经济，进行了最初的尝试。后来，迎龙山庄改建成了"战旗文化大院"。

不过，要说高玉春在任期间，大力发展乡村经济的不俗业绩，首推的即是他在战旗村创造了"公司+农户"的产业经营模式，战旗村的生态农业经营，特别是实现产销一体化，由此开拓了一条新路。

约莫在1995年，高玉春外出调研来到重庆，发现当地的涪陵榨菜卖得非常好，引发了他的强烈好奇。通过深入了解，他得知涪陵榨菜产销两旺的最大"秘诀"是产销一体化。简单地说，种植榨菜的农民与当地的榨菜加工公司签订协议，按协议要求种植，收获后再按协议直接卖给后者，由此，非但大大提高了榨菜的品种质量，榨菜加工公司能取得优质的榨菜原料，更是增加了榨菜的产品附加值，让农民得益。

"说实话，当我具体了解了这产销一体化的秘诀之后，冒出来的第一个念头，就是要把这一模式搬回去，让战旗人也能按着这一模式，彻底改变原有的农产品生产经营方法。"高玉春回忆，欲"照搬照抄"的他在返回战旗村之前，特意自掏腰包，购买了一批榨菜种子。

后来的故事大家都知道了。通过免费发放榨菜种子，告诉村民凡榨菜原料将一律由他按市场收购，村民们响应热烈。事实上，一年下来，凡种植了榨菜的农户普遍收成不错，平均每户增加了800元左右的收入，第二年种植榨菜的农户便大大增加。接着，高玉春改变了让重庆方面的加工公司收购的做法，改由村里的豆瓣厂直接收购，进行加工销售。因减少了诸多中间环节，村民所得利润更高。就这样，榨菜种植成了战旗村的主要农作物之一，还带动了周边四五个村子一起种植榨菜，"公司+农户"产销一体化的农业产业模式也在战旗村逐步形成，还为以后实行"村—企—农"这一农业产业化模式打下基础。

1996年，上级组织各乡镇领导去马来西亚参观考察，因名额有限，要求随团前往的基层干部很多，而村干部还需自行解决部分经费。高玉春认为这是一次不可多得的机会，经费之类并不是大问题。他积极争取名额，终于如愿以偿。

果然，这一次出国考察给高玉春带来很大触动，"可以说，每天给我上的课都很生动、深刻。当然，我最感兴趣的是以他人的长处，来发现自己的短处。"尽管此时的中国农村，经历了近20年的改革发展，已今非昔比，战旗村的发展状况也是走在前列的，但高玉春依然认为，这个差距仍然有些大，"战旗那时的发展是粗放型的，还在为基本生活需求的保证、资产的积累、机制的完善而疲于奔命，我们没有任何理由停滞不前。"高玉春说。还在从国外返回的途中，他就在谋划怎样让战旗村的经济发展和管理能力上一个新台阶。

当高玉春提出，要在村里兴建一幢设施完善、规格颇高，且内部设计有马来西亚风格的办公楼时，很多人表示不理解和不支持。集体资产怎么就搞楼堂馆所了？这样规格的村级办公楼是不是太奢侈了？能否把这笔钱直接用在改善村民生活条件上呢？毕竟新建这幢办公楼，需要耗费30万元……种种疑惑、不满甚至反对之声纷纷传到了高玉春的耳朵里，但这并没有改变他的主意。在村两委的同意下，战旗村当年就启动了兴建办公楼的计划，并按他的建议，定下了办公楼的外部款式、内部装饰、建造要求、功能配套等，一年后村办公大楼建成。

"之所以模仿了马来西亚村级管理机构办公场地的内部装修和外部结构，是因为我觉得他们做得特别合理、特别妥帖，完全适合于中国农村；而为什么我非要超前性地建造村办公楼，并不是觉得别的公共项目不重要，而是认定办公楼往往是一座村庄最重要的标志物，能体现这座村庄的发展实力，当然，更重要的是一座村庄的形象，战旗村改革开放的成果展现。"高玉春坚信，自己的主张和坚持是有充足理由的。

事实很快证明了高玉春这一举动的正确。村办公大楼落成后，不但有效改善了村两委班子的办公条件，招商引资的硬件得以大大提升，也让战旗村首次出现了村标志性建筑物。这幢办公楼的建成，还完善了一批为民服务的机构和设施，村公共服务的水平可与城里相媲美，受到村民的好评和邻近村庄群众的羡慕。大家渐渐明白了，富有经济头脑的高玉春这一着又走对了，走在了兄弟村庄的前面。值得一提的是，由于建设规格较高、施工监理得法，这幢大楼的建造质量非常高。2008年"5·12"汶川大地震发生时，不少房屋或倒塌或开裂，这幢大楼却没有受到任何损坏，堪称奇迹。

战旗村第七任党支部书记李世立，只比高玉春小一岁。他也是一名退伍军人，于1969年应征入伍，在部队还担任过班长、代理事务长等职，18岁时就加入了中国共产党。退伍回乡后，1977年，他担任了民兵连副连长，同年年底当选为村支委、民兵连长和团支部书记，显示了他良好的政治素质和非凡的组织能力。由于民兵工作做得极为出色，1983年，作为村民兵连长的他当选为四川省第六届人民代表大会代表，这是相当了不起的一件事。1992年，李世立当选为村委会主任，10年后的2002年，经党支部换届选举，他以高票当选为战旗村第七任党支部书记。

李世立退伍回乡时，改革开放尚未起步，但民间渴望发展经济的呼声已十分高涨，悄悄进行着的经济活动一直未绝。在战旗村，希望集体经济能有一个较大发展，也已有了共识。虽然此时的李世立只是一名青年农民，但因身为党员，对时局的关注、对基层民众生活的了解，让他不由自主地思虑中国该往何处发展、乡村经济该如何搞、怎样能让一个普通的村庄获得日新月异的变化等重大命题，独立而深刻的见解，让他能及时而敏锐地把握社会发展的基本动向，逐渐明白自己在这个变革的时代该做些什么。

"改革开放一启动，我就意识到一个伟大的时代已经到来，乡村经济发展遇上了千载难逢的好时机。可以说从那时起，我就把自己的精力进一步放在了集体事务上，放在了怎样组织和引导群众勤劳致富上。"的确，此时已经担任村支委的他，一门心思地参与着村两委的大小事务中。

1992年，李世立当选为村委会主任，他配合着时任党支部书记高玉春，在企业发展、村级集体经济股份制改革等方面克服障碍、全面推进。他成了集凤实业公司董事会的五名董事之一，主要负责处理好企业与村民（即股民）之间的利益分配。

"在当时的12家集体企业中，我们先选择了5家规模相对较大、经济效益较好的企业，先行股份制改革，成为集凤实业公司首批股份制企业。战旗村的发展历程充满艰辛，每个战旗人都曾为集体经济的发展出力流汗。虽然如今各个企业走了股份制道路，但在战旗，企业要发展，仍然需要党和集体的力量，每个战旗人的力量。"李世立说，确保村民收益，发挥村民的积极性，始终是战旗村集体经济股份制改造的前提。

党和集体的力量，同样也体现在齐心协力、维护集体利益方面。那时，由于利益驱动，社会上的一些人看准了战旗村"比较富"，想从这里捞点好处，村民们免不了要看一看，党组织和村集体究竟有没有勇气和决心，维护村集体的共同利益。这种时候，党组织和村集体自然不能畏畏缩缩。

有一次，有社会人员想抢战旗村的资源，挖沙采石不给钱，村民就不让运沙的车过去。这个人就叫了很多人，来到村委会扬言："今天晚上过也得过，不过也得过。我们从彭州叫人来，用拳头打都要打过去。"面对这一情况，村民们形成了两种不同的意见，一部分村民认为这事很麻烦，要么再想想，有什么好办法，明显有些胆怯；一部分村民则说如果他敢来，我们就与他们对打。

经过一番讨论，最后村党支部定下来的对策是，今天晚上不叫村外的任何人，村里全体共产党员站出来，保护集体财产。

到了晚上，那些挖沙的人果然大群地围了上来。领头的人威胁道："知不知道我们的大哥是哪个，你们战旗的人还敢出来？"此时，支部书记上前高声说："我们做党员的，就必须维护好集体的利益！"见了这一阵势，感受到了战旗村党员的一身正气，对方终于顶不住，灰溜溜地退去。

2006年5月，战旗村举办了首次"大学生进农家活动"，这是在郫县县委宣传部指导下，联合几所高校共同举办的，首次活动即取得了极好的社会效益，影响颇大，还被评为全国十大政府创新典型。当时担任着村党支部书记的李世立，不仅始终参与了这项活动的策划、组织和实施工作，还与大学生们一起相处了5天，相互交流。这项活动后来坚持了下来，成为战旗村的"保留节目"。

"这是因为时代在进步，村民生活质量的提高，不能仅靠物质享受，还需要在乡村文化品质提升、精神文明建设方面做出努力。'大学生进农家活动'为村民们敞开了一扇现代文明的窗口，大家更清晰地明白了自己与现代文明之间还存在多少距离，对文化生活的需求也被有效地激发出来了。可以说，对战旗村乡村振兴的'乡风文明'这一块，意义重大。"李世立认为，站在如今的角度来看，"大学生进农家活动"的效应，显然比当初所设想估摸的要大得多、好得多。

正是从这项活动之后，战旗村的乡村文化建设出现了增速，比如村里对一家原先的企业场所进行了装修改造，为村民提供了一处综合性的文化场所，这就是现在的文化大院的前身；在原成都军区政治部的支持和指导下，仿照成都军区战旗文工团的模式，组建起了战旗村文化团；由于乡村文化建设得力，战旗村还被评为成都市文化建设试点村。

战旗新型社区也是在李世立担任村党支部书记期间，于2007年8月21日正式奠基动工的。作为新型社区建设有力的支持者，李世立认定必须拥有长远眼光，以未来发展趋势来确定建设的规格、品质，来进行内外部的功能设计。

其时，每幢住房都设计了车库，这一点已被众人接受，但在讨论农家别墅的功能结构和房间设置时，对室内卫生间的安排，产生了分歧。李世立认为，卫生间问题不可小视，它意味着村民卫生文明习惯的改观，更意味着农村卫生观念的嬗变。他建议每幢农家别墅，包括连体别墅的每一户农家，都应该拥有楼上一个、楼下一个，总数不少于3个室内卫生间的标准，而主卧一定要单设卫生间。这一建议有很多人表示不解,还有人觉得卫生间数量过多,占去了太多的室内面积,过于超前,得不偿失。有个别村民觉得卫生间造在卧室里,似与传统居住习惯不符,但李世立反复建议这一条。

"我当时以当代农村厕所的三个发展阶段来劝说大家:第一阶段是厕所不进户,因为卫生条件尚不允许;第二阶段是厕所进楼梯间,一是为了方便,同时也为了节省空间,当然,这个阶段说明卫生观念已大有改变;第三阶段就是厕所进主卧,这也是全世界发达国家居室结构的通常做法。"李世立说,正是鉴于当代农村厕所三个阶段的发展趋势,他才如此坚持"卫生间进卧室"方案,"既然我们要求20年不落后,那么这一条就必须做到。现实果然如此,现在有不少村民说,要不是当年实施了厕所进主卧方案,我们的房子现在又得改造了。"

不能忘记的是,在战旗新型社区落成启用之后,2009年4月,在李世立的倡导和主持下,战旗村制定并施行了新型社区管理办法。该社区管理办法主要针对社区内村容村貌方面的管理,涉及道路、建筑物、户外广告和店招、园林绿地、环境卫生、综合治理和社区消防管理等多个方面,其条文之合理之合法、之详细、之实用令人惊叹。这是成都市乃至四川省第一部农民集中居住的农村新型社区管理办法,对新型社区实施现代化管理和循环有序发展,起到了不可替代的作用。更重要的是,这部社区管理办法还具有相当的前瞻性,很多当年被认为是"苛刻"的管理要求,如今看来是多么的顺理成章、极有必要,从中亦可知昔时的李世立把这些条文纳入其中的苦心孤诣,以及这部社区管理办法在当代中国农村治理的典范价值。

是的,说到战旗新型社区建设,那就得提到先于启动农居房建设的土地集约化利用了,这也是在李世立担任村党支部书记期间,集思广益,推出的一项"革命性"措施。建设战旗新型社区的其中一个目的,是全面实施城乡统筹，实现"工业向园区集中、土地向规模经营集中、农民向城镇集中"的目标。这其中，"土地向规模经营集中"这一条，已经在战旗新型社区建设过程中，通过"拆院并院"的方法达到了，使战旗村获得了极为宝贵的发展空间。从这个层面上说，时任党支部书记的李世立功不可没。

2010年，战旗村党支部第七任书记李世立，把接力棒传给了第八任书记高德敏，从此，战旗村的新农村建设和乡村振兴，又进入了一个新的发展阶段。

第三节　扛着乡村振兴大旗向前走

让党员意识强起来、身份亮起来、作用显起来、先锋树起来，全面提升基层党组织组织力，形成党员示范带头、群众积极参与的"战旗振兴"新局面。担任村党组织一把手以来，高德敏始终把发挥党组织的战斗堡垒作用和党员的先锋模范作用，作为战胜一切困难、谋取事业进步的法宝，带领全体战旗人励精图治，走在前列，起好示范。

高德敏是一名土生土长的"战旗人"，1963年出生。1981年高中毕业后，他先在家种田，1984年起在村办企业工作，先后担任电工、修理工、财务人员和销售业务人员，后又在村里开办了一家豆瓣厂，生意还不错。2002年，时任村党支部书记李世立找到他，希望他能参与管理村务，从此，他又有了担任村干部的经历。

"记得当时李书记特意找到我，要我参与村务管理。那时我的豆瓣厂办得还可以，平时我也特别忙碌，加之我从来没有担任村干部的经历，生怕干不好，就表现出了一丝犹豫。可李书记热情鼓励我，说我能把企业管理得这么好，就能把整个战旗村的村务管起来。慢慢地，我被他说动了。战旗毕竟是生我养我的地方,我能为它的发展进步出一份力,这是我的荣幸,比我自己办企业要有意义得多。"高德敏向笔者回忆,村民们也都很支持他。当年,他被推选为村委会主任。

义不容辞地为村民们服务的另一大原因,是他所拥有的共产党员的职责和义务。"记得小时候,我就经常看到村里有一批人,总是在为村民忙前忙后、乐此不疲,村民们也一直信赖他们,赞扬他们。当时的我就很好奇,心里琢磨着他们为什么这样为他人谋利益。长大后我才知道,他们有一个共同的身份,是共产党员。"1996年4月,高德敏举起右拳,面对党旗宣誓,成为小时候看到的"那一批人"中的一员。

担任村委会主任后,高德敏在村党支部领导下,主要工作任务是协调推动村集体经济的发展壮大,增加村民经济收入。

成为村委会主任后的高德敏虚心好学。为了尽快掌握村情,他走东家串西家,田间地头到处都能看见他的身影,可以说战旗村的每家每户都有他的脚印。不懂村务管理,他虚心请教老干部、老党员,很快就掌握了村上基本情况。为了少走弯路或不走弯路,他还经常到全国很多优秀村庄去学习取经,总结出许多经营村庄的经验,他常说:"我们经营村庄不能像经营企业一样,要像经营家庭一样经营村庄,村庄发展不能落下任何一个人。"

高德敏所参与的第一件大事,是协助李世立书记完成集体企业改制,接着又在进一步推广"村+企业+农户"农业产业化模式上出力,实施"拆院并院"、建设农村新型社区的过程中,高德敏都是重要的决策者和具体的实施者,"大学生进农家"活动也是在他担任村主任期间开始举办并延续下来的。他深知,每一件大事,都对战旗村新世纪的发展起着关键性作用;每一件大事,都必须认认真真地办好,尽量办得没有遗憾,这绝不是在单纯地显示自己的组织能力、办事能力,而是在为群众办实事、办好事。

2010年，高德敏当选为党总支书记，成为战旗村历史上的第八任书记。

担任书记一职，成为一村之首，他所主持的事项就更多了，抓党建促发展、抓农村改革、抓发展村集体经济、抓村庄治理，都是他的重点工作，把战旗村建成一座大花园成了他的奋斗目标。他从不满足于现状，不满足于现有成果，励精图治、永不停步成为他对自己的基本要求。

尽管所主持的事项很多，但高德敏最关心的，依然是怎样进一步加强党的建设，在党组织的领导下，充分利用村里的各项资源，更好更快地发展村集体经济，让村民的腰包鼓得更快一些。

高德敏是会计出身，"算账"是他独有的本领。如何算好集体经济这本账，成为这个"打鸡血"书记首先考虑的事情。当然，担任党支部书记之后，他要算的这本账，不单是只让村里多收点钱、收支能否平衡、村级集体经济能否维持局面等等这些"小账"，而是着眼于未来发展的"大账"，即始终坚持村党支部的坚强领导，在原有发展基础之上，进一步转变经济增长方式，完善发展格局，壮大经济实力，增强发展潜能，促进战旗村乡村经济的长远发展，这笔"大账"才是他殚精竭虑、反复琢磨计算的。

在全面建成小康社会的重要年份，在乡村振兴愈发深入的当今，战旗村无疑正面临着新的发展课题，期待有一个新的飞跃。"胸怀满腔战旗梦，想方设法找出路"，这句高德敏的座右铭所昭示的也正是这一点，这其中，"想方设法找出路"便是实现胸中怀有的那份战旗梦、中国梦的关键之所在。对此，高德敏已经有了深思熟虑。

"心往一处想，劲往一处使。"这是在采访中，高德敏不断向笔者强调的话。是的,党组织和党员的凝聚力曾对战旗村的发展起着不可忽视的巨大作用,这一条,将会在今后的乡村振兴事业得以坚持和发扬。乡村振兴,组织振兴是根本保障。党的基层组织处于党的工作最前沿,是实施乡村振兴战略的主心骨。

战旗村的战旗何以高高飘扬?就是因为"火车跑得快,全靠车头带"!战旗村的振兴始终离不开村党组织的"火车头"作用,离不开党员的模范带头作用。高德敏深谙此理,着力让党员意识强起来、身份亮起来、作用显起来、先锋树起来,全面提升基层党组织组织力,形成党员示范带头、群众积极参与的"战旗振兴"新局面,这是战旗村当下和未来发展的最大动力所在。

在战旗村采访,有不少村民向笔者感叹:"现在包包里的钱多了,各种活动很丰富,啥子都好,生活、环境都比以前巴适了,甚至还成了城里人都羡慕的对象!战旗村能有现在这样的喜人局面,真离不开一批又一批党员前赴后继、接续接力。"这样由衷的感叹,高德敏自然也听到了很多,他坚信,在乡村振兴的道路上,唯有把党的战斗旗帜代代相传,带领广大村民共同努力,才能实现中国梦,战旗梦。他时刻感到自己身上的担子很重,责任重大,没有丝毫松劲的理由。

"党的十八大以来,我们进一步抓实抓严了战旗村的党建工作,'三问三亮六带头'的实施,就是具体表现之一。我时常带领党员扪心自问:入党为了什么?作为党员做了什么?作为合格党员示范带动了什么?带着这三个问题,我们把为群众谋利益作为首要任务、第一责任。"高德敏说,时时以"三问"提醒自己,已成为他这十年来的习惯。是否能体现党组织对"三农"工作的领导,是否对乡村振兴有利,是否能维护村民根本利益,是他处理党务、村务时的最大衡量标准。

作为战旗村的"带头人",高德敏在战旗村已有发展基础上,把牢了发展和治理"方向盘"。他团结和带领全体党员，发挥党组织的战斗堡垒作用和党员的先锋模范作用，完善基层组织，贯彻党的方针政策，强化党的领导，锤炼党员队伍，体现党组织在社会进步经济发展中不可替代的引领作用，带领全体战旗人励精图治，走在前列，起好示范。

作为战旗村的"组织者"，高德敏画好了战旗村发展和治理的"同心圆"。以他为书记的村党组织带领全体战旗人，规划发展蓝图，突出发展经济这一中心工作，围绕乡村振兴的总体要求，不断壮大集体经济规模，提高精神文明水平，战旗人的生活越来越和谐幸福。

作为战旗村的"服务员"，高德敏培育了战旗村发展和治理的"贴心人"。如今，战旗村集体经济发达、村民生活富裕、居住环境优雅、公共服务设施齐全，116项服务事项可在战旗村便民服务中心办理，社会安定有序，建立了"党建引领，共建共治共享"基层治理机制，形成友善淳朴、守望相助、开放包容的村风村貌。

正是因为高德敏担任战旗村党总支（现已改为村党委）书记之后，好学善思，敢想敢干，用经营村庄的理念来推动村庄的发展，尤其是在坚持抓党建促发展、坚持发展村集体经济、坚持抓农村改革、坚持抓村庄治理、坚持绿色发展理念等方面取得不凡业绩，其事迹受到广大群众、社会人士和党组织的高度肯定，一份又一份荣誉也纷至沓来：2014年荣获"四川省农村优秀党组织书记"；2015年荣获"全国十大杰出村官"；2018年荣获"四川省杰出村官""成都市五一劳动奖章""成都市优秀共产党员""成都市道德模范"；2019年荣获"四川省优秀共产党员"；2020年又被光荣地评为"全国劳动模范"……

"我这辈子最感到幸福和光荣的事情，就是代表我们战旗村迎来了习近平总书记。"高德敏说，每每想到当时的情景，内心依然激动不已。他将始终牢记总书记的殷切嘱托，使村党支部更好地起到火车头的作用，带领全体村民整合村庄资源，把资源变成资本，让战旗村的集体经济和村民收入不断增加。

2020年年中，金星村被优化调整合并到战旗村行政管辖范围之内，成为战旗村的一部分。有人戏称，战旗村20世纪60年代是从金星村分出来的，现在反倒并了金星村，两个村的人这下子又合在一起了。两村合并后，高德敏的重点工作之一，就是挨家挨户走访原金星村的村民，了解土地及其他资源的基本情况，了解一些村民们心里的想法，以此形成自己的工作思路。

"新战旗村民"，是高德敏对新纳入战旗村管辖村民的称呼。"通过了解，我进一步知道了他们非常希望像'老战旗村民'一样，改变生产生活面貌。对此，村党委将在研究当前相适应的政策之后，寻求原金星村的跨越式发展。"

村民易严玉曾是原金星村的村干部，两村合并后，在战旗村担任综合办副主任。来到这里工作，第一个感觉就是以高德敏为书记的原战旗村党组织班子战斗力特别强，催着她加快跟上。"高书记的工作责任心强、效率高，在处理具体党务政务时，能始终做到细致、扎实。在他身边工作，他的作风感染着我，我好像每天都在接受生动形象的工作培训，收获非常大。"易严玉说，榜样的力量是无穷的。看着高德敏每天像只陀螺似的转个不停，自己如果做事情很慢，就觉得都对不起组织，对不起自己。

"高书记身上勇于担当、敢于创新的时代精神非常值得我们去学习，因为高书记身上有这种新的思维和新的观念，他是一种勇立潮头敢为先的精神，去做村上这些改革的工作，包括我们的土地确权、土地流转，以及正在推进的宅基地试点改革。郫都区是全国33个宅基地试点改革区县市之一，而战旗村的宅基地改革又走在了郫都区的前列。我们想通过战旗村宅基地改革的方案，给全国的改革试点提供一些经验。"曾奕婧说。她是来自国家部委的"90后"中央选调生，2020年9月挂职战旗村党委副书记。

与高德敏共事后，通过一些具体的工作，曾奕婧从这位村书记身上看到了与时俱进、勇于创新、敢打敢拼的韧劲，真切感受到了高德敏那种把握和顺应进程的敏锐感知，以及坚定不移、敢干敢想的勇气担当。

高德敏始终认定，农村基层工作千条针、万条线，抓好村级集体经济始终是一项中心工作，这也正是基层党组织凝聚力和战斗力的重要体现。集体经济上去了，乡村振兴和各项事业发展就有了"动力泵"，才能从根本上为群众谋福祉；实现了小康梦，也才能让群众更信你、服你，更坚定地跟着共产党走。

不再是以往那种单纯由第一产业占主导的模式，而是顺应时代变化，尤其在生态环保、农产品深加工、智慧产业诸领域，加快新技术、新模式的推广应用，重点发展高端种植业、有机农业、智慧农业、休闲农业，推进农业供给侧结构性改革，抢占农产品高端市场，借助互联网、物联网等平台，深化农产品加工包装和营销。这几年来，战旗村依托川西林盘和良好生态环境，积极打造涵盖生态农业、休闲旅游、田园居住等复合功能的田园综合体，实现农商文旅融合发展，产业振兴示范效应逐步显现。

与此同时，依托统筹城乡发展和综合配套改革试验区的相关政策，在村党组织的带领下，战旗人深入推进农村产权制度改革，探索农村宅基地流转形式，大力发展农业产业化经营，开始走上了"村、企、农三者合一，互动发展"，经济、政治、文化、社会建设四位一体的新农村建设道路。由此，战旗村的村级集体经济揭开了全新的、更加波澜壮阔的发展篇章。

党建馆和村史馆建起来了、"精彩战旗"特色产业展示馆设立了、战旗文化大院重新建立起来了、妈妈农庄越来越热闹了、乡村十八坊和壹里小吃商业街开业了、乡村振兴学院办起来了……这几年来，战旗村每个项目的成功、获得的每一项成绩，都让战旗人自豪，让四邻八乡羡慕，让所有关心战旗、爱上战旗的人们为之欣喜。

"这里跟我印象中的乡村不太一样，有些地方的村庄是空壳村，老人、孩子、妇女留守，年轻人都外出务工了。可战旗村完全不一样，家家户户都住别墅，村子规划整齐，各种产业发展得很好，有越来越多的年轻人留在村里发展。这里的一切都很有生机活力。"来到战旗村工作没多久，这里的一切已深深地吸引了曾奕婧，因为她见识了一个朝气蓬勃的社会主义新农村，见识了一群讲究实干的基层共产党员，见识了优秀的村两委班子。毫无疑问，她对一村之首的高德敏尤为敬佩。

2020年初，新冠肺炎疫情袭来，高德敏以高度的政治敏锐感，于1月22日率先召开党员大会和村两委干部会议，及时传达学习习近平总书记关于防控新冠肺炎疫情的重要批示，落实郫都区委区政府有关疫情防控的安排部署，迅速成立以村党总支书记为组长、村委会主任和党总支部副书记为副组长，村两委成员和村民小组长、网格员为成员的防控工作小组，有条不紊开展疫情防控。1月23日，战旗村在全区率先进入防疫状态，有序开展防护宣传、入户排查、检疫检测、消毒防控等全域防控工作；开通"村长小喇叭"，深入到社区院落，宣传疫情防控要求和知识要点；将全村划分为9个村民小组网格、1个企业商家网格，发动党员、社工志愿者巡查督促，确保全村疫情防控工作有力有序。

1月25日，战旗村在郫都区率先关闭景区，所有餐饮、酒店、民宿、茶馆、农家乐均响应安排，停止对外营业。同日，率先设立4个关口实施进出人员车辆登记检查，累计检查车辆31辆52人，切实把好各个进村入口，阻断疫情进入通道。

关键时刻，高德敏要求全村党员迅速响应，发挥模范带头作用。1月30日，村党总支召集30名年轻党员组成村党员志愿服务队，重温入党誓词宣誓，开展疫情防控动员。全体党员同志一致表示听从党组织安排，还自发在村域树起6面鲜艳的党旗。在高德敏主持下，全体党员践行疫情防控"六带头"："带头无事不出门;带头不串门;带头不聚会;带头不举办和参加宴席;带头不到人群密集地聚集;带头不信谣、不传谣。一切行动听党指挥!"结合区委区政府宣传要求，党员志愿者们以村广播系统为宣传平台，确保宣传工作进入每家每户。主动做好13户重点居家隔离居民的物资配送工作，重点开展入户排查工作。村党总支还组织发动民兵、社工当起宣传员、监督员，全面张贴宣传资料和悬挂横幅，督促保民生和物资供应的商家戴口罩、督促外出办事的村民务必戴好口罩。

在高德敏和村党总支发动组织下，战旗村党员干部、企业家踊跃捐献，向湖北武汉等地的一线医护人员捐赠食品、粮油、蔬菜等物品，并筹集食用菌、蔬菜40余吨，凝聚共渡难关的信心和力量；全面落实联防联控、群防群治措施要求，充分发挥群众主体作用，组织发动群众积极配合，全体村民开展居家消毒、公共卫生，主动取消群众性宴会聚会14场、婚宴27场；坚持"一手抓防控，一手抓供给"，主动担当作为，积极配合市场生活物资供应要求。在复工复产方面，由于绝大部分员工都居住在本村，1月27日，高德敏和党总支动员驻村农业龙头企业"榕珍菌业"及时恢复生产，尔后，村内各个企业都相继及时复工复产。

高德敏狠抓党建，充分发挥党支部的战斗堡垒作用和党员的先锋模范作用，努力带领全村村民走上共同富裕道路的感人事迹，受到广泛赞誉。从2021年起，中共唐昌镇委、郫都区政府投资项目评审中心、四川战旗乡村振兴培训学院等单位，结合庆祝建党100周年，相继开展了向全国劳动模范高德敏学习的活动，通过主题党课、主题党日、专题学习会等形式，开展"对比高德敏我差什么、学习高德敏我该怎么做"的大讨论，掀起向高德敏同志学习和看齐的热潮，学习他始终牢记共产党员的初心和使命，不断发扬"党建引领，汇聚合力；不畏艰难、勇敢向前；善于创新，共治共享；走在前列，起好示范"的"战旗精神"，主动担当、勇争一流、实心干事，带领全体战旗人不断走上乡村振兴致富路的先进事迹，结合"看战旗变化，听战旗故事，学先进事迹，感受战旗精神；问事业初心，找短板差距，谋未来方向，汇聚发展力量"为内容的学习活动，争做一名合格的党员，为实施乡村振兴战略、实现"两个一百年"奋斗目标出力。

自从高德敏担任村干部以来，这么多年过去了，每天都能看见他在村上忙碌的身影，凡是要求党员做的事他都首先做，凡是要求干部办到的事他都第一个办到。他经常加班加点地工作，没有下班时间，没有节假日。在他父母病重的日子，由于工作繁忙，他也未能尽好"孝道"，未能陪伴父母。然而，他的付出是有成果的，党员群众对他工作的一致称赞，便是给他最好的回报。

如今的高德敏也已近60岁了，他正在进行的一件事情，是发现和培育村党委的接班人，把为党为人民奋斗的接力棒一直传下去。这几年，高德敏常说的一句话是"'不孝有三，无后为大'，如果我没能培育好接班人，就是对党最大的'不忠不孝'。而且还得要培养一批，不是某一个，因为村党委还需要后备的人才。"

高德敏是这样说的，也是这样做的。这几年，一些退伍军人、返乡大学生、在外创业的战旗人中的党员，陆续成为战旗村各个党支部的骨干、各级公共服务机构的管理人才，有的还进入了村两委工作机构班子。加强党性锻炼，在实际工作中经受考验、增强才干，是高德敏选人用人培养人的主要方法。令人欣慰的是，如今，已有越来越多的年轻党员脱颖而出，他们无疑是战旗村未来发展的栋梁之材。

"胸怀满腔战旗梦，想方设法找出路"，这是高德敏的座右铭。如今的战旗村已成为全国文明的乡村振兴示范村，全国闻名，每天都有参观者、学习取经者络绎不绝地到来，各级领导和各界人士均给予高度评价，作为全村人领路者的高德敏却从没有丝毫懈怠，总是觉得还有很多事没有做好，很多事还需要做。"战旗村的发展是无止境的，所以需要我们去做的事情也是无止境的。"高德敏充满激情地说。

第六章 战旗在前，时代标杆

总结乡村振兴的"战旗经验"，进一步梳理"郫都模式"，围绕乡村振兴总要求，强力推动产业振兴、人才振兴、文化振兴、生态振兴、组织振兴，加快建设全国乡村振兴示范区，走出一条率先实现农业农村现代化的新路子。

——中共郫都区原区委书记 杨东升

组织开展"大学生进农家"活动，对大学生认识国情、了解民情、强化理论学习、提升实践能力、实现全面发展具有重要意义，是促进大学生成长的重要环节。

——成都纺织高等专科学校思政部主任 张大能

万树江边杏，新开一夜风。满园深浅色，照在绿波中。

——唐·王涯《春游曲》

党的十八大以来，在以高德敏为书记的村党组织带领下，战旗村贯彻落实中央、省市和区委关于"三农"工作的决策部署，始终坚持党建引领、文化铸魂的理念，抢抓改革发展机遇，创新思路图强求变，始终把发展壮大村集体经济、提高村民收入作为首要任务，带领全体村民实现增收、走上致富康庄大道；涵育文明乡风、淳化乡村社会生态。"牢记嘱托，勇于担当，奋力建设全国乡村振兴示范区。"抓住城乡融合发展的历史机遇，战旗和郫都将深化实践成果，创造乡村振兴可推广、可复制、可进化的"战旗经验""郫都模式"，为成都乃至全国提供具有普遍指导意义的方法与经验。

第一节　大学生进农家，意义不单在交流

年轻的大学生们影响了村民们的生活习惯，丰富了他们的文化生活，带来了新的知识，而农村近些年来的崭新变化，也让大学生萌发了奔赴广大农村创业的激情和投身乡村振兴的热情。活动大大推进了战旗村城乡一体化的步伐，作用巨大，影响深远。

2019年6月29日，蓉城的暑意渐渐浓郁，一场似乎更有热度的活动——"成都市郫都区大学生志愿服务助力乡村振兴分享交流会"，在战旗乡村振兴学院开场。郫都区内的高校、志愿服务队伍代表和街道、村（社区）、部门代表们齐聚一堂，彼此分享着这一年来的共建成效，总结与推广结对经验，发言热烈，新观点、新打算迭出。这次活动的主要目的之一，是推动更多的村（社区）与高校结对共建，这一构想显然将如期实现。

没错，这是本年度又一次"大学生进农家"活动，是这项活动的深化。这项活动由来已久，已产生了不小的影响，也为战旗村及更大区域的乡村带来思想和物质上的改变。

在此，先得说一说"大学生进农家"的首场活动。

2006年5月,"五一"长假,由西华大学、四川师范大学成都学院、四川农业大学水产学院和四川科技职业学院共4所高校的360名大学生,以每户入住两名大学生的形式,背着行囊,走进战旗村的180户农户,与村民同吃同住同劳动。由此拉开了战旗村延续至今的"大学生进农家"活动。它是郫都区推进城乡一体化过程中"城市支持农村"的具体生动实践,也是如今郫都区"高校+支部+农户"特色模式的开端。

这场后来被四川当地媒体称为"城乡思想文化互动试验"的活动持续了5天,各方好评如潮,也影响深远。但这个活动的初衷,到底是一时起意？还是经过调查研究后的一项成熟之举呢？

带着疑问,翻开各类资料,笔者找到了答案。为什么会有这项计划？缘于一份调查——是一份1万多字的翔实的实名调查报告,直接催生了这项庞大的、延续了13年的城乡互动工程。

其时,成都市全面推进城乡一体化已有三年多,城乡二元分割的局面得到极大改善,但在农村基层,对城乡一体化的认知仍存在盲区。城乡生活方式上的差距能很直观地让人感受到,但精神上文化上的差距较难以量化、较难充分认识。

对此,当时的郫县县委宣传部负责人认为,推进一个政策,实行一项变革,如果思想文化上能形成统一认识,效果肯定事半功倍。

于是,在2006年初,郫县县委宣传部联合四川大学,在全县14个镇、162个村、1701个村民小组、2万户农户中进行了调研,通过调查农民思想文化的实际需要,探索和了解农民现在的思想文化状况和存在的问题,从而有针对性地制定解决的措施。2006年4月,一份《唐昌镇战旗村农村群众文化需求调查分析报告》入户实名调查报告出炉,内容包括"家庭文化支出""希望参与或观赏的文化娱乐形式""受访农民对自己文娱生活的满意度"等几十项。

虽然该调查报告没有得出一个综合性的结论和对策，但显而易见的是，随着社会经济的发展，农民的文化消费需求早已不再停留在固有的"天天守一台电视机"的低水平上，而是希望追求科技、教育、文化、娱乐、健身、卫生为一体的多层次、多样性文化。可现实是25%的受访农民对村社文化活动评论为"基本没有"，调查报告中也显示，农民喜爱的文化休闲活动排名前三位的，仍是看电视、读书看报、打牌（麻将）。

农村思想文化的需求与现实实际情况之间所存在的差距，在这份严谨的调查报告中得到了清晰的展示。

这便是这场城乡互动工程活动的初心。

"深入细致的调查研究给了我们极大的启示，接着便是付诸行动。我们认为，高校作为人才、智力、技术和优秀文化的聚集地，理应发挥好辐射带动作用，为解决好驻地周边'三农'问题献计献策。'大学生进农家'活动能紧扣当地社会主义新农村建设的现实需要，确定活动主题和项目，自然会得到地方和群众的广泛欢迎。"郫都区委宣传部常务副部长贺卫东认为，正是因为乡村和农户有这方面的迫切需求，组织这样的活动便顺理成章。

按照活动的策划，这项活动的举办目的其实有二，一是为了改变村民的生活习惯，开阔视野，接触现代文明，调动广大村民参与新型社区建设的积极性，二是为了宣传战旗村的村情村貌，并为大学生提供参与推进城乡一体化建设社会活动的机会。

"这项活动从开始筹办起，就得到了上级党委政府部门的大力支持，在他们的协调下，通过辖区内多所高校的帮助支持，战旗村承办了这一'高校+支部+农户'的大学生进农家活动，活动举办得非常成功。"从2006年首次举办，贺卫东就已主持组织这项活动，从活动的决策部署到细枝末节都记得十分清楚,他认为,"大学生进农家"活动能让这场城市与乡村的深度对话和交流达到一种前所未有的和谐:年轻的大学生们影响了村民们的生活习惯,丰富了他们的文化生活,带来了新的知识,传授给他们生产技术;而农村近些年来的崭新变化,也让很多大学生萌发了奔赴广大农村创业的激情和投身乡村振兴的热情。

首次举办"大学生进农家"活动时,战旗村还是以传统农业生产为主,一家一户院落散居着,几乎每家每户都饲养着鸡、鸭、鹅等家禽,环境卫生和村容村貌并不太理想。大学生来到村里后,所做的第一件事,是给全村来了一次大扫除。

"就感觉很惭愧,因为这些大学生毕竟是我们的客人,刚来到我们这里,凳子还没有坐热哩,竟然已在为我们搞清洁卫生,这让我们怎么过意得去?很快,我们也抢过扫帚,与他们一起打扫起来,道路、屋前屋后一下子干净了很多。"村民苏永全回忆,大学生的这一行动,像是给村民上了一课,告诉村民环境卫生和村容村貌的重要性,"这一课给我们的印象太深刻了,从此,村民们对环境卫生在意多了,保持村容村貌的整洁渐渐成了自觉行动。"

当然不只是提升清洁卫生水平。在首次"大学生进农家"活动中,在5天时间里,参与其中的每个大学生除了参加多次集体活动之外,还要与结对农户积极共建"七个一"活动:带动结对农户掌握1项以上体育活动项目;带动结对农户参加1次群众性文化活动;带动结对农户每月掌握1项上网技术;每月给结对农户孩子辅导1次以上功课;为结对农户创业致富提1条合理化建议;与结对农户每年共读1本以上有益书籍;大学生每年必须完成1篇社会实践活动报告。可见,每个活动子项都紧密农民工作和生活所需,都紧密联系大学生的学习和成长特点。

5天时间的安排内容很丰富,也特别紧凑。大学生们与村民同吃同住同劳动，贴心交流，还一起组织举办了村民夜校、文艺表演、坝坝舞会等活动，组织开展了舞蹈、书法、英语、普通话、汽车驾驶等各类培训活动，开展了以"讲文明更重要还是发家致富更重要"为主题的辩论赛，引发村民对自己的生活、生产的深层次思考。同时，大学生们还开展了法律、养殖、计算机等方面的咨询活动，发放资料1000多份，参观了5家村办企业，并为农户子女提供学习辅导。

"2006年时，我还在上初三。那个'五一节'，村里从来都没那么热闹过，所以留给我特别深刻的印象。"易奉阳的回忆非常真切。当时，村里来了这一大群大学生，其中有两名还住进了他的家里，他十分好奇而兴奋，很快与大学生们打成了一片，"因为我正处在考学的关键时期，正需要有人来辅导我。住在我家的两名大学生非常热情，学业成绩也非常好，每个晚上他们都为我作了辅导，使我能顺利地考上了重点高中。"

得益于大学生帮助的，远不上易奉阳一人。大学生们所提供的农业技术、法律知识咨询，在村办企业调研，下到田间地头劳动，与村民促膝谈心交流……都让村民们从他们身上获益：开阔了视野、获得了知识和信息、解决了生产生活上的不少问题，村民与大学生很快"混熟"，把自己的困惑、疑问、烦恼等毫无保留地向对方诉说，互相探讨。大学生们在交流传授知识技能方面的慷慨无私，感染了众多村民，大家都把他们当成亲人，无话不谈，无事不商。

5天的时间，整个村子"天天都像过年一样"，连周边的村民都赶到战旗村来看热闹。时任村党支部书记李世立由衷地评价："那几天，基本上没得人打麻将咯！"

也在那几天里，村里已经很少用的高音喇叭又在每天早上6时30分准时响起，大学生们开始做广播体操，引得村民们前来观看。没错，村民们最初只是观望，或者互相低声评论几句，表现出内敛害羞，但在第二天，就有"胆大"的村民参与进来，像个学生似的也做起了广播体操，觉得这样的锻炼身体方式很不错。渐渐地，加入其中的村民越来越多，每天早晨村民与大学生一起做广播体操，还成了战旗一景。

大学生们还教村民们跳舞。起初，村民们都有些不好意思，也不会跳舞。大学生们便从最简单的、当时也是最流行的"兔子舞"开始教起，主动热情地邀村民们进入舞池。所谓"舞池"，就是村前的那处小广场。经过简单的教学，村民们掌握了跳舞的基本技巧，也便有了信心，舞之蹈之的村民渐渐多了起来，直到进入忘我状态。"那段时间，村子里每天晚上都是篝火晚会和坝坝舞，大家都跳得够开心！"村民罗艳梅直到现在，还对当时跳舞的热烈场景记忆犹新。当然还有唱歌，还有文艺表演，大学生们对艺术和生活的热爱打动了村民。

可以这么说，大学生们在战旗村的文艺活动，不仅大大丰富了群众的娱乐生活，还点燃了战旗人心头的文化之火，奠定了战旗村的文化基因。这次活动结束后，战旗村建起了一座占地20多亩的"战旗文化大院"，里面的设施包括篮球场、排球场、乒乓球室、电影放映室、电子图书阅览室、健身室等，对村民进行开放。

要问这座"文化大院"的"前身"是什么？以前，这里是一个生产调味品的作坊，村里租给一家私人企业，每年可以收取2万多元的租金。"大学生进农家"活动，让村两委切实感受到了村民们对健康文化活动的渴求，于是便收回了场地，同时投入30多万元开建这座文化大院，激发村民们对文化活动的热情，丰富他们的业余生活。

这次活动还让当地群众对政府工作人员产生了相当的认同感。由于农户家里的床铺不够，随行的工作人员全都打地铺住进了农家。他们与大学生们一起，与农民摆谈城乡一体化的前景。对于这场活动的组织者而言，最大的成功就是赢得了群众和大学生们的认同，使村民们认识到推进城乡一体化就是实实在在地在改变自己的生活，可谓是"多赢"的局面。

需要一提的是，举办这次"大学生进农家"活动的，除了丰富村民的文化活动，另一个目的，是传播新观念、新思想、新文化，特别是引导村民逐步养成城市文明习惯、先进的生活和生产理念。"当时，村里正在进行新型社区建设的动员、筹建工作，部分村民对'拆院并院'还有不同想法。组织这次'大学生进农家'活动，就是为了增强了村民的城市文明习惯和先进的思想理念，从而在思想上对新型社区建设取得了一致，顺利推进建设。"李世立说，观念的嬗变需要一次有力的"冲击"，以此达到居住传统和生活理念的革新，大学生们充当了这样的不可替代的促进者。

尽管这项活动的时间不长，大学生也没有直接参与对村民的动员、劝说工作，可他们身上的新的思想、先进的理念和新的信息，像一贴催化剂，给了村民一次思想观念上的更新，这种更新在这个关键时刻是迫切需要的。新型社区建设当然是一件好事，但同时也有可能影响到个别村民的既有利益，千百年来形成的农居文化不容易打破，部分村民不愿意与全村人都集中居住在一起，原有的习俗习惯不舍割弃，个别村民还有惜拆心理，等等，这些都与观念、习俗、利益调整等有关。大学生身上那些现代生活理念、生活习惯和思想观念，是一次活生生的示范，村民们不可能不受到感染和影响。

5天时间匆匆而过，很快到了分别之时。互相告别的那一刻，已经产生浓浓情愫的人们真想把时间留住，出现了难舍难分、相拥而泣的场面。时隔多年，对这一情景，战旗村人至今历历在目。

"大学生进农家"活动对战旗村的高速发展起到了至关重要的作

用，这句话绝非夸饰。村民们不无感慨地说，那份改变不光是同吃同住同劳动带来的，而是因为获得了一种内心震撼。彻底改变原先的习惯，解放思想，更新理念，就从这个时候开始。

参加"大学生进农家"活动的大学生，大多来自郫都辖区内的几所高校。凡是能参加活动的大学生，每个人都十分积极、踊跃，因为这是一次与社会零距离接触的好机会，尤其是来到一座著名的乡村，与村民同吃同住同劳动，这样的社会实践无疑千载难逢。正如上文所述，活动既是为了改变村民的生活习惯，开阔视野，接触现代文明，又是为了给大学生提供参与推进城乡一体化建设社会活动的机会。让大学生借此有所收获，亦为活动初衷。

事实上，通过这一次又一次的活动，大学生的确有了实实在在的收获。这可以大学生们的日记为证。下面便是他们当时写下的社会实践日记的节选。

下一次，我还会来

四川师范大学成都学院信息管理系　何万凤

5月3日　星期三

我是四川师范大学成都学院信息管理系的大一学生，我们一起来的同学里，很多是大城市里的，他们来战旗村主要锻炼了自己的动手能力和吃苦精神。而我，从小生活在重庆梁平的农村，甚至我家乡的生活水平比战旗村还要更差一些，这几天我专门收集了战旗村的发展经验，准备回到家乡后把这些好经验传授给村民，让家乡能更快更好地发展。这个活动让我学到了书本以外的知识，希望下一次我还有机会可以来到战旗村，看看战旗村的变化。

从茫然到沟通

四川农业大学水产学院学生　何梅莉

5月4日 星期四

今天是我们到战旗村的第4天，回想起第一天走进农户家里时，我们都很茫然，不知道干些什么。因为时间的原因，我所在的农户家基本没有农活可干，可是村民还是非常热情地招待我们，是什么原因呢？

我和同学们调查研究后发现，农户之所以热情接待我们，是他们想和我们大学生进行思想与心灵的沟通，他们想接触新的思想、先进的管理理念和新的信息。更重要的是让我们来影响他们子女和身边的人，用我们成长与考大学的经历引导他们的小孩学习，树立考大学的信心。所以，来下乡的大学生应该转变思想观念：我们不只是来从事生产劳动的，应该做的是给农民传播新观念、新思想、新文化，因为在他们心中我们是时代的象征，是知识的象征。我们应该以当代大学生朝气蓬勃、积极向上、乐观进取的精神影响村民，同时也学习他们那种勤劳、善良、朴实的精神。

这是参与活动的大学生的真实写照。这些生动、具体的文字记录，不仅记载了大学生参与社会实践的详细过程，记载了珍贵的个人感悟，还使大学生结合本次社会实践，为战旗村进一步做好城乡统筹协调发展，加快建设社会主义新农村出谋划策，提供决策参考。显然，这样的社会实践，让大学生经历了一次从理论到实践的全方位接触和锻炼，对促进大学生的成长成熟意义不小。

其实，对于中国的大学生来说，无论将来从事什么工作，了解农村都是不可或缺的一课。"反观活跃在大学校园里的'80后''90后',他们基本掌握了一定的理论基础知识和专业技能,却普遍缺乏实践的检验和深化;他们胸怀报效国家、回馈社会的责任感和使命感,但又普遍存在拈轻怕重、意志力薄弱的一面,抑或缺机会和平台;他们思想先进、思维活跃、见解独特但又容易受到西方不良文化的侵蚀和社会舆论的左右,迷失方向。显然,组织开展'大学生进农家'活动,对大学生认识国情、了解民情、强化理论学习、提升实践能力、实现全面发展具有重要意义,是促进大学生成长的重要环节。"成都纺织高等专科学校思政部主任张大能教授对大学生社会实践这一课题研究颇深,对战旗村举办的"大学生进农家"活动进行了跟踪研究,并结出多个学术成果。

"我们已经把战旗村作为学生思想政治建设基地,学生与村民同吃同住同劳动,在利用自己的知识文化服务乡村的同时,了解社情民意,还能增长才干,磨炼意志,促进自身全面发展,增强社会责任感和使命感。" 成都纺织专科高等学校党委宣传部常务副部长赵修翠说,通过结对共建,教师提高了教学和科研水平,学校实现了理论教学与实践教学、实践育人与服务新农村建设、培养合格大学生与塑造新型农民的紧密结合。

2009年5月1日,包括成都纺织高等专科学校在内的多所高校,选派108名大学生,背着铺盖,带着洗漱用品,再次来到战旗村,住进了51户村民家中,开始了又一轮"大学生进农家"活动。尽管这个小长假只有3天时间,但大学生仍然抓紧时间,安排好各个子项活动,与村民同吃同住同劳动,成为一家人;互相结成对子,建立大学生与村民互动的长效机制。在这3天时间里,校地共同组织开展了"战旗新农村建设恳谈会"、"和谐郫县·文化战旗'校地共建新农村"大型文艺晚会、"清洁战旗"大行动、以"新农村文化建设"为主题的乡村"坝坝辩论赛"、"校地共建学民互动'——走进战旗新农村"坝坝交谊舞与锅庄舞会等大型集体互动活动。大学生还组织了多支小分队,向村民宣传保健、饮食卫生、消防安全、防灾防疫、法律知识,开展社会调查等活动……活动内容之丰富、之紧凑,超过以往。

而因为建立了结对关系,当年度的"大学生进农家"活动结束后,之间仍保持着互动,包括互邀参加各自特色活动,如战旗村20余户村民曾应结对大学生邀请,到学校参加了纪念五四运动90周年暨川音高雅音乐进校园专场音乐会;学校教师和大学生则应邀参加了当地"休闲农业与乡村旅游节"活动等。

一次次的"大学生进农家"活动,其活动形式和参与对象也在不断改变中,比如来到战旗村的大学生结构,已从最开始参加活动的学生和带队老师以专科、本科为主,到如今硕士、博士的人数越来越多、占比越来越高,这说明活动已吸引住越来越多的高层次人才,这无疑将为乡村振兴提供有力的人才支撑。

的确,大学生们青睐战旗村、"大学生进农家"活动一直延续举行,这与战旗村所拥有的独特优势分不开。除了战旗村本身是一座发展迅速、具有典型意义的当代中国乡村之外,参与这项活动的大学生所在高校,在地理上又与战旗村邻近,历史人文上有着诸多相通之处;时间安排和活动方式上,要比传统的大学生社会实践活动灵活得多,不仅可以在寒暑假进行,还能在国家法定假日、周末甚至课余时间进行;活动规模上,既可以开展学校和院系层面组织的大型集体行动,也可以由学生自发到战旗村开展点对点的实践活动;内容上,则能让校地双方注重发挥各自优势,形成优势互补、互利共赢的局面——战旗村之所以能成为众多大学生了解当代中国乡村、接触"三农"现实、参与乡村振兴和城乡统筹发展的良好平台,无疑是因为其拥有"天时、地利、人和"之原因。

让人亮眼的是，2018年6月10日，电子科技大学、西华大学、四川传媒学院、成都工业学院等19所驻区高校与郫都33个乡村振兴示范村签署了《"高校+支部+农户"大学生进农家活动合作协议》，协议明确在战旗村设立大学生社会实践基地，并在郫都形成"校对村、系对社、学生对农户"的大学生社会实践长效机制，共同推动郫都产业振兴、人才振兴、文化振兴、生态振兴和组织振兴，提升农村群众精神风貌和文化素养，涵养文明乡风，将"郫都实践"持续深入。"这表明我们这项活动已经纳入了规范化的轨道，形成了机制，这也是确保活动持久进行的前提。"贺卫东介绍，在这份协议中，以往各次活动所举办的大学生与结对农户积极共建"七个一"活动等项目都得以保留，并予以强化。

这份协议签约后，四川传媒学院师生就迫不及待来到结对共建的唐昌镇先锋村。先锋村村支部书记领着师生们看村貌、了解村情。"先锋村基础比较好，优势比较突出。"四川传媒学院副校长冉光泽说，针对先锋村实际，校方已设定开展"智慧点亮梦想，校地共建助推发展"大行动，行动内容包括利用学校专家团队、上万传媒学子、高端设备、制作节目宣传推广经验的优势，利用视听产品、新媒体手段，从各个角度、系统化为先锋村形成的旅游项目、生产项目进行宣传推广。校方还将与先锋村一道，为新型农村新文化建设发挥作用。

"郫都区所辖400多平方公里范围内，拥有包括电子科大、西南交大等19所大中专院校，1万多名实用技术人才，以及常年超过25万名的在校大中专学生，高校资源、人才资源、创新资源极其丰富。'大学生进农家'活动大胆探索了高校与村支部和农户结对子的新路子和高校人才'智力助农、文化支农、技能帮农'新方法，大力实践了新农村文化传播的新样式和农民文化活动的新途径。而此项活动的意义还在于不仅推动了城乡一体公共文化服务体系建设,也促进了城乡文化同发展共繁荣,从根本上缩小了城乡文化的差距,其意义极其深广。"贺卫东说,正在拥有这样的优势和意义,持续开展这项活动当有其必要。

"大学生进农家"活动首次推出的2006年,该活动即被"中国全面小康论坛专家推选委员会"评价为实现了"加强大学生思想道德教育、农民转变思想观念、提高了文明程度"的多赢,并被评选为当年度"全国十大政府创新典型",得到了各级政府部门及领导的高度重视和肯定,这份殊荣当之无愧。

2018年暑假,成都纺织高等专科学校大一学生蒋敏再次来到战旗村。来自广元剑阁县的蒋敏是针织专业的学生,曾参加过"大学生进农家"活动,被战旗村的独有魅力所征服。这一次他又通过个人走访和调研,进一步了解社情民意,零距离感受乡村振兴为新农村带来的巨大变化,并为自己以后的发展打探。不消说,蒋敏第二次走进战旗,让他得益多多,坚定了在农村干出一番事业的信心。

蒋敏只是众多曾经走进战旗村,并对战旗村念念不忘的大学生中的一个。随着战旗乡村振兴成果的不断扩大,知名度的急遽攀升,越来越多的大学生看准了战旗,看准了郫都这方土地,愿意在这充满希望的土地上闯出一番自己的事业。毋庸置疑,包括战旗村在内的郫都大地,也需要有更多优秀的年轻人加盟乡村振兴、城乡一体化发展的浩荡队伍之中。

四川农业大学水产学院学生向启华,参加了"大学生进农家"活动后,一回到学校就与父亲通了一次电话,他说自己已决定,毕业后在战旗村开办一家农产品开发公司。他不无感慨地说:"以前我们的眼睛只盯着城市,却不知道农村也是一个巨大的市场。这次活动的时间虽然很短,却可以说改变了很多同学的就业观。"如今的农村才是大学生干出一番事业的新天地，可以说，凡是参加过"大学生进农家"这一活动，这一理念就会形成或得以强化。

在"精彩战旗"特色产业在线服务大厅，习近平总书记视察战旗时仔细观看过的"互联网+共享农业"互动种养平台，正是由一群大学生在战旗村精心打造的。"创建战旗'互联网+共享农业'互动种养平台是为了运用物联网技术，关联起乡村与城市。平台由20多名大学生创业者创建。他们大部分是搞IT研发的'技术男'。2017年2月，这个平台就上线了。"该平台创始人秦强介绍，该平台拥有注册用户5万多，销售额达2000多万元。

在服务大厅的屏幕上，可以看到该平台实时运行的情况。战旗村的村民可以通过互联网在线销售的形式，打开农产品的产销路子。"通过该平台运营的手机APP，可以将城里人与农村土地连接起来，城市居民可以认养一块地，认养一棵果树，认养一头猪，同时还能通过平台实时监控空气、土壤、温度等数据。"秦强说，以这种方式销售农产品，对于村民来说，同时也是一种理念和方法的革命。

当然，作为一家大学生创业服务企业，"互联网+共享农业"互动种养平台的发展还刚刚开始。

"2018年，我们与战旗村合作成立了四川战旗飘扬农业发展有限公司，在郫都区建立了高科技农业示范基地。2018年内，已有上千个村加入我们的平台。2019年，这个平台又覆盖了1万个以上的乡村，拥有了10万以上的用户。"秦强不无自豪地说，目前，该平台已成为一个立足成都、服务全川、面向全球的农产品销售网络平台，其货源地已辐射到整个四川省农业地区。比如在凉山州热河乡，该平台帮助当地石榴进行订单化销售。通过线上渠道，石榴挂果前就已把整个村的石榴果树认领了出去。城市居民通过APP，不仅能参与生产过程，还可以感受到当地的生活状态。以往10元一个的石榴，如今可以卖到18元至20元。接下来，该平台还将进一步利用互联网技术，扩大销售范围，为脱贫攻坚、巩固全面建成小康社会成果出力。

"山远近，路横斜，青旗沽酒有人家。城中桃李愁风雨，春在溪头荠菜花。"（宋·辛弃疾《鹧鸪天·陌上柔桑破嫩芽》）乡村自有其独特风韵，自有其发展空间和发展机会，更何况是战旗村这个梦升起的地方。这几年，被她所吸引、执意来这里创业的大学生实在太多了！2015年，杨益民从电子科技大学毕业。毕业时，虽然他的身边有很多同学想方设法去了大城市发展，但他考虑再三，选择了回到家乡战旗村，帮助父亲种植花卉，并在网上销售。

"我父亲多年来从事花卉种植，可销量一直不是太好，急需有个突破，而我所学的电商知识，正好能够帮助父亲改变花卉的销售方法，提高销量。尽管我也可以去大城市发展，但我觉得，与其在大城市里成为一名普通的员工，还不如在家乡战旗属于自己的平台上创业创新、成就一番事业。我回乡帮助父亲，发展自己，付出一点代价也值得，因为我相信自己会有更大的收获。"杨益民自豪地说。

在父亲的花卉公司负责销售，杨益民也主动去熟悉花卉种植的每一个环节。原来一点花卉种植知识都没有的他，如今已经成长为一名全能型的花卉种植专业户。

高德敏书记告诉笔者，在战旗村，像杨益民这样返乡创业的才人，已经有十几位了，众多年轻人的返乡回村，为战旗村的农业发展和乡村振兴事业注入了更多的活力。

"我相信，战旗村的魅力还会越来越大，还会把更多的大学生、各路英才吸引过来。村党组织深知，乡村振兴离不开人才这把'金钥匙'，留住人才、用好人才一直是我们的基本做法。这几年，除了'大学生进农家'活动，我们还与省农科院、省林科院等校院合作'以才招才'，吸引聚集了近百位农业专家、企业科技人才、农业职业经理人。"高德敏说，通过"高校+支部+农户"机制，战旗村又鼓励引导专家学者、在校大学生等群体投身农业农村成为"新乡贤"，推动来到战旗的创业者成为"领头雁"，让每一个人才都能在战旗村建功立业。

如今的郫都区，也正在以战旗村为核心，引领乡村振兴大业不断深入。深入实施人才强区战略，科学布局实现人才资源价值转化，已显得极为迫切。

2019年7月，郫都区委十四届七次全会上审议通过了《关于加快人才价值转化 助推郫都高质量发展的决定》，郫都将全力打通高校人才向产业人才转化、科教优势和科技成果向产业项目转化、校友资源向要素资源转化的通道，加快健全人才服务平台、打造人才引进聚集平台、构建人才培育平台，不断优化政策环境、提升发展环境、完善配套环境，聚焦吸引青年（大学生）人才和国际化人才，促进教育链、人才链和创新链、产业链有机衔接，促进高校人才资源向人力资本转化。

"人才那得如金铜，长在泥沙不速朽。愿公爱士如爱尊，毋使埋渣嗟不偶。"（清·袁枚）人才聚，则乡村兴。培养人才、爱惜人才、发挥人才作用，是事业成败的关键所在。为了加快人才的引进，郫都区已制定出台了《"郫都菁英"产业人才若干政策》《郫都人才新政十条》等人才政策，致力以更加开放的胸襟引来人才，用更加优惠的政策留住人才，用共建共享的机制用好人才，推动郫都产业振兴、文化振兴、生态振兴，把郫都建设成为全国乡村振兴示范区。可以想见，各路人才充分施展宝贵才华的好时机已经到来。

第二节 乡村治理,一门高深的学问

引入符合战旗人所需的社会组织,参与协同治理;推行网格化管理,切实解决群众实际问题;把"自治、法治、德治"融合成一个有机整体,激发建设家园内生动力,厚植优秀道德文化,战旗村的乡村治理体现了基层党组织的核心地位,走出了属于自己的路子,构建起当代中国乡村治理的独特样本。

2019年6月5日,农业农村部发布了首批20个全国乡村治理典型案例,战旗村"党建引领社会组织协同治理"做法入选首批典型案例——这也是四川唯一入选的首批全国乡村治理典型案例。

郡县治,天下安。乡村治理,是国家治理的有机组成部分,乡村治理现代化关系到国家治理现代化的目标实现。习近平总书记在十九大报告中明确指出:"加强农村基层基础工作,健全自治、法治、德治相结合的乡村治理体系。"的确,加强和改进乡村治理,不仅要调动人民群众的巨大潜能,强化乡村自我管理、自我服务和自我监督的能力,还要在组织、人才、资源和服务等方面加大支持力度,从而协同推进乡村治理现代化进程。

此次公布入选的首批全国乡村治理典型20个案例，是经过相关专家们多次实地调研与论证后的权威结果，含金量不言而喻，可以说具备了普遍性和典型性，为全国各地解决乡村治理面临的难点和痛点，提供了实用性、可操作性的借鉴和参考。毫无疑问，这批乡村治理典型案例的推出，将充分发挥其引领和示范带动作用，鼓励各地深入研究乡村治理规律，探索乡村治理的路径和方法，进一步促进全国乡村治理体系和治理能力建设。

战旗村何以入选，并且是四川省唯一入选的典型？一句话，是因为战旗村在乡村治理方面走出了一条属于自己的路子。

按照高德敏的介绍，这条属于自己的路子，概括起来，就是在实际治理过程中，通过对村内外资源、社区治理存在的问题及村民需求的综合分析，从基层党建和群众服务入手，围绕"自治、德治、法治"和群众生产生活中多元化需要，扎实开展乡村综合治理。

在党建引领的前提下，战旗村还与一些社会组织一起开展协同治理。无疑，党建引领始终是"主心骨"。

"在坚持党的领导下，战旗村重点突出党组织在社区治理中的核心地位。"高德敏介绍，为了理清党建引领农村社区发展治理思路，近几年来，战旗村规范党组织领导下的村民议事协商机制，党组织定期听取村民委员会、议事会、村务监督委员会等自治组织的报告。同时建立"村两委联系党员、党员联系集中安置区群众"的联系机制，及时获悉群众需求，发现社会矛盾和矛盾萌芽，及时处置，及时解决，让群众满意。

这一点，即可以在战旗村党员活动室张贴的一张《党员联系群众一览表》上得以证实。笔者发现，战旗村的每个党员都对应联系了3到5户群众，要求每个党员都要学会面对面听取群众诉求，实打实解决群众难

题，做到"有记录、可追溯"。也就是，一旦党员没有对所联系群众尽到应尽义务，就要"拿党员是问"。这样一来，党员有压力了，有动力了，就会更自觉地与群众贴近，跟群众"结亲"。

没错，这种联系不同于上述党员与群众在农业生产、经营和发展方面的分户联系，它着重于乡村社区治理，汇聚各方力量，满足群众多元化所需，实现和谐社会建设。

专业社会组织，这对于战旗村的很多村民来说，是个稀罕的新名词，因为从第一次听说到引进村里的时间也就在近几年。但在村委会副主任杨勇看来，专业社会组织的到来，是战旗村发展到一定阶段的必然需求。

"乡村治理是发展的前提，乡村治理好了，才谈得上产业等方面更大的发展。"杨勇说，在党建引领下，战旗村通过引进社会组织，在推动乡村治理的同时，自身培育的社会组织也成长了起来。

战旗村与金星村合并后，辖16个村民小组，1445户4493人。如今，村民对于公共服务的需求更多，要求更高了。在如何提供优质的社区服务上，加强乡村治理就成为一个现实问题。村党组织早就发现，社会组织的灵活性、机动性，以及其根据群众实际需求来提供的服务，能补充村里对"边边角角"照顾不到的一些内容。在当今形势下，适当引入若干符合战旗人所需的社会组织，参与协同治理，是一种极好的探索。

2018年4月，村里尝试引进一家名为成都同行社会服务中心的社会组织，希望他们围绕村民需求开展服务，战旗村项目的负责人叫易小兰，是土生土长的战旗村人。她向笔者介绍说，他们是通过前期走访和调查了解村民的现实问题和需求之后，再整合社区资源，提供服务的。目前，该组织已经在战旗村开展包括乐健康、养生课堂、兴趣工坊等内容在内的老年健康工程，以及促国学经典、颂扬家风家训系列活动。

数据显示，从2018年以来，战旗村开展老年人兴趣工坊16场、长期患病支持互助小组活动12场、结合农民夜校开办养生课堂9期、少儿国学礼仪22次等，服务村民超过1500人次。

谈及最初引进这个项目的情景，易小兰说："在当时，高德敏书记就提议'一定吸纳战旗村村民特别是年轻党员的参与'，这是因为，一是以此能强化党组织的引导；二是他们更熟悉了解当地的情况，还有一方面，这也是为村里培育这方面的人才，促进社会组织运行的可持续发展，可以说，这一招，眼光很长远。"

每当表演活动开始，封祖琴、罗玉如和聂年群等村民就忙活开了，她们正在商量着节目排练的细节——她们都是"耆英汇社区舞蹈队"的骨干成员。2019年，她们自编的舞蹈还跳到了央视农民春晚的舞台上。每当提起这件事，几个人的脸上都挂满了骄傲与自豪，这支社区舞蹈队正是战旗村2019年以来自发培育的本土社会组织之一。

其实，在成立"耆英汇社区舞蹈队"之前，战旗村已经有了一个老年舞蹈队。"当时大家基本上都是业余爱好，闲下来的时候权当锻炼一下身体，完全达不到表演的水准。"封祖琴不无欣喜地介绍着，后来，在成都同行社会服务中心帮助下，战旗村新成立了群英汇社区舞蹈队，"那跟以前就完全不一样了！专业的舞蹈老师每个月都从城里专程赶过来，至少进行4次专业性培训。现在，我们学会了民族舞、交谊舞等多种舞蹈，不是'草台班子'了，不仅在村里的文化活动上大放异彩，还被邀请到崇州等地进行表演呢！"

除了"群英汇社区舞蹈队"，成都同行社会服务中心还在战旗村党组织的部署、安排下，培育了"社区妈妈服务队"和"战旗村环境卫士志愿服务队"等多个社区社会组织，挖掘村民骨干20余人，有效发挥村民参与社区治理的主体作用，提升了村民参与社区公共事务的热情。

据笔者了解，在每周一举行的村两委会上，还会有一个特别的议题：听取社会组织上周的工作小结和近期的打算，提出针对性的建议和意见。

"比如近期人居环境治理成为一项重点工作，村两委就提出让我们在此方面提供更多的支持，我们就发动村民成立了战旗村环境卫士志愿服务队，同时为村民普及垃圾分类的常识，并提升他们在环保方面的意识。"易小兰介绍，对于村里阶段性的重点工作"临时性"添加进来，她表示"可以理解，我也是一名战旗人，我也希望战旗村可以在大家的共同努力下变得越来越好！"

"党建引领社会组织协同治理，既可以始终实现党组织的方向引领，又可以摆脱事无巨细一把抓的弊端。社区是乡村治理的末梢。在大力倡导社会治理重心下移的形势下，早已完成了集中居住的战旗村，客观上要求相关主体在社区治理中发挥更为积极的作用。"高德敏深有感触地说，"当前，包括乡村社区在内，社区治理已面临村民参与积极性低、社会组织动力不足以及村民多样化需求难以满足等矛盾。事实上，社会组织的特有作用是难以替代的。今后，我们将进一步完善协同治理体系，激发村民自治活力，形成'人人尽责、人人享有'的文化氛围，推动社区可持续发展与长效治理。"

村，是中国社会最基础的自治单元之一。由于历史和地理原因，相对城市社区，乡村的公共服务基础较为薄弱，治理难度也较大。近年来，全国各地都在围绕"健全自治、法治、德治相结合的乡村治理体系"要求，进行一系列探索和实践。而战旗村引入社会组织，参与协同治理的做法，无疑为乡村自治难题的解决提供了一把"钥匙"。

那么在战旗村，在"三治"方面还有哪些不可忽视的亮点，"三治"之间的关系是怎样合理处理的？

在战旗村，首先，"自治、法治、德治"已被结合成一个有机的整体。自治是基础，在基层的社会治理中具有基础性作用；法治是根本，在基层社会治理中具有保障性作用；德治是前提，在社会治理中具有先导作用。尽管"三治"的着力点和作用不同，但是"三治"相辅相成、互为补充，共同服务于强化乡村治理的总目标。

自治为本，激发建设家园内生动力，这是战旗村推行村民自治的主要目的。这其中，开展日常网格化自主管理即为重要的自治形式。目前，全村共划分为多个自治网格小组，全方位、全过程、全覆盖进行动态管理，实施了"党员+社区+单元"的网格化服务管理，构建并形成了党员、议事会成员、新乡贤、群众多元参与的多元治理主体。全村每户家庭的用水、用电、用气和环境卫生等日常生活，也都纳入了常态化监管。

战旗村党委副书记吴尚林介绍，目前，两村合并后的战旗村，村两委成员、各支部的书记、村民小组负责人，加上党员骨干，已有上百人，分网格每周都在村上搜集情况，一个人联系七至八户村民，能及时了解群众的烦恼和需求，能随时把矛盾"消化在内部"。

网格化管理制度建立起来后，加快推进社会资源整合、工作力量聚合和群众关系融合，村党委又邀请乡贤、土专家、村民代表等，经常性地召开座谈会、坝坝会等，听取村民对社会治理的建议意见；开展"三固化、四包干"工作，收集并落实建议意见；党员干部进村入户"听民意、了民情、化民怨"，也成为加强村民自治、提升乡村治理水平的有效手段。

"我们把村民自治，与发挥党组织引领作用和村民主体作用结合起来，不断创新联系服务群众方式，问计问需于民，并让群众参与管理和治理，从而达到自我管理、自我约束的效果。"高德敏介绍，坚持"民

事民议、民事民管、民事民办"制度和"战旗六步工作法",从根本上说,都是村民自治工作内容的一部分。

笔者了解到,随着战旗村经济的发展、经济业态的增多、项目投资额的加大,近年来村里先后成立由村民代表为主体,村里的人大代表、政协委员、企业代表和村两委干部等共同组成村民主监事会。采取定期列席村内重要会议、开展咨询活动、检查重要事项、参与社会评价活动等方式,对村集体资金的安排使用、重要工程项目及承包方案、村内公益事业兴办、社会保障救助等全村重大事项进行监督,独立自主开展监事活动。

在村民主监事会的推动下,村两委组织召开村民代表大会,讨论制定《战旗村民主管理办法》,并按该办法的规定,先后就村集体资产改制、村容村貌改造、村文化大院建设等进行了民主决策。"党组织领导、议事会决策、监事会监督、村委会执行"的基层自治机制的建立和完善,有效改变了过去存在的管理不科学、缺乏民主等状况,融洽和改善了干群关系,进一步完善自治。

在此举个实例,当时,乡村十八坊民宿修建项目总投资高达七八百万元,村民对此极为关注。因集体资金有限,村委会计划以融资的方式,引入一个杭州老板投资,余下部分由每位村民再出一点。然而,在征求意见时,村民们却提出由自己出钱修建,每人出资从5000元到5万元不等,集体占50%股份,49%是现金。

村里专门为此召开村民代表大会,会上决定,"50万以内的项目,村委会主任可以拍板;50万以上的,要上公司董事会;100万以上的,就要开村民代表大会。"这一条规矩就这样定下来了。如今,凡是涉及公共服务、发展专项资金和村上的经营项目,都要上村民代表大会。

"扯了不少经,后来弄巴适了,就都没意见了。村民有意见时,你不能把手里的线拽得更紧，松一松效果反而更好。"有关处理村民之间的矛盾技巧，高德敏的这句比喻很贴切。

当然，在发展经济的过程中，还是日常生活当中，总是会有矛盾产生。"归根到底，这些矛盾主要体现在各方面的利益关系中，包括公共资产、公共服务和每一个人之间的利益，还有每家每户之间的利益矛盾。"对于这一点，高德敏毫不回避，因为这是人性。

对于村民的日常矛盾纠纷和意见建议，村党委采用固定时间、固定地点、固定人物的"三固"工作机制，组织老党员、新乡贤、新村民成立"红色调解队"，定期了解老百姓关注的问题，解开疙瘩，消除纠纷及其萌芽。

而在村委会办公楼隔壁，那间仅占地10平方米却功能齐全的小房子，是由景观亭改造而成的社区试点警务室，它融服务、宣传、调解、防范等公安工作与社区事务于一体，实行"7×24小时"值守制，以确保"村民大事小事有警察"。这里的警务人员除了维护社会治安，还参与调解工作。在此所设置的"阳光调解室"，即是人民调解工作的一个重要场所。

垃圾桶放在哪里、广播喇叭放在哪儿……村民的事情虽然不大，但是稍微解决不当，也会产生矛盾纠纷。遇到这种情况，党员就起好带头作用，先保障村民利益，再公平合理处理纠葛。比如涉及垃圾桶的安放，就离党员村民家近点，如果遇到两个人都牛，就居中放。每个月固定党员日时，党员们义务劳动半天，解决了大家的环境卫生问题。

社区试点警务室在调解方面也多有业绩。有一次，一支共有几十人组成的旅行团来到这里，本来在农家乐定了两桌午餐，由于种种原因旅行团不想消费了。餐馆老板拉着游客不让走，游客给警务室打了电话。

"接到报警电话时，正是午饭时分，我就把双方当事人请到了阳光

调解室。"专职社区民警雍飞说，经过调解，双方很快达成一致，各自承担一半的责任，旅行团支付了200元的违约费。

笔者看到，在警务室的门牌下方，竖立着一块宣传展板，上面写有"战旗警务室服务一览"，罗列着一共六大项、26个小项的服务项目，包括接受群众求助、咨询、报警，开具各项公安业务证明，提供法律咨询及调解纠纷，驻警务室律师提供法律咨询及各类纠纷调解。警务室可是按照成都市公安局全面实施"一所一品"警务要求而设置的，可谓"麻雀虽小，五脏俱全"。

警务室成立于2018年的4月。刚成立不久，一位女士来战旗村旅游时，不小心把随身的包弄丢了，来到警务室报案，说包里有一枚钻戒。民警考虑到钻戒属于贵重物品，立刻进行上报。之后，郫都区分局派来刑侦、网监和技侦等警种下来开展工作，用4天时间就把钻戒找回来了。为此，这位女士还专门送了一面锦旗过来以表示感谢。

警务室后面是一间木质结构、屋顶为玻璃的房间，房间一侧用栅栏做隔断，栅栏外满眼是绿色植物，这便是"阳光调解室"了。调解室的一面墙上挂着"纠纷调解工作流程"中英文版介绍和"和为贵"三个蓝色大字，屋子中央有一张小方桌和四把川西平原常见的藤编圈椅，桌上摆放着蓝底白字的牌子，上面写着"阳光调解"。

雍飞介绍，阳光调解室采光好、环境宜人，能让人的心情敞亮很多，怨气会在不知不觉中消除。在警务人员的努力下，在这里调解的几桩事情都已得到顺利解决，当事人都很满意。此外，警务室是以战旗村为中心，所有警务均向周边村辐射，战旗村调解工作的有序开展，对周边村的调解工作无疑是个极大的促进。

这几年，按照上级部署，战旗村启动了"六无"村（"无黑恶势力、无毒品危害、无邪教、无命案、无重大公共安全事故、无群体性事件")创建工作。为此,战旗村着力完善地空一体的社会治安立体化防控体系,在完善战旗警务室的同时,由专职社区民警指导专职网格员、治保巡逻队、"红袖套"等群防群治队伍加强治安巡逻。

"除此之外,村里还组成了由老党员组成的红色调解队。这些老党员中,有的是村里的老干部,有的还担任着村老年支部的小组长,工作非常细致负责,而且全是义务劳动。在平时,这支红色调解队还戴起袖章,承担了维护活动现场秩序的工作,毕竟如今的战旗村各类活动十分丰富多样。"朱建勇告诉笔者,包括村庄日常的清洁卫生维护等工作,这支红色调解队也管理得十分主动、十分尽心。

自治、法治,双管齐下。近几年来,整个战旗村无新增矛盾纠纷,无"村霸"等恶势力,无非法上访,无违法犯罪,无重大安全事故。这份优秀的成绩单,来自于全体战旗人,来自于村两委一班人和全体党员,来自于日夜守护战旗平安和谐的人们。

"党员干部带头,平衡好利益关系,维护好根本利益,完善好一套促进社会和谐的有效机制,人心就会更齐,劲往一处使,各类矛盾就随之减少。"高德敏认为,理清矛盾之源,发展村民自治,这将是一项长期工作;引导村民直接行使民主权利,实行自我管理、自我教育、自我服务,打造新时代"枫桥经验"的四川样本,需要做的事情还有很多很多。

"战旗飘飘映农庄,领袖嘱托记心上。乡村振兴作示范,村规十条强保障:一、爱党爱国爱新村,感恩奋进树形象。二、遵纪守法走正道,明辨是非有担当。三、知书明礼重情义,耕读传家志气昂。四、诚信友善讲规矩,展示景区新气象。五、勤俭持家多奋斗,人情交往不铺张。六、远离赌毒和邪教,风清气正人清爽。七、尊老爱幼讲孝悌,邻里和睦心舒畅。八、爱护环境讲卫生,护水植绿美家乡。九、禁止乱搭和乱建,公共区域要共享。十、先富不忘带后富,创新创业奔小康。"

这份朴实、易记的《战旗·村规民约十条》,如同一首歌谣,在战旗村几乎人人能背,也几乎人人都在自觉遵守。它是在乡贤的号召下自发形成的,展示了战旗村友爱淳朴、守望相助、开放包容的村风村貌,营造着新时代下战旗人励精图治、创新创业的新气象。2019年,《战旗·村规民约十条》还荣获了"三个一百"先进典型中的"四川省最佳乡规民约"荣誉称号。

事实上,村规民约正是乡村德治的有效形式。村规民约是依据党的方针政策和国家法律法规,结合本村实际,为维护本村的社会秩序、社会公共道德、村风民俗、精神文明建设等方面,所制定的约束规范村民行为的规章制度。它是村民自己的"小宪法",是村民共同认可的"公约",是村民实施村民自治的基本依据,是依照村民集体的意愿,经过民主程序而制定的规章制度。可见它的约束力,主要来自道德的力量。

战旗村所在的郫都区,是一方人杰地灵的宝地,人文底蕴深厚,优秀传统文化至今传扬。在这里,仿佛每个角落都拥有"创新创业基因""乡村善治基因""世界开放基因""上善若水基因""官民互动基因",倘若把这些基因发扬光大,辐射社会,达成共识,无疑将有助于打造共建共治共享的社会治理格局,实现善治。

战旗村作为川西平原上一座既有个性,又富有典型意义的村庄,传统文化一直发挥着"润物细无声"的力量。在乡村治理过程中,以涵育文明乡风、淳化乡村社会生态,显然有其不可忽视的优势。当今形势下,随着农村改革发展进程的持续和深入,乡村社会一些优良传统正逐渐弱化,这是大家都不愿看到的。从某种意义上说,道德是一种文化,往往还是源远流长的优秀的传统文化。由此看来,在乡村治理中,加大德治的分量,大力涵育文明乡风,倡导重视亲情、勤俭质朴等优秀乡村传统文化很有必要，战旗村在这方面开了一个好头。

乡村民风廊、文化廊、文化院坝相继打造起来了，文工团、老年歌舞队、腰鼓队等自发组建，"传承巴蜀文明 发展天府文化"百姓大舞台巡演活动得以常态化开展。如今，走进战旗村每户家庭，都能看到案头枕边，放置着《三字经》《增广贤文》等国学经典，不少村民早已把其中的精彩段落和句子倒背如流。与此同时，村党委积极开展道德、文化明星评选推举活动，每年都评选出一批"新乡贤"、文明户。当"好公婆、好儿媳、好邻居"、道德之星、文明之星的"桂冠"落在村民头上，每位村民都喜不自胜，视作极大荣誉，并进一步激发了传承弘扬耕读传家、父慈子孝的良好乡风、家风、民风的热情。

在弘扬耕读文化的同时，战旗村大力推进移风易俗，树立文明新风。除了制定上文所引的《战旗·村规民约十条》，村里还将社会主义核心价值观、传统优秀文化、法治文化融汇成一曲朗朗上口的"战旗快板"，群众能在深入理解的基础上，受其感染，化为自觉行动。而健全乡村道德评议机制，实施乡风文明"十破十树"等行动，不仅能促进诚信重礼、尚法守制等良好风尚，还能革除红白喜事大操大办、封建迷信、聚众赌博等陈规陋习，营造与邻为善、以邻为伴、守望相助的良好风气。

"这一点，可以以倡导孝道为例。在战旗村，找不出因子女不够孝敬、导致失去劳动力的父母无法正常生活的现象，反而，尊老爱幼的实例俯首可拾。如有的孙媳长年伺候祖辈，承担赡养之责，从无怨言；有的后辈悉心照料患病的老人，每天细致入微地端茶端饭，还推着轮椅让老人去室外晒太阳、呼吸新鲜空气；有的后辈在家里始终尊老人为首，凡事尊重有加，从不呵斥嫌弃，以侍奉老人为荣，把家里最好的生活享受奉上。而老人们则经常力所能及地帮助子女和孙辈，为后代分担繁重的家庭事务，使他们能腾出更多的时间精力，用于日常工作。"李光菊介绍，除了尊老爱幼这一传统孝道文化，诸如拾金不昧、助人为乐，邻里间互帮互助、互敬互让，参与公益慈善、热心捐献捐助等行为和活动，在战旗人中间经常性地进行和开展。从某种意义上说，每一次都有效地推动了德治建设。

诚然，德治建设需要跟上农村形势的变化发展。在市场经济时代，互联网、自媒体的兴起，不仅使农村生产生活的习惯发生了极大变化，也影响了传统道德文化的传播和弘扬，不少负面的消息和言论，很容易导致原有道德观、价值观、人生观的改变乃至坍塌，农村道德滑坡问题时常出现，德治作用的发挥也面临困境。对此，战旗村党委有着清醒的认识。如何跟上时代节奏，推出适合当今社会发展形势的德治载体和手段，已在尝试探索中。

在这方面，战旗村党委的做法主要有两方面。一是在乡村治理中不断强化精神文明建设，通过选树道德模范、星级文明家庭、身边好人，以传统文化的柔性滋养人心，成风化人，充分发挥德治的引领作用。这几年来，战旗村不断推出先进人物、文明样板，即意在于此；同时，对乡村社会自身所蕴藏的丰富的优秀传统文化资源进行精心挖掘与整合，并加以创造性转化与创新性发展；不断开辟新的精神文明建设阵地，渗透工作生活的方方面面，让道德文明滋养每个人的心灵。

二是积极发挥德治建设的引领、监督、约束、纠偏等作用。实现"三治融合"，德治应为支撑。法治与德治，如车之双轮、鸟之两翼，既要发挥法治的约束威力，也要充分张扬德治的引领作用。当然德治不能孤立，必须与自治、法治有机结合，形成融合之势，方能奏效。这方面，战旗村已经有了一些具体措施，即通过"三治融合"宣传教育活动，倡导自治、宣扬法治、引领德治，让道德文化借助于法治和自治的力量，潜移默化为公序良俗。

自治，让老百姓有了参与的活力；法治，为乡村治理提供了强有力的保障；而德治，更像是春风化雨润物无声一般，改变着老百姓的内心。注重发挥德治作用，把以文化人、以德润心作为最基本的实践路径，重构乡土道德，醇化民风民俗，涵育文明乡风，淳化社会生态。走入战旗村，我们看到"三治融合"所迸发出来的乡村治理新活力，已成为推进实施乡村振兴战略的保障。一幅产业兴旺、生态宜居、乡风文明、治理有效、生活富裕的乡村振兴宏图正在川西大地上诗一般展开……

第三节　寻求破解现代农业发展难题的最佳答案

　　做深做透生态这篇文章,使工作、居住、游览、休闲,环境质量达到超一流水平,发展便有了新的资本。优质生态农产品不断扩大种植和销售,并带动了周边镇村;乡村旅游方兴未艾,而乡村特色文化魅力的不断施展,乡村振兴这盘棋更加走活。对此,战旗村党委班子及全体战旗人充满信心。

　　阳光照在流经村子的柏条河支流斗渠上,水面泛着光。天高云阔,微风拂过,让行走在战旗村的人们感受一丝凉爽。自村口小广场走进村里,沿主干道两侧,是一幢幢青瓦白墙的小楼房,绿树掩映,屋前的花儿竞相争艳。村前村后的宽敞柏油马路边,树木挺拔。偶尔有小轿车缓缓驶过,却因草树葱茏而滤去了声音。有别于江南农家小桥流水的精致气质,这个雪山下的川西村庄有着大气粗犷的别样风情。这无疑是一个环境优美、安谧祥和的好地方。

　　一群来自江津区的学生正忙着在挂有灯笼的亭子里拍照。一名女孩开心地介绍:"以前来过几次,这里的环境和空气都不错,村民也很热情,所以我们一致决定来这里举办同学会。"

村口的小广场上，村景区办副主任杨明学正领着一支参观团队，向大家讲述着习近平总书记当时来到战旗村的情景。"这是我今天接待的第三批参观团了。2018年以来，来我们村的游客越来越多，大家都对战旗村充满向往，都觉得战旗村生态环境好，是一个有发展前途的新农村。"虽是景区办的负责人之一，但杨明学依然参与具体讲解，因为她深深爱上了这里，每次讲解都十分投入、十分认真。

2006年，杨明学从宜宾江安县嫁到了战旗村，这个外来媳妇至今还记得，当时新型社区尚未建起，村民大多还处于散居中，院落之间全是泥巴路，晴天时尘土飞扬，雨天时则让人满身泥巴。其时，不少村民的生态环保意识正待加强，露天焚烧、污水直排等现象还没有消除，生态环境还不如人意。"如今战旗村的生态环境，已不能用简单的一个'好'字来概括，无论是工作、居住、游览、休闲，环境质量都是超一流的！"作为战旗人的一员，杨明学难抑欣喜。

的确，这几年来，战旗村践行五大理念，坚持生态先行，全面落实"绿水青山就是金山银山"理论，像爱护自己的眼珠那样保护生态环境，提高环境质量。重点治理面源污染，推行垃圾分类处理，实行户收集、村集中、镇清运，关闭污染企业，迁移规模养殖场，全面禁止焚烧秸秆，实现污水统一收集、达标排放……一系列有力措施的实施，使得村庄环境逐步改善。同时，战旗村还实施了土壤有机转化和高标准农田整治，消除农田面源污染；落实"河长制"，守护天府水源地，建设生态绿道；建成柏条河生态湿地；持续保持生态环境优美的乡村景观，乡村自然资本不断升值。可以说，如今的战旗村，已经实现了从农村变景区、田园变公园。

推窗见绿、开门见景，绿波翻滚、绵延百里的天府绿道，连接起一幅幅望山、见水、游林、赏花、观天下的图景，这就是人们来到泛战旗五村连片景区，沐浴在美妙的自然风景后，给出的富有诗意的评价。

战旗村花海，是四川省第一个规模化的花草基地，填补了四川省生态旅游的空白；榕珍菌业，是在战旗村发展起来的大型生态工厂，如今已经成为村里的龙头企业；妈妈农庄，每天都在吸引四周游客，前来享受大自然之美，已是成都乃至更广区域市民的最爱；乡村十八坊，战旗村自主打造的文化地标，十八种非物质文化技艺，每一种都能迷醉无数人……这一切的出现和存在，都是因为战旗村拥有良好的生态环境，都是因为战旗村始终在做深做透生态农业这篇文章。

在良好的生态环境下，战旗村的生态农业正在加速发展。2018年12月27日，一列蓉欧班列从成都出发，驶向法国，在这列专列上，搭载着战旗村生产的绿色土特产——"云桥"圆根萝卜。这些圆根萝卜是作为成都市农产品公共品牌，天府源旗下系列产品出口的，除了蓉欧班列沿线的波兰和法国，它们还出口到了日本。

"云桥"圆根萝卜肉质致密、脆嫩、清甜、多汁，在成都市场上畅销多年，但在2018年前，这个在郫都当地有着千余年种植历史的土特产，并不被更多的外人所知悉。2018年，战旗村与北京天下星农投资发展有限公司签订合作协议，让圆根萝卜进入北京市场。仅在当年5月，就有14000余斤"云桥"圆根萝卜在北京8家盒马鲜生超市全面开售，销售价格最高达9.9元/斤。这个价格，是在成都销售价格近5倍，实现了"萝卜卖出猪肉价"，但消费者仍然趋之若鹜。此后，通过与日本BFP株式会社签约，圆根萝卜又成功出口到了日本。除此，圆根萝卜还借力"饿了么""美团""下厨房"等知名外卖订餐平台，"盒马鲜生""7FRESH"等新兴的零售渠道，铺入国内其他城市的消费市场。

不仅是圆根萝卜，怀着"买全川、卖全球"的目标，战旗村积极推进品牌创新孵化平台建设，引进聚合了京东云创、天下星农、猪八戒网、蜀都乡村振兴公司等高端平台，开辟了众筹、大数据画像等倒逼改进供给侧等模式，打造了绿色战旗品牌创新中心，对"云桥"圆根萝卜、先锋萝卜干、唐元韭黄、新民场生菜等绿色有机农产品予以精心包装设计和精准营销，推动众多特色农产品走出国门，实现优质高价、助农增收。

让人极感兴趣的是，上述先锋萝卜干、唐元韭黄等农产品，并非在战旗村和原金星村"土生土长"，而是来自于周围的几个镇村，比如唐昌镇先锋村和安德镇等地，这说明，在做深做透生态农业这篇文章时，战旗村不再局限于本村本土，而是与邻近镇村合作，互相协作，共同把优质的农产品，通过统一的营销平台等途径，销售到川外和国外。

"以战旗和唐昌为中心，具有地方特色的生态农业品在周边村社、镇街、市县都有广泛种植。面对激烈的市场竞争，'单打独斗'肯定不是最佳选择，抱团发展才能占领更大的市场，我们愿意与兄弟镇村一起，完善合作机制，扩大种植和销售，共同形成良好的品牌合力，增强市场竞争力，走向更为广阔的商业市场。"高德敏对此充满信心。

"我们的韭黄原来价格很低，卖不出去、烂在田里时，还不得不当成垃圾扔掉，可眼下成了'香饽饽'，一斤至少要卖七八元，在北京、上海等地单价更是高达20元到40元一斤，而且一要就是几百斤，给我们带来极大的经济效益。这得益于战旗村联络的各个销售平台帮我们打造品牌、寻找销路、打通国际国内市场。"安德镇广福村韭菜专业合作社相关负责人感激地说，有了这么好的经济效益，农户们自然会积极种植，同时保证生态农产品的质量。

2019年6月，战旗村迎来了参加"乡村振兴与县域经济发展"研讨会的代表团们，当他们在战旗村的"绿色战旗品牌运营服务平台"上，

看到来自四川各地的生态农产品都在这里集中亮相，颇为惊讶。

战旗智库创始人、四川战旗乡村振兴研究院院长伍波指出，这正是战旗村进一步打造生态农产品品牌的有力一招。"'名气'虽然是战旗最大的优势，但绝对不能躺在家里吃政策红利，必须不断创新商业模式，所以村上决定要把战旗品牌做大，特别是生态农产品品牌。不可否认，品牌是生产力，在很多时候，品牌所产生的效应不可替代。把战旗这一'名气'转化为'品牌'，打造十分响亮的品牌生态农产品，提升经济效益，带动周边，这是战旗村正在谋划和实施的一项重要工作内容。"

"从做强产业，到三产联动，再到全村品牌的溢价，战旗村可谓我国特色村发展的3.0版本，这是值得全国各地借鉴和参考的。"在这次"乡村振兴与县域经济发展"研讨会上，中国社会科学院农村发展研究所所长魏后凯深有感触地说，战旗村通过品牌运营，做大生态农产品生产和销售增量的模式，意义重大。

"一个村的资源是有限的，尤其是明星村，在拥有知名度后，需要思考如何发挥品牌效应，调动更多社会资源的问题，因为乡村发展到高级阶段，不能仅仅局限在村域内资源的整合，要走出去，成为更大的'火车头'，带动更多的地方发展。"安徽大学中国三农问题研究中心研究员汪恭礼则在发言中认为，战旗村的模式既是明星村发展的自身需要，也是乡村振兴大环境中，其他非明星村发展的需要。

生态环境的改善，所能得益的，并不仅仅是发展生态农产品种植和销售。

2019年7月28日，另一场全国性的现场会在战旗村举行，那就是"全国乡村旅游(民宿)工作现场会"。在现场会上，发布了由文化和旅游部、国家发展和改革委员会确定的第一批全国乡村旅游重点村名单，发布了《全国乡村旅游发展典型案例》《全国乡村旅游发展监测报告》《全国乡村旅游扶贫监测报告》等。作为会议的举办地，战旗村入选了首批全国乡村旅游重点村。

进入新世纪以来，中国乡村旅游业情形迅速发展，同时又对旅游市场提出多样化的消费需求。越来越多的游客向往亲近大自然，享受田园风光，体验传统文化，而这正是城郊型乡村旅游的优势所在。战旗村距成都中心城区仅30余公里，按照新川西民居加徽派建筑风格的新型社区建筑错落有致，道路宽敞整洁，生态农业发达，环境优美典雅，公共设施配套完整，乡村旅游项目众多，拥有典型的现代川西田园风光和乡村风貌，是一处非常理想的乡村旅游目的地和逗留地。自从习总书记点赞过战旗后，每到节假日，来这里"打卡"的人越来越多，成为周边游客乡村旅游的重要目的地，是名副其实的"网红村"。村民们自豪地介绍说："我们这里一年四季，都有着不同的美景与美食，只要你来！"

事实上，郫都一带，向来是乡村旅游的热门地，这与它独特的人文地理位置和完美的生态环境分不开。今郫都区友爱镇农科村，便是中国"农家乐"这一乡村旅游形式的发源地。20世纪80年代，该村村民发展起花卉苗木产业，并在此基础上发展乡村旅游。村民徐纪元利用自家院坝，开办了中国第一家"农家乐"。那时的农科村，经常举行乡村赛歌会等乡村旅游活动，吸引了包括美国、英国、日本等国在内的国内外游客在此消费。农家乐火遍全国后，农科村继续进行全村景区化打造，现已成为"国家4A级旅游景区"。2003年，全国农业旅游示范点评审委员会正式将农科村"徐家大院"命名为"中国农家乐第一家"。郫都区也因为乡村旅游发达，而在2015年被联合国世界旅游组织、亚太旅游协会评为"世界十大乡村度假胜地"。

毋庸讳言，与邻近的村庄相比，战旗村的传统旅游资源并不丰富，想要留住游客的脚步、甚至吸引游客不止一次地来到这里、每次来还能给予不一样的体验，能做到这一点，着实不简单。

正是因为能客观看待战旗村发展乡村旅游的优处和短处，战旗村始终积极探索以本地特色来发展乡村旅游：从引进食用菌生产、农副产品加工等企业，到引入"互联网+共享农业"互动种养平台等新业态；从建成绿色有机蔬菜种植基地、特色花卉种植基地到建成国家4A级旅游景区……战旗村还深挖农耕文化推动农商文旅体融合发展，将川西民风民俗、特色手工艺、传统特色产品集成展示，让游客体验原汁原味的传统川西乡村文化；建成一批乡村旅游景点和旅游配套项目，举办各类品牌赛事活动，让四面八方的游客前来体验传统巴蜀农耕、非遗文化，感受红色文化，感受现代乡村的魅力。

当然，乡村旅游发展的推动力，不单是在良好的生态环境，传统文化和特色文化无疑能跨越时空之魅，成为吸引游客来此旅游、体验、感悟的重要内容。战旗村人文积淀深厚，地域特色文化鲜明，已经形成了独具特色的文化单元，这无疑为战旗繁荣文化事业、发展文化产业提供了重要的资源宝藏。

最宝贵的自然是由来已久的乡村特色文化。在中国，不少农村至今仍然传承着优秀的乡村文化和农业文明，保留着传统的民间民俗和耕读治家精神，一些地方仍在沿用独特的生活方式和少数民族习俗。这些具有中国特色的乡村文化都是十分重要的旅游资源，通过挖掘、整理、提炼和宣传，可以丰富乡村旅游内涵，提升乡村旅游品质，增强乡村旅游吸引力。

郫都和战旗位于川西平原上的重要区域，蜀文化特色十分鲜明，成为人文历史的根与魂。大量的非遗文化至今仍充满活力，是本地文化的独特印记。如何挖掘和发扬优秀传统文化，融合于现代乡村特色文化之中，以此为基础，推出一批内涵丰富、形式多样、生动有味、寓教于乐的文化游览和体验项目，显得愈见重要而迫切。从这个角度来看，乡村十八坊即是一个充分挖掘乡村特色文化，提升内涵与品质的成功范例。

"乡村十八坊的亮点之一，就是集结了数十名农村工匠，让他们当场向游客展示传统技艺，同时把村史馆搬入其中，以文字、图片、实物的形式，讲述战旗村史，让已逝的历史与保存至今的文化相对照，能让人们更深刻地理解传统文化。这样的方式，不仅能让城市游客感受田园风光和传统农耕文化，还能通过游客的参与和体验，让传统乡村文化更广泛地传播出去，使之延续。"领着笔者在乡村十八坊参观，高德敏的介绍十分详尽。

打造乡村十八坊的起因，并非只是为了推出一个文旅商结合的旅游项目，而只是想整合村里相对零乱的小作坊。2017年以前，村内传统小作坊云集，但由于环保不达标，大都面临关停歇业，但战旗村两委觉得，这些传统小作坊假若任其自生自灭不免可惜，可简单的扶持，未必能起到真正的技艺传承和业态延续等作用。村两委最后选择的打造一处地域性非物质文化技艺展销中心，走了发展乡村旅游和呈现传统特色文化之路，十分恰当而高明。

乡村十八坊由村集体出资兴建，总共花费了300多万元。建成后的乡村十八坊集结了战旗村十多户农村工匠，所有的近20家店均符合环保要求。因是村集体出资兴建，其经营也将增加村集体收益。而在集聚各个店家时，则采取了合股经营的方法，既可以汇集各路技艺传人，又避免了村集体大包大揽，导致经营失误的风险。

乡村十八坊筹建之时，战旗村曾组织村干部前往陕西省咸阳市的袁家村考察，学习借鉴当地经验，深有启发。乡村十八坊经营时，采取了

"店家出产品,村集体出固定资产"的方式联合经营。事实证明,这一方式是正确的。

"店面和收银机都是村里提供的。"战旗村1组村民袁志建在乡村十八坊上班,他所在的"唐昌豆腐"店主要销售豆瓣、豆腐乳等10多个品种的产品,尤其是在节假日,日营业额可达3000多元。按照约定,他们店将在营业3个月后,根据经营情况与村集体商定股份占比,以后店里的经营收入村集体都可以按比例分红。

乡村十八坊的经营所得,村里将留存一部分用做村集体发展基金,其余的也将按股给村民们分红。后期乡村十八坊还将扩建,主要发展餐饮、亲子体验等项目,但无论怎么扩建、变化,传统文化这一特色将越来越浓重。

"凡益之道,与时偕行。""终日乾乾,与时偕行。"(战国·《易传》)世界上的一切事物都是不断运动和变化的,思想必须跟上时代发展,不能僵化退后,而是要做到与时俱进。乡村旅游已经进入快速发展时期,但对比整个旅游产业,乡村旅游格局小、规模小、客群少、收益小的特点也非常明显。如何在有限的空间内做足特色、增加赢利点是各个项目不得不直面的问题。乡村十八坊或许不能解开乡村旅游这一难题,但其集结传统工艺全力突围,不失为一种有益的尝试。而以改善生态环境、发展乡村特色文化为手段,大力发展乡村旅游,也为突破现代农业的格局,提供了一个可贵的启示。

走笔至此,破解现代农业发展难题的最佳答案其实已经出来,归纳起来就是八个字:"产业为本,融合发展"。即:一是推进乡村振兴必须要有产业作支撑,而且这个产业必须顺应市场需求、具有地方特色,离开了产业谈乡村振兴,犹如无本之木、无源之水,即便走得快但绝对走不远;二是推进乡村振兴不能就农业抓农业,而是要用农村一二三产业融合发展的思路，来改造提升传统产业，着力延伸产业链、拓展供应链，一体化打造乡村产业融合发展的风景线。

这是战旗村多年来加速发展的秘诀，也将是战旗人坚实地走在乡村振兴道路上的制胜法宝。

第四节　起好示范，祝福未来郫都更振兴

以习近平新时代中国特色社会主义思想武装头脑，村党委带领全村党员群众按照"产业兴旺、生态宜居、乡风文明、治理有效、生活富裕"的总要求，在实施乡村振兴战略中继续"走在前列，起好示范"。在郫都，在成都，已不止一个战旗村。战旗村成为"网红"和乡村振兴地标的背后，是遍及川西以及更广区域如火如荼的乡村振兴实践。

2019年1月，在由人民网、国科促会小康村创新战略联盟联合举办的2018年"全国乡村振兴示范村"评选中，战旗村名列其中，为四川全省之唯一。

同年4月，在由中国农村杂志联合中央主要新闻单位举办的"第二届中国美丽乡村百佳范例"评选中，战旗村荣登榜中，成为四川省上榜的7个美丽乡村之一。

同年6月5日，农业农村部发布首批20个全国乡村治理典型案例，战旗村党建引领社会组织协同治理做法入选首批典型案例，这也是四川唯一入选的首批全国乡村治理典型案例。

同年7月28日，战旗村入选首批全国乡村旅游重点村名单；而在此前的2018年底，战旗村又荣膺"中国美丽休闲乡村"称号，成功创建4A景区。

2020年4月，战旗村又斩获2019年度四川省实施乡村振兴战略工作示范村荣誉称号……

以上这些，只是近年来战旗村所获诸多荣誉的其中一部分罢了。

一组6张雪山下成都平原新农村的美图刷爆朋友圈，对图中美景，网友们在留言中不吝赞美之词："666……""太美了！""成都的生态环境太好了，城里就能看到如此壮观的雪山美景，成都人好幸福啊！""我以为是在瑞士！""太漂亮了，刷新了我对农村的认识！"……

摄影作品上，可见巍峨壮观的雪山之下，一栋栋川西民居格外美丽，蓝天碧空映衬着绿意盎然的村庄，真的是美得摄人心魄。是的，这不是瑞士，更不是别的什么地方，而是川西平原上的一座美丽村庄——战旗村。这些摄影作品的作者是一位精通摄影的新闻工作者孙浩。

"这组照片是在'全国农村创业创新座谈会暨现场交流活动'在战旗村召开时拍摄的，当时我去战旗村采访，刚到战旗，就被这壮观的美景震撼到了，赶紧趁会议召开之前拍下了这几张照片。"说起这些照片的拍摄经过，孙浩不无感慨。他说，虽然以前曾多次前往战旗村工作、采访，以前在这里也看到过雪山，但那天的天空特别通透，雪山极其壮观，仿佛就在眼前，这可能与战旗村的生态环境越来越好，村容村貌越来越美有关。

"作为郫都人，我为家乡感到自豪，也为我们的乡村振兴成果喝彩。作为新闻工作者有幸成为新时代发展的亲历者和记录者，我愿意用手中的镜头为这座城市聚焦更多的精彩画面。"孙浩说。"雪山下的战

旗村"这组美图爆红网络并不是偶然的，它正是人、城、境、业高度和谐统一的现代化城市的精彩缩影，更是人民对成都建设公园城市的期盼与赞赏。

照片上的战旗如此之美，现实中的战旗村自然更加充满魅力。

走进战旗村的一户村民家中，正是晚饭时分。刚一进门，饭菜香味即扑鼻而来。凑近餐桌一看，萝卜老鸭汤、香肠、腊肉、红烧鱼……丰盛的菜肴摆满一桌，完全是宴请客人的架势，却是这户村民自家人的一次聚餐。稍加观察，笔者惊喜地发现，桌上的每道菜肴都有浓浓的战旗特色：正远销海外的"云桥"圆根萝卜、当地特产唐昌板鸭、"川菜之魂"郫县豆瓣，而红烧鱼、腊肉、香肠等也都是本地出产的生态食品。

村民告诉笔者，可不要以为这餐桌上的美味佳肴，只有战旗人吃得到。随着生态农产品的种植和销售规模的扩大，如今这些战旗特色的食品和食材，正通过盒马鲜生等新兴零售渠道，借力"饿了么""美团""下厨房"等互联网平台，让川内川外的人们也都能尽情享有。

家住战旗新型社区1号院的居民余通贵，一家五口人住的是260多平方米的双层小洋楼，家里办的精米厂因疫情影响，2020年收入稍减，但也有50万至60万元的年收入，加上土地分红等，全家收入至少上百万元。

与余通贵家仅一墙之隔的居民柴建萍家，更是透露出浓浓的幸福感。她家租赁了村里200多亩土地，开办花卉苗圃，每年纯收入有30多万元，在苗圃务工的30多个村民，每人的年工资都在3万元以上，家里五口人全都买了最高850元的医保，自己只交150元，其余都是村里和镇上补贴。这日子真是越过越巴适、越过越幸福！

"文医生，你看我肩膀痛咋个办？""先做个推拿理疗。"在战旗村卫生站，类似这样的对话场景，村医文良全每天都会经历。他介绍说，村里已升级卫生站，配置卫生技术人员2人，以满足战旗村辖区村民的基础诊疗需求，还新增了注射室、中医理疗室，村民常见病、多发病再也不用出村。

村级卫生站的建设，只是战旗村打造"15分钟便民生活圈"的举措之一。家门口就医、购物、办事……齐全完善的公共服务设施，提供给了村民非常优越的便民服务环境；村里的党群服务中心、便民服务超市、农村产权交易服务站、农村金融服务站、居民活动中心等便民机构也已一应俱全，基础配套设施仍在逐步完善、提高。

村民冯童兵曾在外地打工，2018年，看到家乡的巨变和不可限量的发展前途，便决计放弃外乡的那份职业，在村里的乡村十八坊经营一家手工醪糟店。"醪糟可是家乡的特色食品，已经有很多个年头了，从小就对它印象很深。不过，怎样制作醪糟，必须向老师傅学。"好学的冯童兵认认真真地看过老一辈做醪糟的过程，经细心揣摸，很快掌握了这门老手艺，成了店里的顶梁柱。如今，由于采用传统工艺，味道纯正，店里的醪糟生意越来越好，还引来战旗村外的不少顾客。他的妻子也在妈妈农庄找到了工作，一家人在自己村里创业致富，生活过得有滋有味，还很有奔头。

做了一辈子唐昌布鞋的赖淑芳原本是大邑县唐场镇人，尔后来到唐昌镇上生活、劳动。习总书记在战旗村视察时赞赏了她制作的鞋子，还在她的唐昌布鞋展示台上买了一双布鞋，使她顷刻间成了"名人"。如今，唐昌布鞋已被列入省、市非物质文化遗产项目，其知名度越来越高，销售量一路大增。

"以前，我们唐昌布鞋的门店里主要销售几十元的低档布鞋，只有少量高档布鞋，而现在，全国各地的订单雪片般飞来，连山东、黑龙江、海南等地的顾客都来订购。我儿子艾鹏在销售方面十分精通，

他早已辞去了在国企的工作,通过电商平台,能把唐昌布鞋销售得更远更广。我如今生产的布鞋主要是198元左右的高端毛呢面料布鞋。此外,还生产与蜀绣、棕编等非遗元素相结合的高档布鞋,产值大大提高了。"说起唐昌布鞋近两年的"热销爆款",非遗传人赖淑芳变得滔滔不绝。

眼下的生活和工作节奏是这样的:每天早上买好菜,就由儿子开车送到战旗村乡村十八坊上班。下午6点,员工下班后,她还要留下来,守着把当天做好的布鞋一一烘干,然后再回家去,每天常常要忙碌到晚上七八点钟。

"这其实是一件快乐的事。在白天,我亲自检查布鞋制作过程中的32道工序,挑出不合格的鞋子进行返工或者报废,每百双布鞋中要报废2到3双;晚上,则看着这些布鞋被一一烘干,成为成品,这感觉真好!"质量是产品的生命,赖淑芳深知这一点。之所以不少制鞋环节她仍亲力亲为,就是因为她对质量和口碑的极端重视。

这几年已有十多个年轻人跟着赖淑芳学做布鞋,当地也多次组织唐昌布鞋传承制作培训班,请赖淑芳讲课,一些残疾人接受培训后也加入布鞋工坊。赖淑芳已着手与成都纺专等学校合作,研制对脚气、汗脚有治疗作用的保健型布鞋,还与四川省工艺美术大师冯桂英合作,共同开发推出的冯桂英蜀绣婚鞋、棕编布鞋等18种新产品,以扩大非遗产品的市场。

赖淑芳说,为了让布鞋这个传统工艺焕发新生命,她与当地的蜀绣传承人一起,将蜀绣技艺融入布鞋制作中,丰富了布鞋的形态,"一些客户会向我们订制蜀绣样式的布鞋,价格也比普通的布鞋要高出好几倍。"

2020年3月,新冠肺炎疫情得以有效防控后,唐昌布鞋工坊响应政府号召如期复工。虽然疫情让销售受到了一些影响,可赖淑芳心里不慌。"人总得要穿鞋,况且,有那么多人喜欢手工布鞋!"她对唐昌布鞋的未来充满信心,"我们会精益求精,不断创新,引入更多新的布鞋样式,争取让更多人爱上唐昌布鞋。"

2017年,唐昌布鞋年产4000双,销售了3000双;2018年年产7000双,销售了6000双,销量翻了一番。2019年,唐昌布鞋产量超过10000双,利润达到30多万元。2020年受到新冠肺炎疫情的影响,算起来真正开业的时间只有半年多,但销售额也有近50万元。

穿过乡村十八坊,行走不远,便进入了一处川西林盘,这就是上文提到的吕家院子。屋舍掩映在一丛丛冬季仍然郁郁葱葱的竹林中,屋前村道边有谢了花、冒了果的枇杷树,还有各种不知名的树种。林盘中,有几座整修一新的小院落,不少顾客正坐着休闲。除了那家生意兴隆的"望丛釜",竟然还有一间"猪圈咖啡"。

"欢迎来到吕家大院。吕家大院是一处川西林盘,占地16亩,现在已经是我们打造的一个乡村旅游新景点,2018年9月正式运营。它已成了来战旗村旅游的人们新的好去处。"战旗村党委副书记吴尚林热情地迎上前来,向笔者介绍着。战旗村与金星村合并之前,他担任金星村党支部书记,对这里的情况自然十分熟悉。

金星村原先就是泛战旗五村连片景区的一部分。五村连片景区依托柏条河、锦江绿道唐昌段、柏木河湿地水生态、都江堰精华灌区,重现"岷江水润、茂林修竹、美田弥望、蜀风雅韵"的天府沃野。当然,组成连片景区的五个村,是各具功能、各有特色的:以战旗村为核心,西北村、火花村部分区域作为会客厅,金星村部分区域作为后花园,横山村部分区域作为读书台,五村连片景区共同打造国家4A级旅游景区。随着这个大景区的加紧打造,它已颇具规模,愈见"热门"了!

吴尚林领着笔者走进"猪圈咖啡"。这房子以前是吕家大院内的一座猪圈加一间柴房，一度已被废弃。当营业者向大院主人、村民吕正清租用房子时，吕正清还十分纳闷，这个破屋陋棚有什么用？可没想到，通过一番改造，一间时髦的咖啡屋竟出现在人们面前。巧妙的是，"猪圈咖啡"尽可能保留了原先的风貌，连透风的墙壁都未予改动，只是做了一些装修，室内摆了一些竹椅子，但其格调已非同寻常。

"2017年，我们金星村的游客只有几千人，2018年增加到六七万人，2019年则更是翻番，2020年的游客数是与原战旗村合在一起算的。可以说，来金星这一带旅游的游客，都是从战旗方向过去的。如今，村里以建立合作社的形式，将360余亩流转土地打造成大田景观，种植水稻、油菜。因为是生态农产品，大米卖5元一斤，还供不应求。每年的菜花节也都能吸引来很多人。"吴尚林说，为进一步提升乡村旅游的经济效益，村里还将推出一系列"硬核"计划。

笔者了解到，战旗村已在编制并逐步实施《泛战旗片区"三卷四区"建设方案》，计划将依托柏条河、锦江绿道唐昌段构建巴蜀农耕文化长卷，依托沙西线两侧、都江堰精华灌区构建首灌区田园长卷，依托柏木河湿地水生态构建天府慢生活休闲长卷，意在重现"岷江水润、茂林修竹、美田弥望、蜀风雅韵"的锦绣画卷。

战旗村的成功经验，带动整个唐昌镇找到了乡村振兴的路子。唐昌镇原党委书记邱从武说，除了确立泛战旗五村连片景区发展的理念，将周边横山、金星、火花、西北、平乐村等区域统一规划设计，配合战旗村启动唐昌景区建设，未来，还将围绕文旅产业发展和特色小镇建设，修订完善街道总体规划，全面完成12个村庄规划，最大限度激活农村闲置资源；按照景区标准，逐步推动梁家大院、文庙、大椿巷片区等旧城区新陈代谢、有机更新，实现"老城居住区"向"古镇景区"的转变。

一条条宽敞道路向远方延伸，不断拓展着村里的路网架构；一个个有着厚重农耕记忆的川西林盘，一处处浓翠欲滴的绿道，每一处都是引来无数游客的好景致……全力打造党建引领示范、共同富裕模范、绿色发展典范，建设产业发展与生态保护有机融合、集体经济规模与村民生活水平协同提升、人与自然和谐共生的全国乡村振兴样板，战旗人的"幸福地图"还在不断地扩版。

2020年，战旗村集体资产达7200万元，集体经济收入580万余元，其中景区共接待游客79.4万人次，实现全口径旅游营业额5786.5万元；村民人均可支配收入达到3.1万余元。这日子越过越甜蜜，越过越巴适。

确保农民增收，几乎贯穿了战旗村发展的全部历史。无论是在20世纪六七十年代、改革开放之后，还是在进入新世纪，及在建设有中国特色社会主义新农村时期，战旗人始终围绕发展经济这条主线，在党组织领导下，克服艰难险阻，想尽一切办法，探索多种途径，并以发展壮大集体经济为主要方法，增加农民收入，提高生活质量。历史阶段各有不同，社会发展有起有落，遇到的困难形形色色，但战旗人向往美好生活的梦想始终不变，同舟共济、勤劳致富的决心和勇气始终不变。

习近平总书记明确指出："农业农村工作，说一千、道一万，增加农民收入是关键。要加快构建促进农民持续较快增收的长效政策机制，让广大农民都尽快富裕起来。"战旗人深谙其理，坚守此道，多年来的奋斗和成果亦可作如是观。

高德敏认定，农村集体经济不能就农业发展农业，也不能发展单一产业，那样的话风险大，亏本的可能性大，只有延长农业的产业链才有出路。按照这一思路，战旗村在成立农业股份合作社，着力发展现代农业，形成了以有机蔬菜、农副产品加工、郫县豆瓣、食用菌等为主导的农业产业的同时，最大限度地延伸农业产业链，在农业产业的基础上，再装填其他项目，形成农、旅、文、体、商一体发展格局。迄今，战旗村的这一"农业+"行动，共启动农商文旅体融合发展项目6个，吸引社会资本3.6亿元。

围绕农业，不脱离乡村，多元发展，既是战旗村发展农业产业链的基本原则，也是集体经济不致大起大落的基本保证。"我们必须做适合自己的产业，不利于我们村长远发展的项目坚决不要。"高德敏反复表示，规避集体经济失败的风险，对战旗村始终是最大的挑战。

在经营管理体制上，战旗村采取"母公司（合作社）+子公司"的模式。母公司不负责经营，主要负责收益分配。除集体资产租赁、承包土地流转等简单经营外，不得独立经营。只能通过入股的方式与民营主体共同成立子公司，由子公司负责经营。做到不吃"大锅饭"，不走"回头路"。

战旗村随着经济形态、组织经济的方式发生变化，管理模式也做出了相应调整。它依托集体资产股份经济合作社，构建起"村党组织+集体经济组织+农业合作社+专业协会+村民自治"的工作格局，建立了一核多元的基层治理体系。根据成都市郫都区的统一部署，村两委干部每月全覆盖联系走访辖区居民。据介绍，郫都区设立了区、镇街、村（社区）"三级阵地"，按照时间、地点、人员"三个固化"的要求，定期召开"三级联席会"，集中研究处理收集的问题和建议意见。

"淡如秋菊何妨瘦，清到梅花不畏寒。"（清·姚步瀛）为健全监管机制，战旗村严格规定：村两委成员不得在母公司领工资。只能从公共支出中领取工作绩效；绩效工资则与工作考核、村级集体经营性收入直接挂钩。制定集体经济监督管理办法，确保母公司彰显公平原则，子公司体现效率原则。推行村级小微权力清单制度，通过"清权""晒权""束权"，细化明确村（社区）干部权力"边界"及决策程序。

"战旗村有很多真实的、可复制的经验,我们在这里经过了生态调查研究和深度访谈。这些乡村振兴发展中的经验,也是中国在世界话语体系中占有一席之地的材料。"中国"三农"问题专家温铁军由衷感叹,以城乡融合为契机,抓牢文商旅融合,全域推进乡村振兴示范区建设,加强乡村发展治理,的确是新时代乡村振兴进程中一条可资借鉴的坚实路子。

集体的力量极大地促进了战旗村的经济发展,带来了农民收入稳定的增长。成都市农委研究室和成都市郫都区农林局在对战旗村的联合调研后总结说,实施乡村振兴战略要突出集体经济"挑大梁"的作用,凸显集体经济主体作用。

"乡村振兴的难点是农民增收,突破点是整合资源实现产业发展,战旗村通过改革,整合了乡村资源,实现资源变资产,更以此为切入点,撬动了乡村产业发展,这是非常值得各地借鉴和参考的模式。"重庆市委党校讲师姜申未就农民增收课题前来调研,对战旗村赞叹不已。

不再需要像前人那样面朝黄土背朝天的艰苦劳作,不再需要把所有出产和收入都寄托在土地上,依靠党的富民政策,凭借集体的力量,充分利用自然生态资源,发挥科技、绿色、资本、文化的作用,村民都在过着富足幸福的生活。

如同美丽之梦冉冉升起,一座充满希望的魅力之园——"绿色战旗·幸福安唐"乡村振兴博览园即将出现。

这是一座不容小觑的现代乡村示范园区。根据规划,"绿色战旗·幸福安唐"乡村振兴博览园建设的总体目标,是建设成为具有世界眼光、中国特色、成都气质的乡村振兴博览园;总体定位是展现农商文旅体大融合,一二三产业大联动,物质与精神层面大飞跃的"乡村新面貌";展呈成都试点乡村"振兴新成果";展示中国现代乡村振兴的

"郫都新模式"。

据了解，郫都乡村振兴博览园规划所属区域为：唐昌、安德两镇全域和都江堰市天马、崇义两镇部分(13个村)，共计49个村，13.11万人。其中，核心区落地为以战旗村为引领的五村(战旗村、火花村、横山村、原金星村、西北村)连片区域，规划建设"1+4"泛战旗乡村振兴示范片，积极创建国家4A级旅游景区。因为有了这一规划，郫都乡村振兴的重点触角将进一步拓宽，连片打造"安德—唐昌片区"已经摆上议事日程。

这无疑是一个颇有气魄的规划，无疑是一处代表未来农业发展的先行之地。试想，该乡村振兴博览园的总面积将达118平方公里，而郫都全域面积为438平方公里，它将囊括郫都区的绝大部分乡村，还将邻近的都江堰市的一部分划入其中。整个乡村振兴博览园将分四个阶段建设，预计2035年全部完工。

一次又一次的全域探索，一次又一次的全面创新。郫都区相关负责人介绍，将通过对乡村振兴博览园中试点村、镇的打造，以点及面，全系统、大纵深探索乡村振兴策略与路径，创造乡村振兴可推广、可复制、可进化的"战旗经验""郫都模式"，为成都乃至全国提供具有普遍指导意义的理论与经验。

目前，乡村振兴博览园已优先启动8个村的基础配套建设；全面摸排博览园示范环线，重点梳理出40余个重点项目，总投资约290亿元。

2020年4月28日，"天府水源地·唐昌国家农业大公园"正式开园，当天就推出"川菜蜀味健康感受之旅""望丛祭祀祈福感恩之旅""乡村振兴农事体验之旅""非遗文化研学之旅""农业公园乡村之旅"等5条旅游经典线路，这些路线将串联起战旗村、望丛祠、先锋村、青杠树村等多个春光打卡点，一系列旅游节庆活动也相继举办。

作为成都市最大的水源保护区,唐昌镇的地理位置得天独厚。对标农业农村部指标体系,唐昌国家农业大公园的建设目标,主要围绕农业、旅游、教育三大主导产业,按照"一园两环八组团"进行规划和打造,在做好水源保护的同时实现生态价值转换。至正式开园,该公园已建成了42公里旅游车行环线道路,启动了"三·十里,三·千亩"计划,基本建成了"十里樱花、十里桃花、千亩梨花、千亩李花"赏花基地,还正在规划建设"十里荷花、千亩盆景"。除此,农夫记忆景区已创建成成都市3A林盘景区,君平故里景区正式开园,唐昌古镇修复了翰林院、崇宁文庙、梁家大院等历史文化资源,古街古巷也正在精心恢复之中。

风光秀丽,乡风文明,兼具农村观光、非遗体验、亲子互动等旅游体验……大环套小环,环环是游线,处处有产业,步步有景观,旅游资源富集。唐昌农业大公园的开园,表明以战旗村为核心的文旅商产业又增加了新的项目,战旗景区将吸引来更多游客。

而在此前的2019年3月9日,集桑蚕丝绸文化、蜀绣非遗文化、文化旅游产品研发、农业观光、科普教育为一体的体验式主题文旅综合体——"水隐桑田·绣里"一期项目在郫都区三道堰街道青杠树村举行开园仪式。占地近400亩的"水隐桑田"蜀绣创意产业园不仅有蜀绣精品展示、蜀绣技艺培训等传统项目,也有农耕文化体验、科普教育、休闲观光旅游项目,打造服饰、美食、休闲等融合发展的全产业链。

"园区在形成融生态、科技、产业、人文于一体的'蜀绣发展集聚区'同时,还将计划在贫困地区建设桑蚕、蜀绣延展基地30余处,通过栽桑养蚕、巢丝剥茧、刺绣等农作和手工带动基地的村民发家致富,实现蜀绣非物质文化遗产传承与发展。" 成都市蜀绣产业商会会长蔡世民介绍说。毫无疑问,这一蜀绣创意产业园的推出,与蜀绣这一非遗项目越来越被社会各界重视有关，当然也与总书记来到战旗村视察时，对蜀绣及其产业高度肯定，并寄寓厚望有关。

的确，在郫都，在成都，已不止一个战旗村。战旗村成为"网红"和乡村振兴地标的背后，是遍及川西以及更广区域如火如荼的乡村振兴实践。"战旗效应"正一步步放大和辐射，一个个乡村振兴重大项目加快聚集。

这是最好的机遇、最好的时代，"算账"高手高德敏又开始精打细算。他说，"我们的目标是，三年后实现村集体经济收入1000万。"高德敏代表村两委为村民们亮出了承诺，他表示，下一步，产业融合和乡村旅游将仍然是战旗村发展的重点，具体包括以乡村振兴培训学院和青少年教育体验基地为主线，配套带动农商文旅体发展，继续深化各项改革，牢记习近平总书记深切嘱托，为乡村振兴夯实物质基础，提供有力的经济保障。

据笔者了解，目前，战旗村已制定了泛战旗三年发展计划，准备洽谈引进中国旅游集团、四川旅游投资公司等实力企业，重点发展乡村旅游产业等4个产业(乡村旅游产业、"乡村十八坊"的体验式文创产业、乡村振兴学院的教育培训产业、生菜大棚种植的特色农业产业)，力争在2021年把战旗村打造成为全省乃至全国的乡村振兴示范村，集体资产规模超过1亿元，农民人均可支配收入达到4万元。

2020年12月5日，"中国乡村振兴高峰会议暨第二届县（市、区）委书记共话乡村振兴研讨会"在战旗乡村振兴培训学院开幕，区委书记杨东升代表四川省成都市郫都区，以"深化改革创新 推动融合共享，建设全国乡村振兴示范区"为题，作了典型交流，引起了与会者的广泛共鸣。

"郫都区牢记总书记殷切嘱托，全面发动、系统设计，务实改革、创新机制，扎实推进乡村振兴各项工作，初步走出一条'融合共享的内生型乡村振兴之路'。三年来，共实施国家和省市重点改革试点任务20余项，创新形成农村集体经营性建设用地入市等系列改革试点经验，获得全国农村创业创新典型区等殊荣11项。"杨东升认为，郫都区的乡村振兴探索和实践，可以归纳为"六大创新"：

一是聚焦思路创新，把时代责任扛起来。这方面，主要做到了"强化系统思维，在全局上谋划、关键处落子"。具体说来，在抓好顶层设计上，制定三年攻坚计划，邀请中国建筑设计研究院、同济大学完成城镇三级规划体系，形成"1+1+1+N"政策体系；建立"领导小组+专业委员会+功能区管委会+乡村振兴公司"推进机制，落实周研究、月汇报、季拉练工作机制和"跟踪督查、严格问责"倒逼机制。

在优化空间布局上，坚持以功能区重塑产业经济地理，高起点规划建设110平方公里乡村振兴博览园，推动形成"4+2+10+1"全域产业功能区体系。引进艾绿集团等团队，统筹推进全域策划设计、增绿织景、林盘修护和色彩管控，让"植物缝合乡村、美学雕琢乡村、文化重塑乡村、艺术点亮乡村"。

在实施综合开发上，坚持政府主导、市场主体、商业化逻辑，以龙头企业、重大项目带动片区综合开发，引进陌上花开等重大项目，带动周边村整体发展，形成天府艺博园艺术乡村新形态；依托国际川菜小镇等重大项目，带动安唐片区各村联动发展；依托中铁文旅等重大项目，带动清水河文化时尚产业功能区各村连片发展。

二是聚焦组织创新，把火车头作用发挥出来。这方面，主要做到了"强化党建引领，夯实基层基础，把'火车头'做大"。具体说来，在抓好带头人选育上，探索"选育炼用管"五步工作法，选拔返乡大学生、企业家入选村级后备干部人才库。建立阳光监督、综合考评、末位淘汰机制。

在抓好阵地建设上，坚持党员在哪里、党组织就建到哪里，把党支部建在龙头企业、专合组织和社会组织上，推动党组织全覆盖。组建跨区域、跨行业党建联合体，解决组织分散、力量分散、管理分散问题。推进党支部"达标晋级"规范化建设，建立党建"1+8"制度体系，让党组织建有标尺、抓有方向、评有标准。

在抓好作用发挥上，开展"牢记嘱托、感恩奋进"主题教育，举办政治能力提升班，增强党员干部政治素养。深化"三问三亮三带头"，创新密切联系群众"三固化四包干"机制，收集解决问题4.6万余个。

三是聚焦市场创新，把要素活力激发出来。这方面，主要做到了"打通城乡要素流动通道，推动'沉睡资源'变'活化资产'。"具体说来，在解决好"地"的问题上，推进农村集体经营性建设用地入市等改革，出台配套政策，创新"产权主体+实施主体"入市组织结构，建立"分级调节"和"二八分配"机制，敲响全省集体建设用地入市"第一槌"，入市集建用地和引进产业项目不断增加。

在解决好"人"的问题上，创新"共享田园"模式，通过出租、入股等形式整合低效农用地、闲置宅基地等资产资源，建设共享菜地粮田、特色民宿、生态村居等，引进乡村旅游、文化教育等8类紧缺人才成为"新村民"，实现创业、要素、产品、生活、生态"五个共享"，打通城市人才进村通道，带动2万多名专业型人才进村入户。

在解决好"钱"的问题上，健全农村资产评估、融资担保机制，通过宅基地、农房、花卉苗木等发放融资。深化农村金融综合服务改革试点，完善"农贷通"服务体系，投放涉农贷款，带动社会投资。

在解决好"房"的问题上，区属国有企业乡村振兴公司和村社集体经济组织合作，引进北京万鸿共同打造"共享农庄"，对全区散落闲置农房、林盘等资源集中收储、整体策划,农民以宅基地使用权、农房所有权等抵押融资或直接入股,建设特色主题民宿酒店聚落等。

四是聚焦科技创新,把技术进步的乘数效应释放出来。这方面,主要做到了"发挥科教资源富集优势,加速科研密度向创新浓度转变"。具体说来,在构建全域双创体系上,坚持全产业、全领域、全生命周期双创策略,深化全国双创示范基地建设,构建形成以袁隆平种业硅谷极核、10个现代农业产业园(基地)为支撑、覆盖各街道若干个农村双创空间的"1+10+N"全域双创格局,聚集天虎动力等孵化器15家,孵化双创主体996家、高新技术企业78家。

在深化校地合作机制上,坚持以项目为纽带、利益联结为核心、发展共赢为目标,探索科技成果股份量化、专家技术入股等方式,合作开展技术攻关、成果转化、人才培育,实现"园区+院校+企业+产业"一体联动,形成校院企地创新共同体和利益共同体,搭建创新研发平台,组建乡村振兴智库,合作开发项目。

在搭建技术转化平台上,聚焦乡村全产业链升级,推动新技术研发、新品种培育、新工艺改造、新设备运用、新品牌孵化,先后转化科技成果1500余项,研发新品种1000余个,携手阿里巴巴等企业对300余家涉农企业进行数字化改造,搭建绿色战旗品牌创新中心等品牌孵化营销平台,推进"买全川、卖全球",培育天府水源地绿色有机品牌1000余个。

五是聚焦机制创新,把生态综合效益开发出来。这方面,主要做到了"探索生态产品价值实现机制,推动生态优势转化为高质量发展优势"。具体说来,在落实"五控五减"办法上,刚性推行控红线减开发强度、控总量减污染排放、控源头减落后产能、控质量减低效用地、控形态减违旧建设,调减城镇规划建设用地,完成水源一级保护区生态搬迁，关闭"散乱污"企业，饮用水水质达标率常年保持100%，"出门见公园""推窗见雪山"成为生活常景。

在实施"增绿织景"工程上，推进全域景区建设，实施增花添彩、亮水增绿、拆墙透绿行动，建成城市公园、生态湿地、小游园和微绿地142个、绿道354公里，保护修复川西林盘61个，打造72平方公里唐昌国家农业大公园，建成42公里精品旅游环线，创建三道堰、战旗村等10个A级景区。

在探索"多元转化"机制上，创新"土地增值、商业反哺"双平衡机制，将生态载体及周边林盘、田园、可见景观等进行整体包装策划，引进龙头企业分时段滚动开发，植入游学、文创、美食等多元消费场景，以土地增值、商业植入平衡生态建设投入。创新"生态+新消费场景"资源利用机制，采取设施租赁、联合运营、资源参股等方式，招引绿道、公园、林盘等生态场景建设运营市场主体，打造泥巴小院、诗里田园等100余个新消费场景，成为市民休闲消费首选地和网红打卡地。

六是聚焦治理创新，把各方面力量凝聚起来。这方面，主要做到了"打造村社利益共同体，让新村民、原住民和投资者协同创造、和谐相融"。具体说来，在发挥群众主体作用上，创新"打平伙""九大碗""众筹"等自我组织模式，厘清政府、村"两委"、村民、企业等各方主体责任清单，共同推进基础设施、环境整治、风貌提升、产业培育等工作，形成"政府引导、村委主导、群众主体、乡贤带动、多元参与"的共建共治共享格局。

在创新利益联结机制上，深化集体经济股份制量化改革，鼓励村民以闲置资源、资金、劳动力等入股，引导社会资本参与，集体收益20%分配给集体经济组织成员，其余收益用作项目再投入，构建起集体、企业和农户间的利益联结分配机制。创新"保底+溢价分红"生态分红方式，将乡村空间生态资源作为集体资产进行包装策划，科学确定村民、村集体和企业分红系数，实现生态价值变现，激发农民参与积极性。

在重塑乡风文明建设上，建设国学教育等实践基地80多个，开发"重走感恩路"等红色主题精品游，拍摄《战旗飘飘》等影视作品，凝聚村民感恩奋进共识。开展"我为郫都增光添彩"等活动，实施乡风文明"十破十树"，广泛开展"晒家风、晒家训、晒家规"活动，推行"执行村规民约红黑榜"，引导形成良好家风乡风民风。

而从习近平总书记2018年2月12日考察战旗村以来，这三年中，郫都区乡村振兴的生动实践，杨东升书记把它主要归纳为六个方面的认识和体会：一是肩负时代责任，三级书记亲自抓；二是贯彻新发展理念，转变思路具体抓；三是选好"带头人"，示范引领带动抓；四是盯住关键环节，改革破难创新抓；五是统筹人城境业，综合开发系统抓；六是组织发动聚人心，多元参与协同抓。

一组令人振奋的数据是，截至2020年6月底，郫都区城镇化率达到72.8%，城乡居民人均可支配收入比例缩小至1.5:1，远低于全国的2.64:1；土地适度规模经营率达76.9%，村级集体资产总额27.7亿元、比3年前增长了近90%；先后获评全国农村一二三产业融合先导区、全国农村创业创新典型区、全国乡村振兴农村创新创业十佳优秀案例。

习近平总书记曾经强调："乡村振兴是一盘大棋，要把这盘大棋走好。"如何才能走好这盘大棋？总书记来到战旗村视察后，郫都区在全省率先制定了《关于深入贯彻落实习近平总书记来川视察重要讲话精神加快建设全国乡村振兴示范区的决定》，全方位开启了乡村振兴"走在前列"的创新探索。

也就在2020年12月5日"中国乡村振兴高峰会议暨第二届县（市、区）委书记共话乡村振兴研讨会"上，郫都区正式公布并实施全国首个乡村振兴技术导则《成都市郫都区乡村振兴技术导则（2020版）》（以下简称《导则》）。

《导则》是郫都区乡村振兴的经验总结和技术标准，它以中共中央、国务院《乡村振兴战略规划（2018-2022年）》为指引，以农村美、农业强、农民富为落脚点，全面贯彻中央和省委、市委实施乡村振兴战略重大部署，创新探索走出了一条以工促农、以城带乡、城乡融合共享的内生型乡村振兴之路，形成了一个"导则"、三大"体系"、十种"探索路径"等一批乡村振兴模式经验。

"导则"紧紧围绕中央关于乡村振兴的战略决策，按照《中共中央关于制定国民经济和社会发展第十四个五年规划和二〇三五年远景目标的建议》，涵盖1个总则，生态资源、农房、大地景观、基础设施、商业服务、开发项目策划6个具体技术导则，共计35页100条176款。每个方面技术导则都从"功能提升、价值开发、场景营造、管理运营"4个角度进行了详细的标准、方法和规范化要求指导，亮点突出、特色鲜明，以2035年基本实现农业农村现代化为目标，加快推进国家中心城市近郊区域率先实现乡村振兴。

三大"体系"，一是"创新建立乡村振兴运行机制体系"，即始终从全局角度和战略高度，把乡村振兴作为推动高质量发展的"一把手"工程来抓，成立区委书记任组长的"郫都区委农村工作领导小组"统筹全局；建立起区、镇（街道）、村（社区）"三级书记抓"的领导责任制和实绩考核制度；在此基础上，创新成立了区委乡村振兴办公室、9个乡村振兴专委会和1个区级国有平台公司，推动构建形成了"领导小组+乡村振兴专业委员会+功能区管委会+乡村振兴投资发展有限公司"的具有高度凝聚力和强大执行力的乡村振兴工作运行体系机制。

二是"顶层设计科学布局乡村开发规划体系"，即紧扣资源禀赋和比较优势，规划编制形成《郫都区乡村振兴总体规划》，其中最大亮点就是以功能区理念重点规划布局了成都电子信息产业区、成都川菜产业园等4个市级产业功能区、10个区级产业功能区。高起点规划建设"绿色战旗·幸福安唐"乡村振兴博览园、天府艺博园、清水河时尚文化产业功能区和"高端农机装备创新应用示范园"，确立"10+3"乡村特色产业体系，构建形成以产业功能区为理念的乡村开发规划体系。这一体系具体包括按照"植物缝合乡村、设施激活乡村、艺术点亮乡村"理念，重塑全域整体风貌，提升片区生态、商业、人居、区位价值，以综合开发带动区域整体连片发展。

三是"精准高效的农商文旅体融合项目开发体"，即全面梳理全区林盘、农房、绿道、水系等要素资源，聚焦生态链、产业链、创新链等关键环节，策划包装城乡融合发展示范走廊、天府艺博园、吕家院子、中央厨房等一批具有重大支撑、强链补链和功能复合的项目，建立起乡村振兴项目库，精准招引培育。这一体系具体包括创新建立起政府引导与市场化运作协同联动的项目推进机制，成立全国首家乡村振兴公司，统筹整合全区涉农资金，实施各类乡村基础性项目。创新"区属国企+总承包商+合资公司"运营模式，吸引黏合各类社会资本投向乡村振兴。组建专业招商队伍，建立"1+5+7+N"的多元招商引资管理体制，引进农业重大产业化项目。

十种"探索路径"，一是"探索'人城境业'和谐统一的城乡融合发展路径"，即以"国家城乡融合发展试验区"建设为契机，按照"产城融合、镇村联动、产村相融、文旅互促"思路。实现"七个规划一张图、一张蓝图管全域"。拟利用3年时间，实施"产业、价值、要素、数字、就业、居住、收入"七大融合，通过改革赋能、产业筑景、兴商成势、融合共享，力争在2021年底前形成一套可在全国推广的模式经验。

二是"探索创新式变革壮大农村集体经济发展路径",即以破解农村集体经济发展难题为着力点,推动改革成效叠加耦合集成,有效破解"地、房、钱"制度瓶颈,促进城乡要素有序自由流动。创新探索出不同村情下集体经济发展的"三园互动""共享田园""3C融合"等6条路径和"众筹入股型""国投引领型""异地置业型""协同融合带动型"等12种模式,推动改革试点成果转化和红利释放,形成创新式变革壮大农村集体经济的发展模式。

三是"探索党建领航的多元化参与'组织振兴'路径",即聚焦组织全覆盖提升凝聚力、选优支部带头人提升战斗力、强壮主心骨提升号召力,选好配强以党组织书记为主的乡村振兴带头人,形成党建领航的多元化参与"组织振兴"郫都模式,建设"懂农业、爱农村、爱农民"的村书记队伍和骨干村民队伍,创新"三问三亮三带头"党员示范引领机制、"三固化四包干"联系服务群众机制,"七步工作法"后备干部选育机制,让党组织建有标尺、抓有方向、评有标准,实现组织建在产业上、党员聚在产业中、农民富在产业里。

四是"探索以生态价值转化为先导的'生态振兴'路径",即始终秉持"绿水青山就是金山银山"理念,以青山为底、划定生长边界,以绿道为轴、串联城乡社区,以江河为脉、编就千渠入院,聚焦"五控五减"、打响"三大"战役,聚焦"三生"融合、筑牢百世风廊,创新五级绿化、起好"公园"示范,大力开展厕所革命等,不断激发生态振兴内生动力,走出一条生态价值转化为先导的"生态振兴"之路,生动诠释成都公园城市的乡村表达。

五是"探索科技创新转化推动'产业振兴'发展路径",即创新建立起"园区+院校+企业+产业"一体联动科技创新合作机制,探索科技成果股份量化、专家技术入股、企业主体控股等方式,形成校院企地创新共同体和利益共同体；运用物联网、人工智能等前沿引领技术，构建"校企研发+企业生产+田园综合体展示+农民合作社应用+社会专业服务"农机全产业链；引入利用区块链技术的加密算法和分布式存储技术，打造区级农产品质量安全与追溯平台；搭建丹丹国家企业技术中心等研发平台；搭建绿色战旗品牌创新中心等品牌孵化营销平台，打响天府水源地农产品特色品牌，推进"买全川、卖全球"。

六是"探索乡村振兴培训学院为引领的'人才振兴'路径"，即坚持"内培外引活用"，创新"高校+支部+农户"结对共建模式，建立人才评价体系，形成以四川战旗乡村振兴培训学院为引领的"人才振兴"模式，通过校地企联动培育、聚焦主导产业靶向培育、发挥能人作用示范培育等方式，建强乡村振兴人才队伍。

七是"探索让艺术点亮乡村为牵引的'文化振兴'路径"，即规划建设望丛文化产业园、农耕文明博物馆、非遗文化展示馆等文化振兴示范工程，新建战旗党建博物馆、乡村振兴博物馆、天府农耕文化博物馆等"五馆二院"，建成基层综合性文化服务中心示范点，打造水乡影院、战旗影院等乡村公共文化服务综合体，建设国学教育等实践基地，引导形成文明乡风、良好家风、淳朴民风。

八是"探索打造'五链融合'的全域农业双创路径"，即抓住全国双创示范基地建设有利契机，坚持极核引领、多点支撑、全域覆盖，强化孵化链、科技链、资金链、产业链、政策链"五链融合"，构建形成"1（成都现代农业创业创新空间）+10（街道和镇）+5（现代农业产业园区）+N（若干农村双创空间）"的全域农业双创体系。

九是"探索数字化赋能推动乡村新旧动能转换路径"，即抢抓国家数字经济创新应用示范区建设机遇，推进数字技术在农业农村广泛运用，大力发展数字农业，建设数字乡村。创新建立起了一个以覆盖全域

的"空天地"一体化数字管理平台和自然资源数据库、数字文物资源库、数字博物馆、乡村旅游数字库等全区乡村资源数据中心等为依托的数字化赋能推动乡村新旧动能转换新模式,初步实现宅基地和农房建设管理信息化、数字化、智能化。

十是"探索以'打平伙九大碗'为特色的基层治理路径",即创新探索以党组织为核心的农村改革和社会治理现代化建设,出台《城乡社区治理"一家人·一家亲"创建活动方案》。探索实施"社区合伙人"治理机制,构建村民议事会、村民监事会、小区监委会等自治组织运行体系,制定社区公约、村民公约、公共事务管理制度等,形成"百姓纠纷大家评"等社区共建共享自治机制。创新"打平伙九大碗"为特色的基层治理模式,构建政府引导、村委主导、群众主体、乡贤带动、大师出智、各方出力的"打平伙"共建机制,建设善治社区场景,赋能群众共办强堡垒、建新村、美环境、树新风、善治理、优服务、育产业、壮集体、鼓腰包等"九大碗",从而实现乡村共治共享。

作为都江堰精华灌溉核心区和成都饮用水源保护地、成都市90%以上的饮用水源地,郫都区地处上风上水,境内八河并流,有"天府水源地"的良好生态本底。聚焦聚力全国乡村振兴示范区建设,郫都区将凭借良好的生态本底和悠久的川西农耕文化,以"灌区轮作系统与乡村林盘景观"为主题,申报全球农业文化遗产,已确定对近19万亩区域进行申报,形成三道堰镇、新民场镇、唐元镇共6个村4.69万亩核心区,花园镇、友爱镇、安德镇、唐昌镇、古城镇14.3万亩为精华区的申报思路。

在实现生态宜居上,力争到2022年底,建成6个特色镇、30个田园综合体、180个川西林盘聚落以及500公里绿道、10个生态湿地,主要流域水质考核力争全部达标,形成特色镇、田园综合体、川西林盘聚落融合发展格局,打造国际乡村旅游度假区。

在实现乡风文明上，将在2022年底，力争实现全区市级、省级"四好村"建成率分别达90%、70%以上；市级、区级"三美"示范村建成率分别达30%、80%以上；各级文明村镇建成率达70%以上。还力争实现治理有效目标，区域内社区网格化服务管理体系全覆盖，构建形成"一核多元、共治共享"的城乡社区发展治理新体系。

而另一番充满诱惑的前景是，至2022年底，郫都区城乡居民人均可支配收入分别达到5.6万元、3.5万元，城乡居民收入差距缩小到1.6:1以内，构建形成基层公共服务均衡配置、城乡居民收入持续增长、生产生活条件显著改善的城乡融合发展新格局。

"万树江边杏，新开一夜风。满园深浅色，照在绿波中。"（唐·王涯《春游曲》）回望来时路，坚定改革再出发。战旗村，乘改革东风，抓开放机遇，呈现了一幅壮丽的乡村改革画卷，如同一面旗帜飘扬在川西平原，引领着成都现代农业发展的方向。

"牢记嘱托，勇于担当，奋力建设全国乡村振兴示范区。"这是中央、省、市对郫都区和战旗村探索乡村振兴策略与路径的厚望与期许。嘱托，声声入耳；前行，力量倍增，全体战旗人将继续弘扬"党建引领，汇聚合力；不畏艰难、勇敢向前；善于创新，共治共享；走在前列，起好示范"的新时代"战旗精神"，奋力书写新时期乡村振兴的时代答卷！

后 记

2018年2月12日，习近平总书记来到成都市郫都区战旗村。我沿着领袖走过的红色足迹，零距离感受了这座美丽村庄的魅力，与村民一起回忆战旗飘扬的峥嵘岁月，回顾改革开放以来战旗大地所发生的种种神奇变化，憧憬更加富足幸福的未来。党的十八大以来，战旗村的进步发展更呈加速之势，找寻到的这条集体经济发展之路十分坚实。总书记考察战旗村后，战旗人的干劲更足，那种变化是全方位的，实实在在的。各条富民政策的陆续实施，各项重大举措的不断推出，各个重大项目的相继建设，都让广大群众获得利益，都将为今后的战旗积攒起更大的发展能量。这样的地方、这样的情景显然很能让我燃起创作的激情，却因这一题材之重要、素材之丰富让我踌躇，但是，战旗人身上那种奋斗精神更令人震撼。通过对战旗村发展历程的回顾和剖析，对"战旗经验""郫都模式"的总结和推广，将从中探寻到中国乡村进步和发展的规律和成功秘诀，无疑还将成为全国范围内破解"三农"难题、高水平全面建成小康社会的样本和标杆，其价值和意义不可小觑。

本书在写作过程中，得到了郫都区各相关部门给予的诸多支持，并提供了大量写作素材。战旗村党总支书记高德敏多次接受采访，安排村干部和村民代表参加采访座谈，提供村史及其他珍贵素材。写作过程中，四川省社会科学院李后强书记还对我进一步了解四川人文历史，进行了专门讲解，使我得益匪浅。四川人民出版社王其进编辑在本书立项伊始就关注参与，提供修改意见，给予肯定和鼓励。友人宓月、毛国聪、虞锦贵等为本书的写作亦做出了贡献。在此一并致谢。在写作过程中，不可避免地参考和引用了部分资料、媒体报道、已出版书籍中的事例、数据、分析等内容，因无法一一列出，在此特予说明并表示感谢。本书出版与写作有时间差，人事或有变动，称呼不确之处，敬请谅解。

　　战旗飘飘，名副其实；战旗在前，时代标杆。让我们再次祝福战旗村！

作者2021年2月于杭州復和居